KB014391

두리/「
있는
쓰는
중국어

김대오 지음

중국어에 문화 링크 걸기

정진출판사

머리말

"천명을 알지 못하면 군자가 될 수 없고, 예를 알지 못하면 설 수 없고, 말을 알지 못하면 사람을 알 수 없다.(不知命, 无以为君子也; 不知礼, 无以立也; 不知言, 无以知人也。)"

공자의 가르침이 압축된 《논어(论语)》의 마지막 구절이다. 언어를 모르면 한 사람을, 하나의 세계를 이해할 수 없다는 말이 묵직한 의미로 다가온다. 언어는 단순히 의사소통의 도구일 뿐 아니라 이미 그 속에 많은 문화 요소를 담고 있다. 그 언어의 내면을 이해하는 것은 의사소통을 넘어서 그 언어를 사용하는 사람들의 의식의 본질에 다가가는 길이며 진정한 소통을 위한 초석이 될 것이다.

중국어는 현존하는 최고(最古)의 문자인 한자를 사용하는 특수한 언어다. 일상적인 대화를 나누는 중에 3,500년 전에 사용되던 고문이 불쑥불쑥 튀어나오는 언어다. 그래서 중국어의 세계에 고수는 많아도 최상급의 고수는 드물다는 말이 있을 정도다. 중국어는 언어 못지않게 그 언어 배후의 풍부한 문화를 이해하는 것이 무엇보다 중요하다.

중국어에 담겨 있는 다양하고 아름다운 문화의 무늬는 그 자체로 살아 있는 문화 화석이다. 중국어의 배후를 이해하는 것이 언어학습의 흥미를 유발할 수 있을 뿐 아니라 상상의 원천을 늘리고, 창의적이고 융합적인 사고력을 신장하는 데도 많은 도움이 될 것이다.

중국어와 중국 문화라는 거대한 바다에 비하면 여기 소개된 중국어와 중국 문화는 그야말로 표주박으로 바닷물을 헤아리는 일(以蠡测海)이겠지만, 중국통을 꿈꾸는 사람들에게 소중한 문화 길잡이가 되길 바란다. "한 잔의 물을 주기 위해 먼저 한 통의 물이 필요하다(要给一碗水, 先有一桶水)"고 한다. 20년간 중국어를 가르치며 수집한 문자학과 중국 문화에 대한 이야기들이 학생 활동을 조직하고 수업을 풍요롭게 하는 데 작은 도움이 되었으면 한다.

이 책은 발음에서부터 쉬운 회화 구문을 주제별로 제시하고, 제시된 중국어에서 168개의 한자를 선정하여 중국 문화를 링크하는 방식으로 전개하였다. 회화의 주제와 사용 어휘 및 의사소통 표현은 교육부가 고시한 2015 개정 교육과정을 준거로 삼았다. 각 장별로 선정한 주제와 문화가 링크된 중국어는 다음과 같다.

■ 제1장 **중국 개관**

· 中 · 国 · 民 · 省 · 市 · 自

■ 제2장 **발음**

· 汉 · 语 · 发 · 音 · 声 · 听 · 说 · 读 · 写

■ 제3장 **만남과 인사**

· 好 · 很 · 高 · 我 · 也 · 再 · 早 · 上 · 午 · 晚 · 大
· 家 · 老 · 师 · 同 · 学 · 朋

■ 제4장 **이름과 국적**

· 叫 · 名 · 是 · 人 · 不 · 对 · 都 · 法 · 美 · 贵 · 姓

■ 제5장 **가족 소개**

· 有 · 几 · 和 · 年 · 多 · 了 · 岁 · 还 · 没 · 的 · 生
· 真 · 马 · 牛 · 儿 · 小

■ 제6장 **날짜와 요일**

· 天 · 月 · 星 · 日 · 买 · 个 · 明 · 后 · 去 · 为 · 定
· 节 · 祝 · 快 · 客 · 气

■ 제7장 **시간과 하루 일과**

· 现 · 点 · 半 · 走 · 最 · 喜 · 难 · 知 · 可 · 吃 · 饭

·洗 ·班 ·假

■ 제8장 **취미**

·爱 ·打 ·球 ·足 ·太 ·想 ·会 ·以 ·用 ·行 ·鱼
·书 ·看 ·电

■ 제9장 **교통수단과 길 묻기**

·请 ·从 ·到 ·门 ·坐 ·地 ·方 ·长 ·时 ·右 ·路
·左 ·就 ·公 ·车 ·出

■ 제10장 **물건 사기**

·要 ·件 ·衣 ·商 ·先 ·白 ·色 ·钱 ·正 ·合 ·别
·本 ·把 ·花 ·毛 ·送

■ 제11장 **음식 주문과 식사**

·来 ·水 ·鸡 ·包 ·喝 ·茶 ·等 ·开 ·工 ·变 ·胖
·事 ·比 ·得 ·谁 ·心 ·羊

■ 제12장 **인터넷과 날씨**

·手 ·在 ·网 ·外 ·风 ·春 ·前 ·改 ·内 ·能 ·只
·象 ·新 ·常 ·实 ·住

이 책은 《오마이뉴스》 〈중국어에 문화 링크 걸기〉에 연재했던 글을 바
탕으로 재구성한 것이다. 책이 나오기까지 물심양면 애써 주신 정진출판
사 박해성 사장님, 각종 요구에 친절하게 응해주신 조윤수 편집자님, 바
쁜 업무에도 꼼꼼하게 원고를 검토하고 감수해준 이상호 선생님께 깊은
감사의 마음을 전한다.

아무쪼록 이 책에서 소개한 중국어 배후의 문화 이야기들이 중국어를
교학하는 선생님과 독자 제현에게 소소한 재미와 작지만 의미 있는 영감
을 일깨워 새로운 발전의 지평을 열어주길 바란다.

일러두기

1. 중국어 회화, 중국 문화 설명에서 한자는 모두 간화자로 제시하였다. 다만, 조자 원리를 설명하는 부분, 한국문학작품은 번체자로 표기하였다.

2. 인명, 지명 등 고유명사는 중국어 발음으로 표기하였다. 인명은 처음 출현한 경우 괄호 안에 생몰연대를 표기하였으며, 1911년 신해혁명 이후 활동한 인물인 경우 중국어 발음으로 표기하였다.

3. 서명은 처음 출현한 경우 괄호 안에 한자를 표기하였다. 그밖에 이해를 돕기 위해 필요한 경우 한자를 병기하였다.

4. 중국어 학습에 도움이 될 단어나 구문은 지면을 고려하여 한어병음을 병기하였다. 사자성어 등 중국어에 대한 한어병음 병기는 현대한어사전(现代汉语词典) 제7판(商务印刷馆, 2016년)을 준거로 삼았다.

5. 책에 사용한 부호는 다음과 같다.

《 》	서명
〈 〉	편명, 작품명(영화, 그림, 시, 사 등)
' '	강조나 짧은 인용
" "	출전이 있는 인용이나 긴 인용
/	운문의 행 구분

차례

제5장 가족 소개

제9장 교통수단과 길 묻기

제10장 물건 사기

제1장 중국 개관

- **국가명**: 중화인민공화국(中❶华人民共和国❷,
  Zhōnghuá Rénmín Gònghéguó)

- **민족**: 56개 민족(民❸族, mínzú)

- **인구**: 13.79억(2016년 기준)

- **면적**: 약 960만㎢(한반도의 44배)

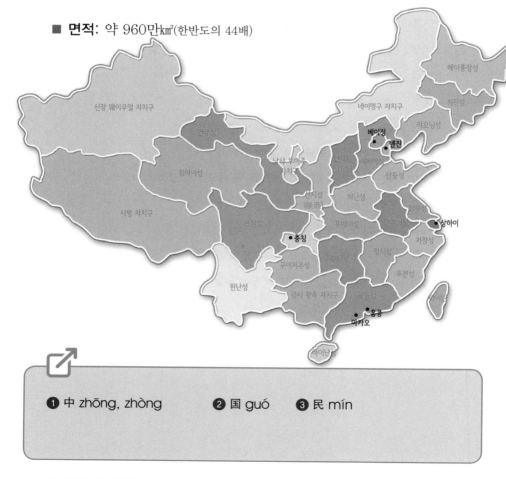

❶ 中 zhōng, zhòng   ❷ 国 guó   ❸ 民 mín

🐼 행정구역

- **22개 성(省 ④)** ※중국은 타이완을 23번째 성으로 간주함

- **4개 직할시(直辖市 ⑤, zhíxiáshì):** 베이징, 톈진, 상하이, 충칭

- **5개 자치구(自 ⑥ 治区, zìzhìqū):**

  네이멍구, 광시 좡족, 신장 웨이우얼, 시짱, 닝샤 후이족

- **2개 특별행정구(特别行政区, tèbié xíngzhèngqū):**

  홍콩, 마카오

④ 省 shěng   ⑤ 市 shì   ⑥ 自 zì

중국어에 문화 링크 1

그릇 '의'가 알려주는 중용의 도는?

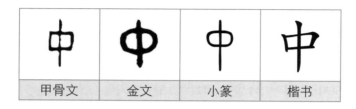

甲骨文	金文	小篆	楷书

파란만장한 역사, 그 수많은 굴곡을 경험한 중국인들은 "모난 돌이 정 맞는다(枪打出头鸟*)"는 생각이 강하다. 인구가 많기 때문에 굳이 내가 나서지 않아도 된다는 위간인(围看人**), 주변인의 철학을 일찍부터 몸에 장착한 듯하다.

공자(孔子, BC551~479)의 중용지도(中庸之道, zhōngyōng zhī dào) 영향도 있었을 것이다. 공자가 어느 날 제자들을 데리고 노나라 환공(桓公, BC731~694)의 종묘를 찾았다. 한쪽으로 기울어진 이상한 모양의 그릇을 발견한 공자가 관리인에게 물으니, '의(欹, qī)'라고 하는데 제사상 오른쪽에 놓는 그릇이라고 알려준다. 공자는 제자들에게 물이 없거나, 가득 차면 엎어지고, 중간쯤 차야 바르게 서는 그릇 '의'처럼 교만하지도, 모자라지도 않는 중용의 가치를 가르친다.

가운데 중(中, zhōng, zhòng)처럼 간단한 글자이면서 생성에 대한 이설이 분분한 한자도 드물다. 뚫을 곤(丨)은 보통 '긴 장대'의 상형으로 보는 것에 이견이 없지만, '口'에 대한 해석은 바람의 방향을 측정하기 위해 설치한 표시판에서부터 장대의 그림자를 이용해 해시계로 활용하기 위한 나무틀, 해 '日'의 변형 형태 등 다양한 주장이 난립한다. 마을의 한가운데

세운 깃발에서 '가운데와 중심'의 의미가 추출된 것으로 보는 것이 일반적이다. 성조를 4성(zhòng)으로 읽으면 가운데를 명중시켰다는 동사적 의미로 '맞히다, 맞다'로 쓰인다.

중국(中国)은 가운데에 대한 자부심과 추구가 유난히 강하다. 《시경(诗经)》, 《예기(礼记)》에서 중국은 수도, 또는 한족이 거주하는 지역이나 한족이 세운 나라를 지칭하는 의미로 쓰인다. 중원을 차지한 자신들만을 문명국가로 여기고, 나머지는 황제의 문명 혜택을 누리지 못한 미개 상태로 간주했는데 이는 뿌리 깊은 중화사상(中华思想)의 시발점이 되었다. 자신들은 중원의 문명국이고, 나머지는 동이(东夷, dōngyí) · 서융(西戎, xīróng) · 남만(南蛮, nánmán) · 북적(北狄, běidí)으로 야만국 치부하는 것은 지극히 자문화 중심주의적 발상이다. 문화적 자긍심을 갖는 것은 필요하지만, 그것이 넘치면 그릇 '의'처럼 넘어진다는 중용의 의미를 잊지 말아야 할 것이다.

링크에 링크!

* **枪打出头鸟**(qiāng dǎ chūtóu niǎo) 머리를 내민 새가 총 맞는다. 앞장서서 일한 사람이 결국 피해를 본다.

** **围看人**(wéikàn rén) 둘러싸고 보기만 하고 있는 사람. 자기 일이 아니면 나서지 않는 중국인의 특징을 설명할 때 주로 사용된다.

영원히 강한 나라는 없다

國	國	国
小篆	楷书	简化

중국과 수교를 맺는 모든 나라는 타이완(台湾)과 국교를 단절해야 한다. 지구상에는 '하나의 중국(一个中国, yí ge Zhōngguó)'만이 존재한다는 것이 중국 정부의 입장이다. 그래서 중국과 수교를 맺고 있으면서 동시에 타이완과 수교 관계를 맺은 나라는 현재 지구상에 없다. 타이완은 2018년 도미니카, 부르키나파소와 단교함으로써 2018년 5월 기준으로 18개 국과만 수교를 맺고 있다.

중국은 '일국양제(一国两制*)'라는 말로 타이완, 홍콩, 마카오를 아우르며 하나의 중국 기조를 이어간다. 홍콩은 1997년 귀환 후 50년인 2047년까지, 마카오는 1999년의 50년 후인 2049년까지 독립된 국가처럼 국기를 사용하고 독자적으로 올림픽, 월드컵 등의 국제대회에 참가한다. 그 이후는 모두 중국으로 귀속시켜 진정한 하나의 중국을 이룩하겠다는 것이 중국의 복안이다.

《한비자(韩非子)》에 나오는 "영원히 강한 국가도, 영원히 약한 국가도 없다(国无常强, 无常弱**)"는 말처럼 모든 국가는 흥망성쇠를 거듭한다. 자본주의와 사회주의가 어우러진 일국양제의 중국이 미래에는 어떤 모습으로 변모할지 궁금해진다.

나라 국(國, guó)은 원래 혹(或)이 본자로 천자가 제후에게 지급한 지역을 의미했다. 에울 위(口)는 제후가 사는 성(城)이나 그 주변의 해자(垓子, 성 주위에 둘러 판 못), 그 아래 한 일(一)처럼 보이는 것은 창(戈)을 줄 세워 표시한 경계나 강역을 의미한다. 그런데 혹(或)이 '혹시'의 의미로 더 많이 쓰이자, 이 글자에 외성을 나타내는 테두리를 씌워 지금의 국(國)이 된 것이다.

자금성(紫禁城)은 왠지 나라 국(國)과 닮았다. 자금성을 영문으로 '금지된 도시(Forbidden City)'라 하는데 10m가 넘는 높은 성벽과 성벽을 둘러싼 넓은 인공 해자가 접근을 막기 때문이다. 게다가 톈안먼(天安門) 입구 금수교에는 칼, 창 그림까지 도안해 넣어 아무나 함부로 들어오지 말라고 경고한다. 국가 권력이 창(戈)으로 대표되는 무력을 독점하고 스스로를 방호하기에 급급한 모습이다. 외부와의 차단을 통한 자신만의 공간을 확보한다는 측면에서 사합원(四合院, sìhéyuàn)의 확장이 자금성이고, 자금성의 확장이 만리장성이며, 만리장성의 확장이 곧 중국이 아닐까.

나라 국(國)은 그 생성 자체가 폐쇄적인 한계를 갖고 있다. 바깥 테두리에 소통의 구멍을 내지 않는 한 부패하기 쉽고, 국민들의 마음을 얻기 어려운 구조다. 만리장성처럼 단단해 보이는 저 외벽에 어떻게 소통의 창을 낼 수 있을지를 고민해야 할 것이다.

링크에 링크!

* **一国两制**(yī guó liǎng zhì) 하나의 국가, 두 개의 제도라는 뜻으로, 1978년 제시된 대륙은 사회주의 체제를, 홍콩과 마카오는 자본주의 체제를 각각 실시한다는 정책이다.
* **国无常强，无常弱**(guó wú cháng qiáng, wú cháng ruò) 영원히 강한 국가도, 영원히 약한 국가도 없다. 모든 국가는 흥망성쇠가 있다.

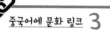

물은 배를 띄울 수도, 엎을 수도 있다

甲骨文	金文	小篆	楷书

중국은 56개 민족으로 구성된 다민족 국가이다. 중국인은 스스로를 '용의 후예(龙的传人*)'라고 자처하는데, 용은 9개의 동물(낙타 머리, 사슴 뿔, 토끼 눈, 소 귀, 뱀 목, 수룡 배, 물고기 비늘, 매 발톱, 호랑이 발바닥)이 결합된 상상의 동물로 여러 민족의 토템이 통합된 결과이다. 베네딕스 앤더슨(Benedict Anderson, 1936~2015)은 민족을 '상상의 공동체'로 정의하는데, 중국인들이 만들어낸 토템이 여러 민족의 결합을 상징하는 상상의 동물, 용이라는 점이 흥미롭다.

백성 민(民, mín)은 갑골문에서 보듯 뾰족한 무기와 눈이 결합된 형태로 포로나 죄수의 시력을 빼앗아 노예로 부리던 시대상이 반영된 글자이다. 본뜻은 노예였으나 천민, 평민, 백성으로 의미가 변화했다.

2016년 교수신문이 뽑은 올해의 사자성어에 임금은 배, 백성은 물이라는 의미의 '군주민수(君舟民水**)'가 선정되었다. 《순자(荀子)》〈왕제(王制)〉에 나오는 이 말을 당 태종 이세민(李世民, 598~649)의 이름자와 피휘(避讳, bìhuì, 군주나 조상의 이름에 쓰인 글자를 피하는 관습)하여 '군주인수(君舟人水)'로 쓰기도 한다. 백성은 늘 배 아래 몸을 낮추고 배를 띄우지만, 그 배가 방향을 잃고 옳지 않다고 생각하면 물은 더 이상 배 아래 있지 않고, 몸을 일으켜서 배를 침몰시키고 새로운 배를 띄운다.

이허위안(颐和园)에는 1755년 건륭제(乾隆帝, 1711~1799) 때 돌로 만든 36m 길이의 배, 석방(石舫, shífǎng)이 있는데 돌로 만들었기 때문에 영원히 침몰하지 않고 물 위에 군림할 것이라는 의미를 담고 있다. 그러나 그 어떤 배도 영원히 군림하지 못한다는 것은 동서고금의 모든 역사가 증명한다. 돌로 만든 배는 군주에게 아부하는 신하가 만든 우화일 뿐이다.

링크에 링크!

*龙的传人(lóng de chuánrén) 중화민족. 중국인이 스스로를 자처하는 말이다.

**君舟民水(jūn zhōu mín shuǐ) 군주는 배요, 물은 백성이다. 물은 배를 띄울 수도 있고, 뒤집을 수도 있으니 왕이나 군주는 백성의 뜻을 잘 살펴야 한다는 뜻이다.

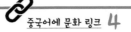

"나는 기름을 아끼는 등일까?"

甲骨文	金文	小篆	楷书

"나는 날마다 나 자신을 돌아보며 묻는다. 다른 사람을 위해 최선을 다했는가, 친구와 사귀면서 진실함이 부족하진 않았는가, 선생님의 가르침을 제대로 배웠는가 하는 것이다. 만약에 잘못한 것이 있다면 바로 고쳐야 한다."

《논어(论语)》〈학이(学而)〉에 나오는 증자(曾子, BC505~435)의 삼성오신(三省吾身*)이다. 저마다 돌아봄의 내용은 다르다 할지라도 삶을 성찰하는 태도를 갖는 것은 그 자체로 자신을 수련하고 마음의 평온을 얻는 데 매우 유익한 도구일 것이다.

살필 성(省, shěng)은 적을 소(少)와 눈 목(目)이 결합된 형태로 작은 것을 보기 위해 천천히 들여다보는 것에서 '살피다, 성찰하다, 아끼다'는 의미가 파생된 걸로 보인다. 또한 성은 중국의 최상위 행정단위로도 사용된다. 진(秦)나라는 군현제가 실시되며 군(郡), 한대에는 주(州), 당대에는 도(道)가 상위 행정단위로 쓰이다가 원대에 들어 중앙정부기관의 명칭이던 성이 점차 최상위 행정단위로 사용되었다. 중국에는 타이완을 포함해 23개의 성이 있다.

중국어에서 성실하고 분수를 지키는 사람을 '기름을 아끼는 등(省油

灯**)'으로 표현한다. 이 말은 원래 당나라 때 공요(邛窯, Qióngyáo)라는 가마에서 생산한 진짜 등(灯)을 가리키는 말이었는데, 송대 육유(陆游, 1125~1210)가 활용하면서 널리 퍼져 다양하게 쓰인다. 남에게 자주 걱정을 끼치거나 말썽을 피우는 사람에게는 '기름이 덜 드는 등'이 아니라는 의미로 '不是省油灯(bú shì shěng yóu dēng)'이라고 말한다. 연비가 좋은 차량처럼 적은 에너지로 효율적으로 일을 처리하는 사람이 '省油灯'일 텐데, 스스로 자신은 기름을 아끼는 등인지 돌아본다.

링크에 링크!

*三省吾身(sān shěng wú shēn) 세 번 자신을 되돌아보며 성찰한다.

**省油灯(shěng yóu dēng) '기름을 아끼는 등'이라는 의미로 성실하고 분수를 지키는 사람을 가리킨다.

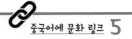
만만치 않은 중국 시장의 오랜 전통

金文	小篆	楷书

도시를 뜻하는 중국어 '城市(chéngshì)'는 《한비자》에 처음 등장한다. 전국시대 이미 시장이 형성되었음을 짐작할 수 있다. 시민의 안전을 책임지는 하드웨어로서, 성곽과 함께 시민들의 생계를 지탱해주는 물물교환이 이뤄지는 소프트웨어로서 시장의 기능이 중요했음을 잘 보여준다. 시장은 중국 어느 도시를 가나 비슷하면서도 그 도시만의 독특한 매력이 묻어나는 공간이다. 북송 수도 카이펑(开封)의 시장 모습을 잘 보여주는 〈청명상하도(清明上河图*)〉 그림 속을 거닐 듯, 어느 도시를 가든 꼭 그 도시의 시장을 둘러보길 권한다.

시장 시(市, shì)는 깃대를 나타내는 두(亠)와 두건 건(巾)이 결합된 형태로 깃대 끝의 장식 표지로 추정한다. 물물교환이나 매매가 이뤄지는 장소를 표시하는 깃대에서 시장의 의미가 생겨난 걸로 보인다. 이후 큰 시장이 있는 '도시'를 가리키는 말로 확대되었다. 중국에는 현재 베이징, 상하이, 톈진, 충칭 4개의 직할시와 660여 개의 시가 있다.

중국 시장을 거니는 재미 중 하나는 가격 흥정이다. 돌아서서 멀어질수록 값이 계속 내려가는 걸 경험하다 보면 도대체 원가가 얼마일까 궁금해진다.

《맹자(孟子)》에 벌써 "가격으로 사람을 속이지 않는다(市贾不二**)"는 말이 나오니 중국인의 상술이 얼마나 오랜 전통으로 연마된 것인지 알 수 있다. 중국 최초의 도시는 서주(西周)의 도읍이었던 풍호(丰镐, 지금의 西安)이며, 그곳에 설치된 시장이 최초의 시장으로 기록되어 있다.

현대화가 진행되며, 중국의 도시들도 어딜 가나 고층 건물과 붐비는 차들로 다들 비슷한 풍경을 연출하지만, 그래도 시장은 그 지역 사람들의 걸쭉한 방언과 진술한 삶의 모습을 고스란히 담고 살아 숨 쉰다.

*淸明上河图(qīng míng shàng hé tú) 북송시대 한림학사였던 장택단(张择端)이 북송의 수도였던 카이펑의 청명 풍경을 그린 그림으로 너비 25.2cm, 길이 528.7cm이다.

**市贾不二(shì gǔ bú èr) 가격이 둘이 아니라는 말로 정찰제를 의미한다.

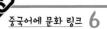

중국에서 형벌로 코를 벤 이유, 이거였구나!

甲骨文	金文	小篆	楷书

코는 얼굴의 중심이자 기둥이다. 그래서 자신을 지칭할 때 손으로 코를 가리키는지도 모르겠다. 라이얼 왓슨(Lyall Watson, 1939~)은 《코-낌새를 맡는 또 하나의 코 야콥슨 기관》에서 인간의 코가 단순히 냄새를 맡는 역할뿐 아니라 낌새, 즉 육감을 관할한다고 주장한다. 콧구멍 안쪽 1.5cm 정도에 위치한 한 쌍의 작은 구멍인 야콥슨이 인식과 정서 등 원초적이고 섬세한 감정 정보를 관장한다는 것인데, 코가 인간의 인식에 매우 중요한 역할을 한다는 뜻이다.

중국 고대의 오대 형벌 중 하나인 의형(劓刑, yìxíng)은 이런 코를 베는 것으로 얼굴의 정중앙에 위치한 코를 베어 심리적 모욕감을 주는 동시에 인식 능력을 제거한다는 의미를 갖는다. 죄 죄(罪)는 원래 코를 고문 도구로 잘라낸다는 의미로 코(自)와 고문할 때 사용하던 끌의 상형인 신(辛)이 결합된 형태(辠)였으나 진시황이 황(皇)과 비슷하다는 이유로 위에 촘촘한 그물(罒)을 더해 지금의 죄(罪)로 바꾸었다고 하니 코를 베는 것이 형벌로 오래 시행되었음을 알 수 있다.

스스로 자(自, zì)는 원래 사람의 코에 대한 상형이었다. 그런데 자(自)가 무위자연(无为自然*)처럼 '스스로, 저절로'나, 유붕자원방래(有朋自远方

来**)처럼 '~로부터' 등의 의미로 더 널리 쓰이자 코 비(鼻)를 따로 만들어 본뜻을 보전한 것이다.

갑골문에 제시된 코의 형태가 관상학에서 가장 복이 많다는, 쓸개를 매달아 놓은 것처럼 끝이 뭉툭하고 두둑한 현담비(悬胆鼻, xuán dǎn bí)의 모양을 닮은 것이 우연의 일치는 아닐 것이다. 갑골문의 코는 사람의 기운과 재산을 나타내는 콧대와 코볼이 중점적으로 그려져 있다.

《주역(周易)》의 건괘와 곤괘에 대한 설명에서 "하늘의 건실한 운행을 본받아 군자는 스스로 강해지기 위해 쉬지 않고 노력하고, 깊고 두터운 덕으로 만물을 받아 안아야 한다"는 '자강불식, 후덕재물(自强不息，厚德载物***)'은 오래도록 군자의 마음가짐을 다스리는 말로 사랑받아 왔다. 중국 최고의 명문 칭화(清华)대학의 교훈으로 동문에 이 글귀가 적혀 있다.

링크에 링크!

***无为自然**(wú wéi zìrán) 무위자연. 사람의 힘을 더하지 않은 그대로의 자연.

****有朋自远方来**(yǒu péng zì yuǎnfāng lái) 친구가 있어 멀리서 찾아오다.

*****自强不息，厚德载物**(zìqiáng-bùxī, hòudé zǎi wù) 하늘의 운행처럼 군자는 스스로 강하게 하는데 쉬지 말고, 덕을 먼저 쌓은 후에 재물을 쌓아야 한다.

■ 한어병음(汉 ⑦ 语 ⑧ 拼音, Hànyǔ pīnyīn): 중국어는 표의문자이기 때문에 글자만 봐서는 그 발음(发 ⑨ 音 ⑩, fāyīn)을 알 수 없다. 그래서 로마자를 이용해 발음을 표기하는데, 이를 '한어병음'이라고 한다.

성조 ◄------

성모 ◄------   ------► 운모

■ 성조(声 ⑪ 调, shēngdiào): 소리의 높낮이를 가리키며, 중국어 성조에는 제1성, 제2성, 제3성, 제4성 그리고 본래의 성조를 잃고 짧고 약하게 발음하는 경성이 있다.

제1성(ā)	제2성(á)	제3성(ǎ)	제4성(à)

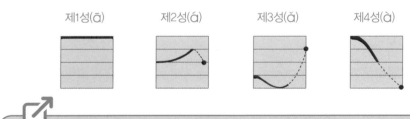

⑦ 汉 Hàn   ⑧ 语 yǔ   ⑨ 发 fā, fà   ⑩ 音 yīn   ⑪ 声 shēng

■ 언어의 4기능: 听⑫, 说⑬, 读⑭, 写⑮

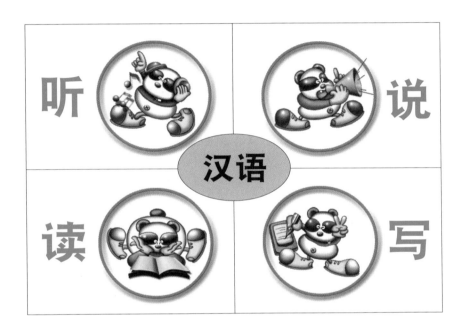

⑫ 听 tīng   ⑬ 说 shuō   ⑭ 读 dú   ⑮ 写 xiě

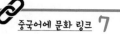

중국을 대표하는 왕조 한나라

| 小篆 | 楷书 | 简化 |

중국은 영어로 'China'이다. 흔히 최초의 통일 왕조 진(秦)나라를 나타내는 'Chin'에 영토를 나타내는 'area'가 결합된 걸로 본다. 춘추전국 시대를 통일했고, 역사서의 최고봉이 공자의 《춘추(春秋)》이니 '春'과 '秋'의 반씩을 떼어내 '秦'을 만들었다고 하며, 본뜻은 농작물을 심기에 적합한 땅이라는 의미이다.

진나라가 16년 만에 망하고, 이어서 등장하는 한(汉)나라는 400여년 동안 지속되며 중국을 대표하는 왕조로 자리매김한다. 항우(项羽, BC232~202)는 유방(刘邦, BC256~195)에게 산맥으로 갇힌 한중(汉中) 지역을 다스리게 하는데, 그래서 유방은 '한왕'으로 불렸으며 훗날 나라를 세우자 국호를 자신의 근거지에서 본따 한(汉)으로 하게 된다. 한이 민족을 나타낸 것은 민족 국가 개념이 형성된 청대의 일이지만, 한이 중국을 나타내는 대표성을 지니면서 한족, 한자, 한문, 한어 등에 널리 통용되고 있다. 2005년 서울시는 '서울'의 중국어 표기를 '汉城(Hànchéng)'에서 '首尔(Shǒu'ěr)'로 바꾸었다. 서울이 중국의 성으로 오해될 소지를 없애기 위함이다.

한나라 한(漢, Hàn)은 의미부인 물 수(氵)에 소리부인 태울 한(嘆)이 결합된 형성자로 창장(长江, Cháng Jiāng)의 지류인 한수이(汉水)를 가리킨다. 한수이는 산시(陕西)성 친링(秦岭)산맥에서 발원하여 한중을 지나 동쪽으로 흘러 후베이(湖北)성으로 접어든 뒤 우한(武汉)에서 창장과 합류한다.

중국 최초의 시가집 《시경》에 〈한광(汉广)〉이라는 시가 있는데 "한수이는 넓고 넓다"는 의미로 2,500년 전에 이미 한수이로 쓰였음을 알려준다. 산시성을 대표하는 녹차 중에 한수은사(汉水银梭*)가 유명하다.

링크에 링크!

***汉水银梭**(Hànshuǐ yínsuō) 한수은사. 산시(陕西)성의 대표적인 차 중의 하나로 녹차에 속한다.

중국어의 매력은 어려움에 있다?

金文	小篆	楷书	简化
☖☗	☖☗	語	语

수능 시험의 1교시와 3교시가 언어영역과 외국어영역이던 때가 있었다. 학생들은 '언어'라 쓰고 '국어'라 읽고, '외국어'라 쓰고 '영어'로 읽는다. 중국어는 지금도 언어도 아니고, 외국어도 아닌 생활교양군의 제2외국어 신세다.

현실적으로는 중국과의 경제교역 규모가 미국과 일본 교역량을 합친 것보다 많지만, 교육과정상에서는 영어가 지닌 막강한 권력에 비해 제2외국어는 그 입지가 정말 미약하기 그지없다. 교육을 백년대계(百年大计, bǎinián-dàjì)라고 하는데, 과연 교육과정이 미래의 다원화 사회를 준비하기 위해 설계된 것인지 묻고 싶다.

말씀 어(語, yǔ)는 의미부인 말씀 언(言)과 소리부인 나 오(吾)가 결합된 형태로 '말하다, 말씀'의 뜻이다. 금문에는 다섯 오(五)가 두 개 있는 모양인데 입에서 나온 말이 많음을 나타낸다. 공자가 제자들에게 "괴이한 힘과 난잡한 귀신에 대해서는 말하지 않았다(子不语: 怪力乱神, Zǐ bù yǔ: guài lì luàn shén)"고 말할 때처럼 상대가 있을 때 주로 어(語)가 사용되며, 혼자서 하는 말은 언(言)이 주로 사용된다. 언(言)은 개별적이면서 무한하고, 어(語)는 사회성을 지니기 때문에 규칙에 따라 움직이는 유한성이 특징이다.

두보(杜甫, 712~770)는 〈강 위에서 바다 같은 기세의 물을 만난 것에 대한 단상(江上值水如海势聊短述)〉이라는 시에서 "나는 원래 생겨나기를 멋진 구절을 좋아하는데, 내가 쓴 시구가 누군가를 놀라게 하지 못한다면 죽어서도 쉬지 않으리라(为人性僻耽佳句, 语不惊人死不休, wéirén xìng pì dān jiājù, yǔ bù jīngrén sǐ bù xiū)"는 유명한 구절을 남겼다. 현존하는 최고(最古)의 언어, 중국어에서는 1,300년 전 두보의 언어가 수시로 일상 대화에 소환되어 활용된다. 이것이 어쩌면 중국어를 배우는 어려움이자 또한 그 매력이 아닐까. 중국인이 불쑥 내뱉는 무게감 있고, 의미심장한 말(语重心长*)을 이해할 수 있기까지 참 갈 길이 멀다.

링크에 링크!

*语重心长(yǔzhòng-xīncháng) 말이 간곡하고 의미심장하다. 말이 간절하고 무게가 있으며 뜻이 심원하다.

자동차보다 자동차번호판이 더 비싸다?

金文	小篆	楷书	简化
𤼲	𤼲	發	发

중국인들이 가장 좋아하는 숫자는 '8(八, bā)'이다. 돈을 번다는 의미인 '발(发, fā)'과 발음이 비슷하기 때문이다. 2015년 광둥성 자동차번호 경매에서 '粤B8888R'이라는 번호가 172만 위안(약 3억 원)에 낙찰돼 화제가 되었다. 이쯤 되면 자동차보다 자동차번호판이 더 비싸지 않을까. 2008년 8월 8일 저녁 8시에 열린 베이징올림픽도 같은 이유다.

중국인들의 새해 인사는 우리처럼 복 많이 받으라는 두루뭉술한 말 대신 "돈 많이 버세요(恭喜发财, gōngxǐ-fācái)"라는 직접화법을 즐긴다. 자본주의보다 더 '돈'을 밝히는 중국인들에게 돈을 번다는 의미의 '发'은 간절한 소망이 깃든 말로 굳게 자리 잡고 있다.

병자호란(1636년)을 배경으로 한 영화 〈최종병기 활〉의 주인공이 아버지 유산으로 물려받은 활에는 "전추태산, 발여호미(前推泰山, 发如虎尾*)"라는 글귀가 새겨져 있다. "활을 잡은 손은 앞으로 태산을 밀 듯 힘차게 버티고, 화살을 잡은 손은 호랑이의 꼬리처럼 날렵하게 감아 발사하라"는 의미이다. 충분한 기백으로 활을 제어하여 힘을 모으되, 마지막 순간은 바람처럼 부드럽게 나아가게 하라는 것이다.

필 발(發, fā, fà)은 소리부 발(癹)과 의미부 궁(弓)이 합쳐진 형성자로, 발

(止)이 서로 반대 모양으로 놓인 등질 발(癶)과 활 궁(弓)과 칠 복(攵)이 위아래로 결합되었다. 활과 같은 막대로 풀숲을 헤치며 발을 내딛어 앞으로 '나아가다'는 뜻에서 '쏘다, 발생하다' 등의 의미도 생겨난 걸로 보인다. 금문에는 막대를 발 사이에 넣는 모양이 보이는데 걸어가는 사람을 인위적인 도구로 넘어뜨리는 동작에서 '급작스러운 움직임, 계발, 발전'의 뜻이 생겨난 걸로 보인다. 터럭 발(髮)의 간화자로 쓸 때는 4성(fà)으로 발음한다.

공자는 《논어》〈술이(述而)〉에서 "알고자 분발하지 않으면 가르쳐주지 않고, 알고자 애태우지 않으면 깨우쳐주지 않는다(不愤不启, 不悱不发**)"고 하였는데 '계발(启发)'이라는 말이 여기서 생겨났다.

링크에 링크!

*前推泰山，发如虎尾(qián tuī Tài Shān, fā rú hǔwěi) 활을 잡은 손은 앞으로 태산을 밀 듯 힘차게 버티고, 화살을 잡은 손은 호랑이의 꼬리처럼 날렵하게 감아 발사하라.

**不愤不启，不悱不发(bú fèn bù qǐ, bù fěi bù fā) 알고자 분발하지 않으면 가르쳐주지 않고, 알고자 애태우지 않으면 깨우쳐주지 않는다.

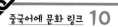

음악에 조예 깊었던
고대 중국의 조숙함

金文	小篆	楷书

1986년 허난(河南)성 자후(贾湖)에서 기원전 7,000~9,000년 전의 것으로 추정되는 뼈로 된 피리(骨笛, gǔ dí) 6개가 세트로 발견되어 세계인의 이목을 끌었다. 이들은 '세계 최초의 악기'로 인정받아 저명한《네이처(Nature)》표지에 소개되기도 하였다.

중국의 고대 악률은 세계 음악사에서 눈부신 한 페이지를 차지한다. 춘추시대에 이미 12개의 음조(피아노 7개의 흰 건반과 5개의 검은 건반에 해당)가 확립되어 궁상각치우(宫商角徵羽, gōng shāng jué zhǐ yǔ)의 5성 음계가 체계적으로 운영되었다.

소리 음(音, yīn)은 피리와 같은 관악기를 부는 입 모양을 상형화한 것으로 말을 하는 입인 말씀 언(言), 혀 설(舌)과 같은 뿌리를 갖고 있다. 입에서 나오는 소리에서 랩에 해당되는 부분이 언(言), 멜로디적 요소가 음(音)인 셈이다. 소리 성(聲)과 견주어서는 음(音)은 대체로 악기나 발음기관을 통해 한번 정제되고 다듬어진 소리에 가깝고, 그래서 마음에 더 오랜 울림을 주는 고차원적인 소리를 말한다.

제례에서 음악은 매우 중요한 요소로 궁상각치우 음은 각각 평화, 의, 측은지심, 선, 단정함의 교화 작용을 한다고 여겨졌다. 상나라의 폭군 주왕을 위해 만든 노래인 미미지음(靡靡之音*)은 지금도 퇴폐적 음악의 대명사로 남아 있다.

우리나라 향교에서 공자 제사를 지낼 때 사용하는 제례악이 중국에서는 모두 사라져서 중국인들이 우리나라로 배우러 온다고 한다. 소리를 보존할 과학기술이 없던 시대에는 입에서 입으로, 기억에 의존해 구전될 수밖에 없었을 것이다. 어쩌면 그것이 바로 소리와 음악이 갖는 대체 불가한 힘이자 위대함이 아닐까.

링크에 링크!

*靡靡之音(mǐmǐzhīyīn) 퇴폐적인 음악. 음탕하고 저속한 음악.

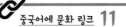

한글도 창제 당시엔 성조언어?

 甲骨文	 小篆	聲 楷书	声 简化

전 세계적으로 약 6,000여 종의 언어가 있고, 10만 명 이상 사용 인구를 가진 언어도 1,000여 개에 달한다. 그중에서 성조를 가진 언어가 그렇지 않은 비성조언어보다 많다. 중국어를 비롯하여 동남아, 아프리카, 아메리카 인디언의 언어들 중에 성조언어가 많다.

한글도 창제 당시에는 평상거입(平上去入) 4성 체제를 지닌 성조언어로, 《훈민정음(해례본)》에 보면 평성은 무점, 거성은 한 점, 상성은 두 점이 찍힌 것을 볼 수 있다. 임진왜란 이후 점차 성조가 지닌 의미의 변별력이 상실되면서 상성은 장음, 거성은 단음으로 음의 장단만 남게 되고, 성조는 경상도, 함경도 일부 방언을 제외하고 소멸된 것으로 보인다.

1978년 후베이(湖北)성 쑤이(随)현에서 전국시대인 기원전 433년에 만들어진 편종(編钟)이 출토되었다. 증후을묘편종(曾侯乙墓編钟, Cénghòuyǐmù-biānzhōng)으로 이름 붙여진 이 편종 세트는 모두 65점으로 높이 3m, 길이가 약 20m, 가장 큰 것의 무게가 200kg, 전체 무게는 2.5톤에 달했다. 편종 걸이대는 2,400년 동안이나 그 육중한 무게를 침묵으로 견디며 서 있었던 것이다. 이 편종은 첼로가 내는 가장 낮은 음에서부터 피리의 가장 높은 음까지 5옥타브 이상의 음역을 낼 수 있다고 하니 고대인들의 소리에 대한 수준 높은 성취가 놀라울 뿐이다.

　소리 성(聲, shēng)은 장식대에 비스듬히 매달인 석경(石磬, shíqìng)을 나타내는 소리 성(声), 손으로 치는 모습인 창 수(殳), 귀 이(耳)가 결합되어 귀 기울여 듣는 악기 소리를 나타낸다. 악기를 통한 음악 소리는 조상과 하늘을 연결하는 도구로 엄숙한 의식에 빠지지 않고 울려 퍼졌다. 중국어에 성조가 있는 것은 음악을 중시한 중국인의 전통이 언어에 반영된 결과가 아닐까 생각된다.

　계획만 요란하고 실제 실천하는 바가 없을 때 "천둥소리만 크고, 내리는 비는 적다(雷声大, 雨点小*)"고 표현한다. 작은 저음이라도 울려야 할 리듬과 박자에 제대로 소리를 내는 것이 중요할 것이다. 그리고 요란하지 않게, 곁의 소리들과 다정한 하모니를 생각하며….

링크에 링크!

*雷声大, 雨点小(léishēng dà, yǔdiǎn xiǎo)　천둥소리만 크고 빗방울은 작다. 기세만 요란하고 실행한 것은 적다.

'총명할 총', '성인 성'에 공통으로 있는 글자는?

聽	聽	听
小篆	楷体	简化

갓난아기는 '엄마'라는 말을 몇 번이나 듣고 '엄마'라는 그 생(生)의 첫 마디를 할 수 있게 될까? 아마 수천 번은 족히 넘어야 가능할 것이다. 선천적 귀머거리는 입이나 목의 떨림을 기억하는 피나는 노력이 없는 한 거의 벙어리가 될 수밖에 없다.

하루 언어 사용 중 듣기가 45%(말하기 30%, 읽기 16%, 쓰기 9%)로 가장 높은 비율을 차지한다. 듣기는 언어생활의 시작이다. 심리치료사들은 환자의 말을 공감하며 잘 들어주는 것만으로 상당한 심리 치료의 효과가 있다고 말한다.

들을 청(聽, tīng)은 귀 이(耳)와 덕 덕(德)으로 이뤄진 의미부와 소리부인 아홉째 천간 임(壬)이 결합된 형성자이다. 귀로 소리를 듣고 웃는 얼굴이 본뜻인데 간화자에서 웃을 은(听, tīng)으로 이어졌다.

"마음이 없으면 보아도 보이지 않고, 들어도 들리지 않는다(心不在焉, 視而不見, 听而不聞*)"고 한다. 《대학(大学)》에 나오는 말이다. 들을 청(聽)에 마음 심(心)이 포함된 이유일 것이다. 장자(庄子, BC369~289?)는 귀로 듣지 말고 마음으로 듣고, 마음으로 듣지 말고 기(气)로 들으라고 한다. 마음으로, 기로 들어야 귀에 들리지 않는 소리까지 들을 수 있다. 마음을 열고 기를 모아 누군가의 말을 듣고 마음을 헤아린다면 소통은 한결 쉬워질 것이다. 춘추시대 거문고의 명수 백아(伯牙, BC413~354)와 친구 종자기(钟子期, BC387~299)에 얽힌 고사 '지음(知音, zhīyīn)'도 귀가 아닌 마음으로 듣는 소리의 이야기일 것이다.

총명할 총(聰), 성인 성(聖), 들을 청(聽)에는 공통으로 귀 이(耳)가 들어 있다. 말을 하고 있는 순간은 다른 사람의 말을 들을 수 없는 순간이다. 입보다는 귀를 열고 상대방의 말을 경청하는 것이 똑똑해지고, 성인에 가까워지는 길이다. 귓바퀴와 귓불을 형상화한 귀 이(耳)가 어쩌면 모든 지혜와 소통의 중심에 놓인 문일지도 모르겠다.

링크에 링크!

***心不在焉，视而不见，听而不闻**(xīn bú zài yān, shì ér bú jiàn, tīng ér bù wén) 마음이 없으면 보아도 보이지 않고, 들어도 들리지 않는다.

돌로 양치질하고,
흐르는 물을 베개 삼다?

小篆	楷书	简化

당나라 말기부터 5대 10국 시대에 거쳐 다섯 왕조, 열한 명의 군주를 섬기며 재상의 지위를 유지했던 처세의 달인 풍도(冯道, 882~954)는 〈설시(舌诗)〉에서 "입은 재앙을 불러들이는 문이요, 혀는 몸을 자르는 칼이다(口是祸之门, 舌是斩身刀, kǒu shì huò zhī mén, shé shì zhǎn shēn dāo)"라고 하며, 입을 닫고 혀를 깊이 감추면 가는 곳마다 몸이 편안하다고 충고한다.

당나라 관리 등용의 평가 기준은 신언서판(身言书判, shēn yán shū pàn)으로 말은 용모, 말씨, 판단력과 함께 사람의 인격을 평가하는 중요한 지표였다. 중국 속담에도 "말(马)이 좋은지는 다리에 달렸고, 사람이 훌륭한지는 입에 달렸다(好马长在腿上, 好人长在嘴上*)"고 한다. 하지만 말은 양날의 검처럼 사람을 흥하게도, 망하게도 한다는 점을 명심해야 한다. 필요할 때 입을 열어 생각을 조리 있게 말하고, 말할 수 없는 것에는 침묵해야 한다.

말씀 설(說, shuō)은 의미부인 말씀 언(言)과 소리부 기쁠 태(兑)가 결합된 형성자로 '말하다'는 의미 외에도 '달래다(세, shuì), 기쁘다(열, yuè)'라는 또 다른 뜻과 독음도 있다. 중국어에서 '말하다'는 의미로 道(dào), 谈(tán), 讲(jiǎng) 등이 있는데 말을 잘한다고 할 때(能说会道**)나 말도 안

되는 터무니없는 소리를 할 때(胡说八道***) 함께 결합되어 쓰인다.

진(晋)나라 때 손초(孙楚, ?~BC293)는 친구와 대화 중에 "돌을 베개 삼아 눕고, 흐르는 물로 양치질하는 생활을 하고 싶다"고 해야 할 것을 "돌로 양치질하고, 흐르는 물을 베개로 삼겠다"고 말했다. 친구가 지적하자 손초는 자신은 은둔하며 물을 베개로 삼아 귀를 닦고, 돌로 이를 닦을 거라고 견강부회하며 자기 합리화에 급급한다. '수석침류(漱石枕流****)'가 여기에서 유래한다.

우리말에도 "낮말은 새가 듣고, 밤말은 쥐가 듣는다"는 속담이 있는데 중국어는 "담에는 구멍이 있고 벽에는 귀가 있다(墙有缝，壁有耳*****)"고 한다. 말의 속성 자체가 날개를 달고 남에게 쉽게 전달된다. 또한 "말이 씨가 된다"처럼 말에는 어떤 주술성이 담겨져 있다. 한 마디 한 마디에 보다 신중하고 겸손해야 하는 이유가 참 많다.

링크에 링크!

* **好马长在腿上，好人长在嘴上**(hǎo mǎ cháng zài tuǐ shang, hǎo rén cháng zài zuǐ shang) 말(마)이 좋은지는 다리에 달렸고, 사람이 훌륭한지는 입에 달렸다.

** **能说会道**(néngshuō-huìdào) 말솜씨가 좋다. 달변이다.

*** **胡说八道**(húshuō-bādào) 말도 안 되는 터무니없는 소리를 하다. 입에서 나오는 대로 지껄이다.

**** **漱石枕流**(shù shí zhěn liú) 수석침류. 돌로 양치질하고 흐르는 물을 베개 삼는다는 뜻으로 말을 잘못해 놓고 그럴 듯하게 꾸며대는 것 또는 이기려고 고집을 부리는 것.

***** **墙有缝，壁有耳**(qiáng yǒu fèng, bì yǒu ěr) 담에도 틈이 있고, 벽에도 귀가 있다. 낮말은 새가 듣고, 밤말은 쥐가 듣는다.

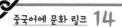

모름지기 다섯 수레의 책은 읽어야 한다!

讀	讀	读
小篆	楷书	简化

중국의 민족혼이라 불리는 루쉰(鲁迅, 1881~1936)은 "한자를 없애지 않으면 중국은 틀림없이 망할 것이다(汉字不灭, 中国必亡, Hànzì bú miè, Zhōngguó bì wáng)"며 한자를 폐지하고 로마자 표기 도입을 주장했다. 1949년 건국 초기 중국 전체 인구의 80% 이상이 문맹이었다. 마오쩌둥(毛泽东, 1893~1976)은 심각한 수준의 문맹률을 낮추기 위해 어려운 한자의 개혁을 선택했다. 1935년 1차 간화자(简化字, jiǎnhuàzì)가 발표되었다가 회수된 이후, 문자개혁이 꾸준히 진행되어 1986년 획순을 대폭 줄인 2,274개의 간화자가 공표되었다. 문자개혁과 경제성장의 성과로 문맹률은 낮아지고 있지만, 중국 정부가 정한 문명인(文明人)의 기준인 1,300자의 한자를 읽고 쓰지 못하는 인구는 여전히 1억 명에 달한다.

읽을 독(讀, dú)은 의미부 말씀 언(言)과 소리부 팔 매(賣)가 결합된 형성자이다. 물건을 팔기(賣) 위해 큰 소리로 말하는 것에서 글을 '읽는다'는 의미가 유추된 걸로 보이나, 명확한 근원은 아직 밝혀지지 않았다.

고대 사회에서 책을 읽는 것은 모든 이들에게 허용된 일은 아니었다. "남자는 모름지기 다섯 수레의 책을 읽어야 한다(男儿须读五车书, nán'ér xū dú wǔ chē shū)"는 두보의 시에서 확인되듯 여성은 독서의 기회조차 없었으며 사대부만이 독서를 직업으로 삼을 수 있었다. 왕안석(王安石, 1021~1086)은 "가난한 사람은 독서로 부자가 되고 부자는 독서로 귀하게 된다(贫者因书富, 富者因书贵, pín zhě yīn shū fù, fù zhě yīn shū guì)"고 했지만 사실 가난한 사람이 책을 읽는 것 자체가 쉽지 않았다.

전국시대 소진(苏秦, ?~BC284)이 자신의 허벅지를 송곳으로 찌르며 책을 읽었다는 자고독서(刺股读书*), 반딧불을 모아 책을 읽은 차윤(车胤, 333?~401)과 하얀 눈에 책을 비춰 읽은 손강(孙康)의 형설지공(萤雪之功**) 등 독서를 강조하는 고사는 차고 넘친다. 책 읽을 시간이 없다고 하는 사람을 위해 후한 동우(董遇)는 또 독서삼여(读书三余***) 고사를 남겨 놓았다. 겨울은 한 해의 남은 시간이고, 밤은 하루의 남은 시간이며, 계속 내리는 비는 한때의 남은 시간이니 자투리 시간을 아껴 책을 읽으라는 의미이다.

링크에 링크!

* **刺股读书**(cìgǔ-dúshū) 허벅지를 찌르며 공부하다. 어려움을 이겨내며 열심히 공부하다.

** **萤雪之功**(yíng xuě zhī gōng) 형설지공. 반딧불과 눈빛으로 이룬 공이라는 뜻으로, 가난을 이겨내며 반딧불과 눈빛으로 글을 읽어가며 고생 속에서 공부하여 이룬 공을 일컫는 말.

*** **读书三余**(dúshū sān yú) 독서삼여. 비올 때, 밤, 겨울이 독서를 하기에 적당한 세 여가라는 의미.

글쓰기는 생각을 정교하게 한다!

小篆	楷书	简化

독서는 생각을 풍부하게 하고 글쓰기는 생각을 정교하게 한다. 자신의 생각을 정리하고 논리를 가다듬는 데 글쓰기만큼 좋은 방법은 없다. 그래서일까? 중국은 대학 입시에서 900만 명이나 되는 응시생 전체를 대상으로 작문(作文, zuòwén) 시험을 본다. 1교시 어문 150점 만점에 60점에 해당되고, 한 주제에 대해 800자를 써야 한다. 채점의 공정성, 절차상의 어려움을 핑계로 수능에 작문은 꿈도 꾸지 못하는 우리 현실과 비교되는 대목이다.

베낄 사(寫, xiě)는 집 면(宀)과 날개를 펼친 까치 모양의 석(舄, xì)이 결합된 형태로 원래 물건을 다른 곳으로 '옮긴다'는 의미였다가 점차 옮겨 '베끼다, 그리다'는 의미로 확대된 걸로 보인다. 과거시험에서 채점의 공정성을 위해 답안지 전체를 글씨를 잘 쓰는 관리가 똑같은 서체로 모두 필사하여 채점을 했다고 한다.

한자 자체가 갑골 복사(卜辞, bǔcí)를 통한 기술(记述)의 결과물이듯, 중국인들은 기록을 중시해 세계에서 가장 풍부한 역사기록물들을 남겨 놓았다. 한자는 상형 문자로서 지니는 회화성 때문에 문자를 붓으로 쓰는 것만으로 예술로 인정받는데 바로 '서예'다. 서예의 성인으로 불리는 왕희지(王羲之, 303~361)는 거위를 매우 좋아했는데 그 사실을 안 산음(山阴) 지방의 한 도사가 왕희지를 불러 거위를 줄 테니 노자(老子, BC604?~533?)《도덕경(道德经)》을 써 달라고 했다. 거위가 너무 탐난 왕희지는《도덕경》을 써주고 거위를 받는데 바로 '사경환아(写经换鹅*)' 고사다. 이를 그림으로 그린 것이 〈왕희지관아도(王羲之观鹅图, Wáng Xīzhī guān é tú)〉이다.

《도덕경》의 저술도 우연한 글쓰기로 이뤄졌다. 쇠퇴하는 주(周)나라를 한탄하며 은퇴를 작정한 노자가 서방(西方)으로 떠나려고 할 때 함곡관(函谷关) 관문을 지키던 관문지기 윤희(尹喜)의 요청으로 상하 2편의 책을 써 준 것이다.

20세기 초 중국에서는 고전에 나오는 문구를 근거로 글을 쓰는 문언문(文言文)이나 엄격한 규율과 형식을 강조하는 팔고문(八股文)을 지양하고, "일상생활에서 쓰는 말을 글로 그대로 쓰자(我手写我口, wǒ shǒu xiě wǒ kǒu)"는 백화(白话)운동이 일어나기도 하였다.

링크에 링크!

*写经换鹅(xiě jīng huàn é) 경전을 써서 거위와 바꾸다. 글씨를 아주 잘 쓴다는 의미.

제3장 만남과 인사

A: Nǐ hǎo!

你好⑯！

B: Nǐ hǎo!

你好！

A: Rènshi nǐ hěn gāoxìng.

认识你很⑰高⑱兴。

B: Wǒ yě hěn gāoxìng.

我⑲也⑳很高兴。

A: Zàijiàn!

再㉑见！

B: Zàijiàn!

再见！

⑯ 好 hǎo, hào   ⑰ 很 hěn   ⑱ 高 gāo   ⑲ 我 wǒ

⑳ 也 yě   ㉑ 再 zài

🐼 시간대별 인사 표현

■ Zǎoshang hǎo! 早㉒上好!　　■ Shàngwǔ hǎo! 上㉓午㉔好!

■ Xiàwǔ hǎo! 下午好!　　　　■ Wǎnshang hǎo! 晚㉕上好!

■ Wǎn'ān! 晚安!

🐼 다양한 인사 표현

■ Dàjiā hǎo! 大㉖家㉗好!

■ Lǎoshī hǎo! 老㉘师㉙好!

■ Tóngxuémen hǎo! 同㉚学㉛们好!

■ Péngyoumen hǎo! 朋㉜友们好!

㉒ 早 zǎo	㉓ 上 shàng	㉔ 午 wǔ	㉕ 晚 wǎn
㉖ 大 dà	㉗ 家 jiā	㉘ 老 lǎo	㉙ 师 shī
㉚ 同 tóng	㉛ 学 xué	㉜ 朋 péng	

남자와 여자가 함께 있어 '좋다'? 그게 아닌데

甲骨文	金文	小篆	楷书

섭공(叶公)은 용을 아주 좋아했다. 그는 집안의 대문, 책상, 이불 어디든 용을 새겨 놓고 즐겼다. 소식을 들은 진짜 용이 감동하여 섭공의 집을 방문했다. 진짜 용을 처음 본 섭공은 너무 무서워 얼굴이 창백해지며 혼비백산 도망갔다. 바로 '섭공호룡(叶公好龙*)' 고사이다. 무언가를 좋아한다는 것도 피상적인 단계에 머물지 않고 그 진정한 내면의 깊이를 갖기란 쉽지 않다. 호들갑을 떨며 좋아한다면서 섭공처럼 그 겉모습만 쫓고 있는 건 아닌지 돌아보게 한다.

중국에서는 학업 성적, 사상, 신체활동 능력이 뛰어난 학생을 선발하여 '三好学生(sān hǎo xuésheng)'이라고 학기마다 시상한다. 우리 못지않게 성적지상주의가 판을 치는 중국에서 대부분 성적순으로 '三好학생'을 선발하여 그 의미는 퇴색되고 있다.

'좋다'는 것은 매우 주관적인 판단 영역에 해당된다. 고대인들은 무엇을 좋은 것으로 여겼을까? 수렵, 농경에 많은 노동력이 필요하기 때문에 사냥이나 생산에 참여할 수 있는 구성원을 확보하고 늘리는 것이 무엇보다 중요하고 '좋은 것'으로 인식되었다. 마오쩌둥의 말처럼 '사람이 곧 힘(人就是力量, rén jiùshì lìliàng)'인 시대였기 때문이다.

좋을 호(好, hǎo)는 여자(女)가 아이(子)를 안고 있어 '좋다'는 의미다. 남자와 여자가 함께 있어 '좋다'는 해석은 옳지 않다. 왜냐하면 '子'는 성인 남자가 아니라 머리가 큰 어린아이를 가리키기 때문이다. 등장인물이 남자와 여자가 아니라 어머니와 아들이다.

대련(对联, duìlián) 중에 '호독서불호독서, 호독서불호독서(好读书不好读书, 好读书不好读书**)'라는 문구가 있는데 언뜻 보면 같은 말을 두 번 적은 걸로 보이지만, '好'가 '좋다(hǎo)'라는 의미의 형용사도 되고, '좋아하다(hào)'라는 의미의 동사로도 쓰인다는 점에 착안한 절묘함이 느껴진다. 그 뜻은 "책을 읽기 좋을 때(어리고 젊을 때)는 책 읽기를 좋아하지 않고, (철이 들어) 책 읽기를 좋아하게 되니, (눈이 좋지 않거나 기억력이 감퇴되어) 책 읽기에 좋지 않다"는 것이다.

링크에 링크!

***叶公好龙**(yègōng-hàolóng) 섭공이 용을 좋아하다. 겉으로 좋아하는 듯하나 실제로는 두려워하다.

**好读书不好读书, 好读书不好读书(hǎo dúshū bú hào dúshū, hào dúshū bù hǎo dúshū) 책 읽기 좋을 때는 책 읽기를 좋아하지 않고, 책 읽기를 좋아할 때는 책 읽기가 좋지 않다.

"당신 사납게 예쁘시군요?"

很	很
小篆	楷书

司마천(司马迁, BC145~?)의 《사기(史记)》에는 12편의 본기(本纪)가 있는데 항우는 일곱 번째로, 여덟 번째인 한고조 유방보다도 먼저 등장한다. 반면 반고(班固, 32~92)의 《한서(汉书)》에는 항우가 본기에 아예 빠져 있고, 열전에 농민 반란군인 진승과 함께 그것도 항우가 아닌 항적(项籍, 항우의 어릴 적 이름)으로 소개되고 있다.

진나라의 수도 함양을 향해 진격할 때 항우는 송의(宋义, ?~BC207) 수하에 있었다. 송의는 "사납기가 호랑이 같고, 제멋대로이기가 양 같고, 탐욕스럽기가 늑대 같아 고집을 부리며 말을 듣지 않는 자는 모두 목을 벨 것이다(猛如虎, 很如羊, 贪如狼, 强不使者, 皆斩之, měng rú hǔ, hěn rú yáng, tān rú láng, qiáng bù shǐ zhě, jiē zhǎn zhī)"라고 명하며 함양 진격을 미루는데, 항우를 염두에 둔 말이었다. 항우는 결국 송의의 목을 베고 서둘러 함양으로 진격하지만, 유방보다 한발 늦어 대세를 그르친다. 여기서 유래한 중국 사자성어가 '양흔랑탐(羊很狼贪*)'인데, 흉악하고 탐욕스럽다는 의미다.

《사기》의 기록에서 보듯 흔(很, hěn)은 말이나 행동이 비꼬여서 '거칠다'는 의미로 주로 쓰였다. 의미부인 조금씩 걸을 척(彳)에 소리부인 어긋날

간(艮)이 결합된 형태인데, 주로 '사납다, 거칠다'는 뜻이었다. 그런데 원나라 문헌서부터 흔(很)의 쓰임이 달라진다. 원래 의미에서 멀어져 부사로 '매우, 몹시'의 뜻으로 더 많이 쓰이기 시작한 것이다. 조선시대 중국으로 가는 사신들의 중국어 교본이었던 《노걸대(老乞大)》와 《박통사(朴通事)》에 흔(很)이 모두 부사적 쓰임인 걸로 보아 명나라 때 이미 부사로 더 많이 쓰인 걸로 보인다.

언어는 사회구성원 간의 약속으로 임의로 변하지 않는 속성인 사회성을 지님과 동시에, 시대에 따라 그 소리와 의미가 변하는 역사성을 지닌다. 중국인들이 습관적으로 형용사 앞에 붙이는 흔(很)이 언어의 역사성을 잘 보여주는 예인 셈이다.

"당신 정말 예쁘시군요(你很漂亮**)"라는 말에서 흔(很)을 원래 의미대로 해석하면 "당신 사납게 예쁘시군요"가 되는데, '사납다'는 흔(很)의 원래 의미에 '정말, 매우'의 뜻이 약간은 묻어 있는 것도 같다.

시대에 따라 같은 인물이라도 다른 평가를 받는 것처럼 언어의 의미도 시대의 변화에 따라 달라진다. 《사기》에서 비교적 높게 평가받은 항우가 《한서》에서 저평가되었다가 다시 당나라 중반부터 《사기》를 중시하게 됨에 따라 다시 '아름다운 패자'로 문학, 예술에서 사랑받는 것처럼 말이다.

羊很狼贪(yáng hěn láng tān) 양처럼 사납고 늑대처럼 탐욕스럽다.

你很漂亮(Nǐ hěn piàoliang)! 정말 예쁘시네요!

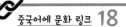

멀리 보려면 한 계단 더 올라서라!

甲骨文	金文	小篆	楷书

"해는 산에 기대어 지고(白日依山尽, báirì yī shān jìn) / 황허는 바다로 흘러드네(黄河入海流, Huáng Hé rù hǎi liú) / 멀리 천 리 밖을 보고자(欲穷千里目, yù qióng qiān lǐ mù) / 한 계단 더 올라서네(更上一层楼*)"

왕지환(王之涣, 688~742)의 시 〈등관작루(登鹳雀楼, dēng Guànquèlóu)〉는 마오쩌둥도 생전에 즐겨 암송하던 작품이며, 중국 초등학교 1학년 교과서에 수록되어 거의 모든 중국인에게 친숙한 시이기도 하다. 높은 곳을 오르려는 사람이나 너무 높은 것은 능력이 모자라고, 낮은 것은 눈에 차지 않아 하는(高不成, 低不就**) 사람에게 이 시를 권할 만하다.

이백(李白, 701~762), 두보를 비롯해 맹호연(孟浩然, 689~740), 한유(韩愈, 768~824), 백거이(白居易, 772~846) 등 당나라 때 유명한 시인이 많지만, 단 여섯 편의 시만 전해지고 있는 왕지환은 이 〈등관작루〉한 편으로 뭇 시인들의 부러움을 한 몸에 받는 위상을 차지하고 있다. 지금보다 더 큰 발전을 이루기 위해서는 한 계단 더 높게 올라서야 하며, 높은 곳에 서야 더 멀리 넓은 세계를 볼 수 있다(站得高，看得远***)는 이치를 멋지게 표현하고 있다.

"높이 나는 새가 멀리 본다"고 하고, 공자도 "태산에 오른 후에 천하가 작은 줄을 비로소 알았다(登泰山而小天下, dēng Tài Shān ér xiǎo tiānxià)"고 한다. 높은 위치는 분명 넓은 안목과 탁 트인 시야를 확보해주는 측면이 있다. 다만 "태산이 한 줌의 흙도 사양하지 않음으로써 그 높이를 이루는 것(泰山不让土壤，故能成其大, Tài Shān bú ràng tǔrǎng, gù néng chéng qí dà)"처럼 그 높이를 이루는 방식이 '겸손'과 넓은 '포용력'이라면 더 바랄 것이 없을 것이다.

높을 고(高, gāo)는 높이 세운 건축물을 나타내는 상형자이다. 2층 이상 건축물의 기둥, 축대, 삼각형 형태의 지붕까지 비교적 상세하게 묘사하고 있다. 고대인들이 왜 이런 높은 건물을 지었는지에 대해서는 해석이 다양하지만, 하늘 가까이 다가가 주술적 영력을 높이기 위함이라는 주장과 적의 공격을 방어하기 위한 감시초소라는 견해가 유력하다.

세계에서 가장 높은 산봉우리들이 밀집한 '세계의 지붕' 히말라야산맥이 바로 중국과 네팔, 중국과 파키스탄 접경에 펼쳐져 있다. 세계 최고봉 8,850m 에베레스트산(중국명 珠穆朗玛峰, Zhūmùlǎngmǎ Fēng)을 비롯한 8,000m 이상의 14좌 가운데 8개가 이 접경에 위치해 있다.

링크에 링크!

*更上一层楼(gèng shàng yì céng lóu) 한 층 더 올라가다. 진일보하다.

**高不成，低不就(gāo bù chéng, dī bú jiù) 높은 것은 이룰 수 없고, 낮은 것은 눈에 차지 않다.

***站得高，看得远(zhàn de gāo, kàn de yuǎn) 높은 곳에 서면 먼 곳을 볼 수 있다.

'나'만의 무기로 당당하게 살아가기!

甲骨文	金文	小篆	楷书

내 삶의 주인은 '나'다. '나'라는 자존(自尊)은 어떤 권위, 억압, 회유 등 그 무엇에도 흔들림이 없어야 한다. 그래야 노예가 아닌 주인으로서 나만의 삶을 살 수 있다. '천상천하유아독존(天上天下唯我独尊*)'은 이런 의미를 담고 있는 말이다.

임제(临济, 1549~1587)는 "안이건 밖이건 만나는 것은 무엇이든지 바로 죽여라. 부처를 만나면 부처를 죽이고, 조사를 만나면 조사를 죽이고, 나한을 만나면 나한을 죽이고, 부모를 만나면 부모를 죽여라"고 일갈한다. 누구의 말도 의지하지 말고, 현혹되지도 말고 온전하게 자기 존엄을 지키며 자신만의 삶을 살아가라는 강력한 충고다.

장자가 말한 '오상아(吾丧我, wú sàng wǒ)'는 내가 나를 장례 지낸다는 의미로 '나'에 갇히지 말고, 낡은 '나'를 죽이고 늘 새로운 나로 태어나라고 일깨운다.

나 아(我, wǒ)는 갑골문에서 보듯 삼지창 모양의 창(戈)의 상형이다. 금문은 두 개의 무기가 서로 부딪히는 모습으로도 보인다. 원래 무기가 본뜻이다가 점차 '나'를 나타내는 말과 발음이 같아 가차되어 널리 쓰인 것이다. '나'를 나타내는 말에 '무기'의 의미가 담겨 있다는 것이 왠지 예사롭지 않다. 저마다 자기 자신을 지키는 것이 쉽지 않고, 반드시 어떤 형태든 자기만의 무기가 필요하다는 것을 일깨우는 듯하다.

최근 중국 젊은이들은 SNS를 통해 나(我)를 발음이 비슷한 '偶(ǒu)'로 바꾸어 표현한다. 나(我)에 대한 방언 발음을 가져와 사투리가 갖는 친근함과 신선한 재미를 추구하는 것인데, 한 자녀 정책 이후 너무 홀로 고립된 자아에 대한 반대급부로 '짝, 커플'의 의미가 담긴 '偶'를 좋아하는지도 모르겠다.

안후이(安徽)성 황산(黃山)에는 중국에서 유일하게 여자 조상을 모신 청의당(淸懿堂)이라는 사당이 있는데, 현판에 쓰인 '我'의 가로획이 끊어져 있다. 여자는 가족을 위해 자신을 버리고 희생하라는 의미라 한다. 전통사회에서 '나'는 늘 가족과 국가를 위해 희생되어지는 존재였음을 알 수 있다.

'나(我)'는 국가나 가정을 위해 희생해야 하는 존재에서 점점 자존감을 갖는 독립된 인격체로 발전해왔다. 누가 뭐라 하든 자기 방식대로의 삶을 살아가는 것(我行我素**), 그것이 나 자신이 주인으로 살아가는 삶이 아닐까.

링크에 링크!

*天上天下唯我独尊(tiān shàng tiān xià wéi wǒ dú zūn) 천상천하유아독존. 이 세상에 오직 내가 존엄하다.

**我行我素(wǒxíng-wǒsù) 평소 자기 방식대로 하다.

하늘 천, 땅 지…
천자문, 그럼 마지막은?

金文	小篆	楷书

우리말이나 영어, 일어 등 자모로 구성된 언어에서, 모든 자모를 사용하여 한 문장을 만드는 것을 '팬그램(pangram)'이라고 한다. 이런 팬그램은 폰트를 개발하고 자모가 구현되는 것을 확인하는 데 유용하게 쓰이는 모양이다. 우리말에는 "동틀 녘 햇빛 작품", "닭 콩팥 훔친 집사" 등이, 영어는 "The five boxing wizards jump quickly(다섯 명의 권투 마법사가 재빨리 뛴다)" 등이 비교적 짧은 팬그램이다.

한자는 자모로 구성된 문자가 아니기 때문에 팬그램이 있을 수 없지만, 그래도 중첩되지 않는 1,000자로 구성된 《천자문(千字文)》이 그나마 팬그램에 가깝다고 하겠다. 《천자문》은 위진남북조시대 양(梁)나라 무제(武帝)의 명에 따라 주흥사(周興嗣, 469~537)가 하룻밤 사이로 완성한 걸로 알려져 있다. 왕희지의 행서로 중복되지 않게 1구 4자 125개의 문장을 완성하느라, 너무 집중한 나머지 하룻밤 사이에 머리가 하얗게 변했다고 해서 '백수문(白首文, bái shǒu wén)'이라고도 불린다.

주흥사는 어렵지 않게 992자의 문장을 만들었지만, 마지막 8글자가 도무지 떠오르지 않았다. 새벽녘에 깜빡 잠이 들었는데 꿈속에 도인이 나타나 "어조사에는 언(焉), 재(哉), 호(乎), 야(也)가 있다"고 알려주어 마지막 문장 '위어조자, 언재호야(谓语助者, 焉哉乎也, wèi yǔ zhù zhě, yān zāi hū yě)'로 《천자문》을 완성할 수 있었다고 한다.

주흥사가 그랬던 것처럼, 의미 있는 한자에는 주의를 기울이지만, 의미를 연결하거나 도와주는 어조사는 존재감이 별로 없어 가볍게 여기거나 간과하기 쉽다. 검은 커튼이 없으면 빛도 힘을 잃고 흩어지기 마련이다. 별을 사랑하는 밤하늘도 자신을 온통 별로 채우지는 않는다. 어조사는 비록 고유의 빛을 발하진 않지만, 삶의 쉼표처럼 호흡을 가다듬고, 검은 커튼처럼 주인공을 빛나게 하는 소중한 역할을 한다.

어조사 야(也, yě)는 금문에도 등장하는 오래된 한자인데, 형성 과정에 대한 의견이 분분하다. 허신(许慎, 58?~147?)의 《설문해자(说文解字, Shuōwén-jiězì)》에는 여성의 생식기 상형이라 하지만, 뱀, 주전자와 같은 그릇의 상형이라는 주장도 있다. 고문에서 주로 문장의 끝에 놓여 전환이나 종결의 의미를 나타내며, '~도, 또한' 등의 의미로 쓰인다.

저마다 밤하늘에 빛을 뿜어내면 어떤 별도 밝게 빛나지 못한다. 누군가는 빛을 숨기고, 어둠이 되어 줘야 한다. 주목받는 처음이 있으면, 누군가는 마지막에 자리해야 한다. 《천자문》의 마지막 글자인 어조사 야(也)가 어쩌면 그런 존재인 것 같아 왠지 사랑스럽다.

다시 은혜를 입는 일은 사양해야

金文	小篆	楷书

1592년 임진왜란[壬辰倭乱, 중국은 만력의 역(万历之役), 일본은 분로쿠의 역(文禄の役)]은 한중일 동북아 삼국이 역사적으로 처음 조우한 사건이다. 일본은 명을 치려 하니 길을 열어달라는 '정명가도(征明假道, zhēngMíngjiǎdào)'의 명분을 내세웠고, 명은 전쟁이 번지는 것을 막기 위해 조공국 조선에 10만여 명의 원군을 파병한다.

중화사상에 물들어 있던 조선의 학자들에게 명의 파병은 곧 생명을 다시 구해준 '재조지은(再造之恩, zàizào zhī ēn)'으로 받아들여졌고, 명이 망하자 조선이야말로 한족의 중화문명을 가장 잘 보존한 '소중화(小中華)'라는 그릇된 인식에 더욱 깊게 빠져들게 했다.

《설문해자》에서 "읍(邑)의 바깥쪽을 교(郊), 교의 바깥을 야(野), 야의 바깥을 임(林), 임의 바깥을 경(冂)"이라고 규정한다. 다시 재(再, zài)는 멀 경(冂)에 물고기를 매달아 좋지 않은 기운을 막거나, 복을 불러오는 역할을 하였는데, 물고기 하나에 가로획으로 하나를 더한 데에서 '다시, 또'라는 뜻이 나온 걸로 추정한다. 또는 물고기 어망(网)을 반복적으로 던져서 물고기를 잡는 데에서 뜻이 유추되었다는 주장도 있다.

《좌전(左传)》에 따르면 노(鲁)나라 때 닭싸움이 크게 유행하면서 닭에게

겨자를 먹여 싸움을 시키고, 싸움닭에 몰래 쇠 발톱을 채우는 편법이 자행되었다. 수탉이 싸움에 나가기 전에 계속해서(一而再, 再而三) 부리를 날카롭게 다듬는데, 이를 두고 '재접재력(再接再厉*)'이라 한다.

진(晋)나라 사안(谢安, 320~385)은 재능이 뛰어났지만, 관직에 나가지 않고 산에 은거하며 시를 짓고 풍류를 즐겼다. 나이 마흔에 벼슬에 나가서 재상까지 오르고 장수로서 큰 공을 세웠다. 이를 '동산재기(东山再起**)'라고 하며, 은거하다가 관직에 나가 성공하거나 실패했던 사람이 재기에 성공한 경우에 인용된다.

《맹자》〈진심 하(尽心下)〉에는 '재작풍부(再作冯妇, zài zuò Féng Fù)' 고사가 있는데, 풍부(冯妇)가 원래 하던 일을 다시 하게 됨을 이르는 말이다. 풍부는 춘추시대 진(晋)나라의 용사로, 호랑이를 잘 잡았다. 이후 작은 벼슬에 올라 호랑이 잡는 일을 그만두었지만, 호랑이가 사람들을 위협하는 모습을 보자 벼슬을 그만두고, 사람들이 좋아하는 호랑이 잡는 일에 다시 나섰다는 것이다.

1950년 한국전쟁에 중국은 임진왜란 때의 명나라처럼 '풍부'가 되어 전쟁에 참전한다. 북한은 조선처럼 중국에 '재조지은'을 입었고, 우리나라도 도움을 준 미국의 그늘에서 자유롭지 못하기는 마찬가지다. 안타까운 역사의 재현이다.

링크에 링크!

* **再接再厉**(zàijiē-zàilì) 수탉이 서로 싸울 때, 쪼기 전에 항상 부리를 다듬다. 어떤 일에 한층 분발하여 노력하다.

** **东山再起**(dōngshān-zàiqǐ) 동산에서 재기하다. 세력을 잃었다가 다시 재기하다. 권토중래(捲土重來)하다.

결혼식 폐백 때
대추와 밤을 던지는 이유는?

小篆	楷书

우리 고유의 전통문화라고 믿었는데, 그것이 중국에서 전래된 것임을 알았을 때 매우 당혹스럽다. 그러나 K팝이 유럽과 남미에서도 사랑받듯, 문화의 속성은 국경, 언어를 구분하지 않고 자유롭게 흐르며 자연스럽게 교류한다는 점이다. 민족 국가 개념이 지금보다 옅었을 고대에 이 같은 현상은 더욱 당연하게 받아들여졌을 것이다.

결혼식 폐백 예식에서 빠지지 않는 것이 절을 받은 집안 어른이 신랑과 신부에게 아들, 딸 많이 낳으라는 의미로 대추와 밤을 던져주는 풍습이다. 흔히 씨가 있는 대추는 아들, 씨가 없는 밤은 딸을 상징하는 것이라 한다. 그런데 이런 풍습은 유사한 발음으로 새로운 의미를 전달하는 중국어의 해음(谐音, xiéyīn)현상을 이용한 데에서 생겨난 걸로 보인다. 즉, 대추를 나타내는 조(枣, zǎo)와 이를 조(早, zǎo)의 발음이 같고, 밤(栗子, lìzi)과 '자식을 세우다(立子, lì zǐ)'는 말의 발음이 같아 합치면 결혼했으니 '일찍 자식을 낳아라(早立子, zǎo lì zǐ)'는 의미가 된다.

하지만 결혼식 폐백 전통이 사라진 중국에서 결혼식 폐백에 밤과 대추를 던지는 사실을 아는 중국인은 거의 드물다. 단오가 중국에서 우리나라로 전해졌지만, 그것을 독창적으로 변형, 재창조하여 잘 보전한 '강릉

단오제'가 2005년 우리나라의 세계문화유산이 된 것처럼 문화는 그 기원보다 계승, 발전, 보존에 더 큰 의미가 있다고 할 수 있다.

중국 문명은 춘추전국시대를 통일한 진나라 때부터 상당히 높은 수준의 문명을 선보이다가 한, 당대에 이르러 이미 세계 제국으로서의 위용을 과시하기 시작한다. 이 같은 고대 중국 문명의 '조숙(早熟)함'은 후세에 화려하고 풍요로운 역사적 유산을 물려줬으나, 근대로의 순발력 있는 전환을 방해하는 요소가 되기도 하였다. 중국이 근대 초기에 겪는 많은 수난은 그 문명의 조숙함, 몸집이 커진 문명의 더딘 순발력, 찬란한 문명에 머무르려는 강한 관성에서 기인한 면도 없지 않다.

이를 조(早, zǎo)는 원래 일(日)과 갑(甲)이 합쳐진 형태였는데 '甲'이 막대기 모양의 '十'으로 변형되었다. 해(日)가 시간을 측량하는 막대(十) 위에 떠오르기 시작하는 이른 시간, 즉 '아침'을 뜻하게 된 것으로 추정된다.

중국 현대문학의 기수 루쉰이 어릴 적 삼미서옥(三味书屋, sānwèi-shūwū)을 다닐 때 자주 지각을 하여 훈장님께 혼이 났던 모양이다. 지각으로 꾸중을 들은 루쉰이 자신이 앉는 책상에 스스로 "일찍 와 지각하지 말자"는 다짐의 의미로 '早(빨리)!' 자를 새겨놓았는데 지금도 그의 고향 서당 한편에 남아 관광객들을 맞이하고 있다.

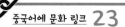

땅 위에 그린 고대인의 추상화, 위 그리고 아래

甲骨文	金文	小篆	楷书

춘추시대 초나라 양왕(襄王) 때 장수 천봉술(穿封戌)이 정나라를 공격해 황힐(皇頡)을 포로로 잡았다. 그런데 초나라의 위(圍)공자가 그 공을 가로채기 위해 자신이 포로를 잡았다고 주장한다. 판관 백주리(伯州犂)가 포로에게 누구한테 잡혔는지를 물어 심문을 했다. 손을 아래로 가리키며 천봉술에게 잡혔는지를 묻고, 손을 위로 높게 쳐들며 위공자에게 잡혔는지를 묻자, 황힐은 천봉술에게 잡힌 억울한 마음과 손동작으로 보아 위공자가 지위가 높은 것을 알아채고 위공자에게 잡혔다고 거짓으로 대답한다. 여기에서 나온 성어가 바로 '상하기수(上下其手*)'로 몰래 부당한 짓을 한다는 의미다.

원시 사회에서는 계급이 없어 상하의 개념도 없었을 것이다. 외부의 위협으로부터 공동체를 보호하면서 역할에 따른 계급이 생겨나고 상하 개념도 생겨났다. 아마 그 무렵에 위 상(上)과 아래 하(下)도 생겨나지 않았을까.

"윗물이 맑아야 아랫물이 맑다"는 속담을 중국어로 "위 마룻대가 바르지 않으면 아래 들보가 비뚤어진다(上梁不正，下梁歪**)"로 표현한다. 위정자와 사회 고위층의 병역 기피, 편법 탈세, 위장 전입 등의 뉴스를 접하노라면, 윗물이 흐려도 너무 흐림에 분노하지 않을 수 없다. 윗사람이 모범을 보여야 아랫사람이 본받는다는 것(上行下效***)을 명심해야 할 것이다.

위 상(上, shàng)은 어떤 기준선보다 높은 곳에 점을 표시해 추상적인 개념인 위를 나타낸 글자이다. 상형자가 사물의 형태를 그대로 그린 구상화라면, 지사자(指事字)는 도형적인 개념을 통해 의미를 추론하는 추상화인 셈이다. 아래 하(下, xià)도 마찬가지 원리로 기준점보다 낮은 곳에 점을 찍어 아래의 의미를 나타낸다. 상은 위로 올라가고, 하는 아래로 내려온다는 동사적 의미도 자연스럽게 생겼다. 그런데 우리말에서는 상(上)의 쓰임은 거의 사라지고, 하(下)만 남아 있다. 예를 들면 하산, 하교, 하차는 쓰지만 상산, 상교, 상차는 잘 사용되지 않는다. 일제 강점기에 위로 간다는 방향성보다는 위에 올라선다는 동작의 행위를 강조하는 말이 득세하면서 등산, 등교, 승차로 대체된 걸로 보인다.

링크에 링크!

*上下其手(shàngxià-qíshǒu) 수단을 부리다. 몰래 부당한 짓을 하다.

**上梁不正, 下梁歪(shàngliáng bú zhèng, xiàliáng wāi) 마룻대가 바르지 않으면 아래 들보가 비뚤어진다. 윗물이 맑아야 아랫물이 맑다.

***上行下效(shàngxíng-xiàxiào) 윗사람이 모범을 보이면 아랫사람이 본을 받는다.

정오는 가장 이성적인 시간?

甲骨文	金文	小篆	楷书

프랑스 작가 알베르토 까뮈(Albert Camus, 1913~1960)의 《이방인 (Stranger, 局外人, júwàirén)》은 제2차 세계대전의 부조리를 폭로한 작품으로 노벨문학상을 수상하였다. 이 소설의 주인공 뫼르쏘는 한낮 해변을 거닐다가 햇빛이 너무 눈부시다는 이유로 살인을 저지른다. 인간이 가장 이성적인 시간인 정오(正午)에 인간이 저지를 수 있는 가장 비이성적인 행동인 살인을 하는 것이다. 이는 모든 이성을 동원하여 대량살상 무기를 개발하여 가장 비이성적인 방법으로 살인을 자행하는 제2차 세계대전의 부조리를 폭로한 것으로 흔히 '정오 사상'으로 부른다.

십이지(十二支)를 2시간씩 맡게 하면 하루 24시간이 되는데 오시(午时)는 11시부터 1시까지다. 그 오시를 기준으로 오전(午前), 상오(上午) 그리고 오후(午后), 하오(下午)를 나눈다. 고대인들은 목을 베는 참형을 집행할 때 목을 베면 무서운 혼령이 나올까 두려웠다. 그래서 귀신이 나오지 않을 것 같은, 가장 이성적인 시간인 오시에 모든 참형을 집행했다고 한다. 이는 동서양이 공통적이다.

낮 오(午, wǔ)는 방아를 찧거나 땅을 다질 때 사용하는 절굿공이의 상형으로 보인다. 십이지 중에서 일곱 번째 지지로 가차되어 쓰이자 본뜻을 보존하기 위해 공이 저(杵)를 새로 만들었다.

중국은 유치원에서부터 고등학교까지 점심시간이 2시간 정도로 길고, 낮잠을 자는(睡午觉, shuì wǔjiào) 시간을 따로 운영하기도 한다. 사회주의 시절에는 직장에서도 낮잠 자는 시간이 공식적으로 보장되었으나, 생활 리듬이 빨라지고 경쟁이 치열해지며 직장에서는 점차 낮잠 자는 모습이 사라지고 있다.

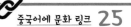

언제라도 '아주 늦은 때'는 없다!

小篆	楷书

거친 황야에 사는 양(羊)은 새벽 일찍 풀을 찾아 나선다. 이슬에 젖은 풀을 먹어야 부족한 수분을 보충할 수 있기 때문이다. 해가 떠올라 풀에 맺힌 이슬이 증발하면 아무래도 수분 보충이 부족할 수밖에 없다. 세상을 살아가는 이치도 이슬이 증발하기 전에, '아주 늦기 전'에 서둘러 해야 하는 일이 많다.

하지만 당나라 시인 왕발(王勃, 650~676)은 〈등왕각서(滕王阁序, Téngwánggé xù)〉에서 "젊은 날은 이미 지났어도, 만년이라고 해서 아주 늦은 것은 아니다(东隅已逝, 桑榆非晚, dōng yú yǐ shì, sāngyú fēi wǎn)"라고 노래하고 있다. 인간이 정해 놓은 인위적인 좌표에 불과한 시간의 늦음이 인간의 본질적인 욕망을 가로막을 수 없다. 영화 〈만추(晚秋)〉의 같은 제목의 주제가에 나오는 가사처럼 누군가를 만나 사랑을 시작하는데 "늦가을이라고 아주 늦은 것은 아닐 것(晚秋不晚*)"이다.

늦을 만(晚, wǎn)은 의미부 해 일(日)과 소리부 면할 면(免)이 합쳐진 형태이다. 해가 동우(东隅)에서 떠올라 상유(桑榆)로 지기까지의 공간이동을 시간개념으로 인식한 흔적이 엿보인다. 면할 면(免)은 금문에서 투구를 쓴 사람의 모습(＆)인데, 투구가 전장에서 위험을 면하게 해준다는 데

에서 뜻이 생겨났다. 만(晩)은 해(日)가 투구를 쓴 모습이니, 맹렬하던 한
낮의 태양이 그 빛을 누그러뜨리는 '석양녘', 하루 중 늦은 때를 의미하는
셈이다.

중국어에서 사용되진 않지만 우리말에는 때가 늦어서 어떤 기회를 놓
쳐버린 안타까움을 '만시지탄(晩時之歎)'이라고 표현한다. 하지만 또 늦었
다고 생각할 때가 가장 빠르다는 말도 있다. 저물면서 빛나는 바다처럼
뒤늦게라도 자신의 빛깔과 재능을 멋지게 펼쳐놓는다면 그 또한 충분히
아름다울 것이다.

큰 그릇은 늦게 이뤄진다는 《노자(老子)》에 나오는 '대기만성(大器晩成**)'
이란 말은 오랜 시련과 아픔을 딛고 이뤄낸 성공이 더 값지고, 그 의미가
더 크다는 것을 함의하고 있다. 봄에 일찍 피는 매화만 아름다운 것이 아
니라 늦가을에 피어나는 들국화 또한 향기롭고 아름답다. 늦었다고 포기
하거나 너무 서두르며 조바심을 낼 필요는 없다. 이제라도 자신이 좋아
하는 길에 묵묵히 나서면 된다. 언제라도 '아주 늦은 때'는 없으니 말이
다.

*晩秋不晩(wǎnqiū bù wǎn) 늦가을도 아주 늦은 건 아니다.

**大器晩成(dàqì-wǎnchéng) 대기만성. 큰 그릇은 늦게 이뤄진다.

사람이 만든
가장 큰 형상으로 된 글자?

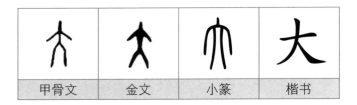

甲骨文	金文	小篆	楷书

2006년 CCTV가 제작 방영한 12부작 역사 다큐멘터리 〈대국굴기(大国崛起, dàguó-juéqǐ)〉가 급부상한 중국의 위상과 맞물려 세계적으로 큰 반향을 불러왔다. 중국위협론을 우려한 듯 제작진은 마지막 결론에서 서방 선진국과 달리 중국은 대국으로 우뚝 서더라도 "도를 행함에 보다 사례 깊고 멀리 내다보며 신중할 것(大道行思，取则行远, dà dào xíng sī, qǔ zé xíng yuǎn)"이라고 강조했다. 《좌전》에 나오는 이 말은 G2로 성장한 중국의 대외브리핑에도 자주 등장한다.

지난 역사를 현재의 가치로 평가하는 것이 온당한가에 대한 논란이 있을 수 있지만, 우리 역사의 불편한 진실 중 하나가 사대주의(事大主义)다. 조선 건국이념에도 포함된 사대주의는 《맹자》〈양혜왕 하(梁慧王下)〉에 나오는 "오직 어진 자만이 큼에도 작음을 섬길 수 있고, 오직 지혜로운 자만이 작은 것으로 큰 것을 섬길 수 있다(惟仁者，为能以大事小，惟智者，为能以小事大, wéi rén zhě, wéi néng yǐ dà shì xiǎo, wéi zhì zhě, wéi néng yǐ xiǎo shì dà)"에서 유래되었다. 역사적으로 소국을 섬긴 대국의 사례가 없고, 크고 막강한 힘 앞에 소국이 취할 수 있는 선택지는 많지 않다. 하지만 자주적, 전략적 실용노선을 포기하고 스스로를 소중화(小中华)라고 자처하며 자신의 정체성마저 부정한 조선의 일부 지식인들에 대해서는 곱지 않은 시선을 보낼 수밖에 없다.

큰 대(大, dà)는 양팔을 벌리고 선 사람의 상형이다. 인간이 만들 수 있는 가장 큰 형태라는 점에서 '크다, 훌륭하다, 최고' 등의 의미를 갖게 되었다. 크다는 것을 더 강조하기 위해 점을 찍어 만든 클 태(太) 등 큰 대 자에 한 획을 더해서 만들 수 있는 글자인 '天, 夫, 天' 등도 대체로 높고 크다는 의미를 지닌다.

노자는 《도덕경》에서 "가장 완전한 것은 마치 이지러진 것 같고(大成若缺, dà chéng ruò quē), 가장 가득 찬 것은 마치 비어 있는 듯하고(大盈若冲, dà yíng ruò chōng), 가장 곧은 것은 마치 굽은 듯하고(大直若屈, dà zhí ruò qū), 가장 뛰어난 기교는 마치 서툰 듯하고(大巧若拙, dà qiǎo ruò zhuō), 가장 말을 잘하는 것은 더듬는 듯하다(大辯若訥, dà biàn ruò nè)"고 일러준다. 여기서 대(大)는 모두 최고 경지를 말하는데 최고 경지에 이르려면 이지러짐도, 텅 비어 있음도, 굽음도, 서투름도, 더듬거림도 모두 포용하는 것이라야 한다.

우리나라 국호 대한민국(大韓民國)을 두고 중국 친구들은 가끔 영토는 작은데 국호가 너무 크지 않냐며 농담을 건넨다. 하지만 영토나 경제지표가 한 나라의 크기를 다 말해주진 않는다. 김구(金九, 1876~1949) 선생이 "오직 한없이 가지고 싶은 것은 높은 문화의 힘"이라고 했던 것처럼, 대한민국이 그 한없이 높은 문화의 힘으로 얼마든지 큰 나라, 명실상부한 대한민국이 될 수 있다고 믿는다.

🔗 중국어에 문화 링크 27

중국인에게 '집'은 종교이고 사당이다?

甲骨文	金文	小篆	楷书

중국인들 중에는 종교가 없는 이가 많다. "삶도 다 모르는데 어찌 죽음을 알겠느냐(未知生, 焉知死, wèi zhī shēng, yān zhī sǐ)"고 한 공자의 유교적 현실주의의 영향도 있을 것이다. 비록 종교적 색채는 없지만, 유교의 가르침이 중국인들에게는 종교의 가치를 대신하고 있는 셈이다. 중국인들은 조상에게 제사 지내는 제례를 종교적 의식으로 생각하고, 충효의 실천을 마치 종교적 규범처럼 여기며, 이 모든 의식과 규범이 행해지는 법당이자 교회이자 성당이 바로 '집'이다.

집 가(家, jiā)는 황토 지형에 만든 동굴집의 입구처럼 지붕과 두 벽면으로 구성된 집 면(宀) 아래에 돼지 시(豕)가 있다. 똥돼지를 키우듯 아래에 돼지가 살고, 위에 사람이 함께 사는 듯한 느낌이다. 실제로 이런 집 구조의 유적이 발굴되는데 가축을 기르는 것이 집의 중요한 용도로 인식되었음을 알 수 있다.

'수신제가치국평천하(修身齐家治国平天下, xiūshēn qíjiā zhìguó píngtiānxià)'의 개념에서 보듯, 중국 문화는 집을 중심으로 수렴되고 확장된다고 해도 과언이 아니다. 집의 의미를 최대로 확장하면 곧 천하가 되고, 온 세계가 모두 한 가정인 '사해일가(四海一家)'가 되며, 천하를 집으로 여기는

'가천하(家天下)'도 가능해지는 것이다. 이런 점에서 할리우드에서 만든 영화 〈뮬란〉에서 작은 용 캐릭터를 조상신으로 설정하여 스토리를 전개해가는 것은 중국 문화의 핵심을 제대로 파악한 탁월함이 돋보인다.

들어오면 효도하고 나가면 공손하라(入则孝, 出则弟, rù zé xiào, chū zé dì)는 《논어》〈학이〉의 가르침 또한 나고 드는 기준점이 되는 것은 집이고, 효를 유교적 도를 지탱하는 근본 가치로 삼고 있다. 중국인의 의식 속에서 집은 매우 소중한 가치이며 그래서 '가화만사흥(家和万事兴*)'이라는 말도 자연스럽게 생겨났을 것이다.

아무리 행복한 가정이라고 해도 집집마다 한두 가지 어려운 일은 있기 마련이다(家家都有本难念的经**). 중국 정부가 자주 사용하는 '사회주의 대가정(社会主义大家庭, shèhuìzhǔyì dà jiātíng)' 개념처럼 가정이 담당하고 있는 육아, 교육, 의료, 급식 등의 하중을 국가가 나눠서 부담해줘야 한다. 그래야 가정이 어려움을 극복하고 보다 건강하고 행복해질 수 있을 것이다.

링크에 링크!

* **家和万事兴**(jiāhé wànshì xīng) 가화만사성. 가족이 화목해야 모든 일이 잘되는 법이다.

** **家家都有本难念的经**(jiājiā dōu yǒu běn nánniàn de jīng) 집집마다 모두 어려운 일이 있기 마련이다.

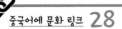

스물넷에 백발이 된 시인, 그가 말한 '늙음'

甲骨文	金文	小篆	楷书

젊고 아름다워야 할 나이 열여덟 살에 머리가 세기 시작하더니, 스물 넷에는 완전 백발로 뒤덮였다. 그리고 스물일곱에 짧은 생을 마감한다. 이백, 이상은(李商隐, 813?~858?)과 함께 삼이(三李)로 통하는 천재 시인, 시귀(诗鬼, shīguǐ)로 불리는 이하(李贺, 791?~817?)에 관한 얘기다.

이하에게 청춘의 봄날은 너무 빨리 시들어갔다. "하물며 이제 청춘의 봄날도 저물려 하나니 복숭아꽃도 붉은 비처럼 어지럽게 떨어지는구나 (况是青春日将暮，桃花乱落如红雨, kuàng shì qīngchūn rì jiāng mù, táohuā luàn luò rú hóng yǔ)" 그의 시 〈장진주(将进酒)〉에 나오는 대목이다.

너무도 빨리 찾아온, 때 이른 '늙음'은 이하에게 치명적 콤플렉스이자 시 세계를 확장시켜주는 서러운 모티브였다. 그의 시에 가장 자주 등장 하는 시어가 바로 '늙음(老)'이다. 전해지는 240편의 시 중에 늙을 노(老) 가 50차례나 등장한다. "만약 하늘에 정이 있다면 그 슬픔에 하늘도 늙 어갈 것이다(天若有情天亦老, tiān ruò yǒu qíng tiān yì lǎo)"는 홍콩영화 〈천장 지구(天长地久)〉의 주제가에도 등장하는 시 〈금동선인사한가(金铜仙人辞 汉歌)〉의 마지막 구절이다. 이하는 조로(早老)를 삶의 열정으로, 뛰어난 작품으로 치환하며 스스로를 위로했는지도 모르겠다.

늙은 로(老, lǎo)는 갑골문에서 보듯 머리가 긴 노인이 굽은 허리로 손에 지팡이를 짚고 있는 모양을 본뜬 글자다. 금문의 비(匕)는 될 화(化)의 생략된 형태로 머리가 하얗게 되었다는 의미를 담고 있다. 머리를 풀어 헤치고 있는 건 머리숱이 적어져 비녀를 이기지 못함이니 글자 자체가 노인의 서글픈 모습을 그대로 반영하고 있다.

"모든 것은 시들어 간다"는 니체의 말을 인간은 '늙어가는 것'으로 증명한다. 진시황이 불로장생(不老长生)의 약을 구하려다 결국 실패한 것처럼 생로병사(生老病死)는 필연이고, 누구에게도 가차 없다. 책이 없던 과거 전통사회에서는 마을에 노인 한 분이 숨을 거두는 것이 도서관 하나가 사라지는 것과 같다고 했다. 중국에도 "집에 노인 한 명이 있는 것은 보물이 하나 있는 것과 같다(家有一老，犹如一宝*)", "늙은 말이 길을 안다(老马识途**)"는 말이 있지만, 노인의 경험과 지혜는 책과 전자매체, 인터넷이 득세한 현대사회에 급격히 그 빛을 잃어가고 있다.

100세 시대, 요나스 요나손(Jonas Jonasson, 1961~)의 《창문 넘어 도망친 100세 노인》의 주인공 노인처럼 늙었지만 고리타분하지 않고, 자유의지로 넘쳐나는 맹랑한 '노완동(老顽童***)'이 더 많아지면 좋겠다.

링크에 링크!

* **家有一老，犹如一宝**(jiā yǒu yì lǎo, yóurú yì bǎo) 집안에 노인이 있으면 보배가 있는 것과 같다.

** **老马识途**(lǎomǎ-shítú) 늙은 말은 길을 안다. 경험이 많으면 그 일에 능숙하다.

*** **老顽童**(lǎo wántóng) 늙은 개구쟁이. 늙었지만 활력이 넘치는 사람.

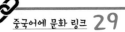

"다만 바다를 그리워하게 하라!"

師	師	师
小篆	楷书	简化

9월 10일은 중국 스승의 날이다. 우리나라는 민족의 가장 큰 스승인 세종대왕을 기려서 스승의 날을 세종대왕 탄신일인 5월 15일로 하고 있고, 타이완은 '만세사표(万世师表, wànshì-shībiǎo)'로 칭송되는 공자의 탄신일인 9월 28일을 스승의 날로 기념한다. 최근 중국에서도 교육 관련법이 통과된 9월 10일보다는 공자 탄신일을 스승의 날로 해야 한다는 주장이 힘을 얻고 있는 모양이다.

"세 사람이 길을 가면 반드시 내 스승이 있다(三人行，必有我师*)"고 한다. 빼어난 학식이 있어야 스승이 되는 게 아니라 작은 것이라도 우리를 일깨워주는 사람이면 누구나 스승이다.

스승 사(师, shī)는 작은 언덕을 나타내는 퇴(垍, 堆)와 사방으로 둘러치는 깃발을 나타내는 두를 잡(帀)이 합쳐진 글자다. 원래 적을 쉽게 발견할 수 있는 언덕에 깃발을 둘러 친 군대를 나타내다가, 언덕 같은 곳에 올라서서 무언가를 알려주는 사람, 즉 스승의 의미로 확대된 것으로 보인다. 《설문해자》에 보면 2,500명의 군인을 사(师), 500명은 여(旅)라고 정의하고 있다. 지금도 군대 편제에 사단(师团), 여단(旅团)이 남아 있다.

공자는 《논어》에서 "옛것을 익혀 새로운 것을 알면 스승이 될 수 있다

(温故而知新，可以为师矣, wēn gù ér zhī xīn, kěyǐ wéi, shī yǐ)"고 하고, 한유는 〈사설(师说)〉에서 "스승은 도(道)를 전하고 학업을 주고 의혹됨을 풀어줘야 한다(师者所以传道授业解惑也, shī zhě suǒ yǐ chuán dào shòu yè jiě huò yě)"고 말한다. 작은 가르침 하나를 위해서라도 많은 준비가 필요하다. 한 잔의 물을 주기 위해 먼저 한 통의 물이 있어야 한다(要给一碗水，先有一桶水**).

　지식정보시대 스승의 입에서 나오는 가르침의 권위는 많이 가벼워졌다. 물고기를 줄 것이 아니라 물고기 잡는 법을 가르치라고 했는데 이제는 아예 그것도 가르칠 필요가 없어졌다. 다만 바다를 그리워하게만 하면 된다. 그러면 스스로 검색해서 배도 만들고 고기도 잡는 것이다. "흥미가 가장 좋은 선생님이다(兴趣是最好的老师***)"는 말이 있듯이 학생들의 학습동기를 유발하는 것이 무엇보다 중요해졌다.

　"학문은 다른 사람의 스승이 되고, 행동은 세상의 모범이 된다(学为人师，行为世范, xué wéi rén shī, xíng wéi shì fàn)"는 말을 중국의 많은 사범(师范)대학교가 교훈으로 삼고 있다. 스승의 길이 결코 녹록지 않음을 미리 알고 더욱 학업에 정진하라는 의미인 듯하다.

*三人行，必有我师(Sān rén xíng, bì yǒu wǒ shī)。 세 사람이 걸으면 거기에 내 스승이 있다.

**要给一碗水，先有一桶水(Yào gěi yì wǎn shuǐ, xiān yǒu yì tǒng shuǐ)。 한 잔의 물을 주려면 먼저 한 통의 물이 있어야 한다.

***兴趣是最好的老师(Xìngqù shì zuì hǎo de lǎoshī)。 흥미는 가장 좋은 선생님이다.

"먼저 같음을 찾고, 다름은 유보하라!"

甲骨文	金文	小篆	楷书

1978년 덩샤오핑(邓小平, 1904~1997)은 중국의 현 단계를 사회주의 초급단계로 규정하고, 2000년까지 기본적으로 먹고 사는 원바오(溫饱)문제를 해결하고, 2020년까지는 대다수가 풍족한 삶을 누리는 샤오캉(小康)사회를 건설하며, 2050년까지 모두가 행복한 대동(大同) 세계를 구현하겠다는 포부를 밝힌 바 있다.

서양의 이상향 유토피아처럼 '대동 세계'는 동양사회가 오랫동안 꿈꿔온 이상세계이다. "부족한 것을 걱정하지 말고, 고르지 못한 불평등을 걱정하라(不患寡而患不均, bú huàn guǎ ér huàn bù jūn)"고 한 공자의 말도 대동세계와 맥을 같이 한다.

같을 동(同, tóng)은 구(口)와 범(凡)이 합쳐진 형태다. 모두(凡)의 말(口)이 같다거나, 구령에 맞춰서 함께 힘을 써서 땅을 다진다는 회의자식 해석과 그릇의 뚜껑과 몸체 크기가 같아서 서로 잘 맞는다거나 주물이 거푸집 모형과 똑같다는 상형자식 해석 등 다양한 주장이 공존한다. 대체적으로 신에게 기원하는 축문을 모신 두 개의 그릇이 같은 크기로 함께 모여 있다는 데에서 '한 가지, 같다'는 의미가 추론된 걸로 본다.

중국 TV 광고를 보다 보면 다른 제품과는 다르다는 의미의 '여중부동

(与众不同*)'이라는 문구를 유독 자주 접하게 된다. 다른 상품과의 차별성을 강조하다보니 이 말을 선호하는 것 같다.

1955년 반둥회의에서 저우언라이(周恩来, 1898~1976) 총리는 미국과 소련의 냉전 논리에서 벗어난 아시아, 아프리카 국가의 제3세계론을 주장하며 "같은 점을 먼저 찾아내고, 다른 점은 일단 접어두자"는 의미의 '구동존이(求同存异**)'를 제안했다. 이는 이견이 있는 부분은 상호협력을 저해하지 않는 범위에서 일단 보류하고, 협력이 가능한 분야부터 협력해 나가자는 중국의 외교 전략으로 자리매김되어 왔다.

《손자병법(孙子兵法)》에 나오듯 오나라와 월나라가 견원지간(犬猿之间)처럼 지내다가도 같은 배를 타서(吴越同舟***) 거센 파도를 만나면 서로 힘을 합쳐 노를 젓게 되는 게 세상 이치다. 영원한 적도, 우방도 없는 국제 관계에서는 이보다 더한 계략과 권모술수가 공존하지만 저우언라이의 '구동존이'는 여전히 유용한 소통 전략으로 보인다. '동상이몽(同床异梦****)'이라 할지라도 함께 같은 침대에 올라가는 것만으로 소통의 가능성은 열린다. 서로 동의할 수 있는 것을 먼저 구하고, 생각을 달리 하는 부분은 시간을 두고 지켜보며 조율해가면 되기 때문이다.

링크에 링크!

*与众不同(yǔzhòng-bùtóng) 보통 사람과 다르다.

**求同存异(qiútóng-cúnyì) 서로 공통점을 찾고, 다른 점은 보류하다.

***吴越同舟(wúyuè-tóngzhōu) 오월동주. 원수지간인 오나라와 월나라 사람이 한 배를 타다. 적이라도 어려운 상황에서 서로 단합하여 난관을 극복하다.

****同床异梦(tóngchuáng-yìmèng) 동상이몽. 같은 일을 하면서 서로 다른 것을 꿈꾸다.

중국어에 문화 링크 31

생애 최고의 찬사는 '배운다는 것'

甲骨文	金文	小篆	楷书	简化

"죽을 때까지 배워야 한다(活到老, 学到老*)"는 말은 요즘처럼 평생 교육이 강조되는 시절에 더욱 절실하다. 늘 배우기를 좋아하고 몸을 낮춰 새로운 것이 내 몸 안으로 흘러들게 하기란 말처럼 쉬운 일은 아니다.

배울 학(學, xué)은 새끼줄(爻)을 양쪽에서 두 손으로 잡고 지붕(宀)에 매듭 짓는 법을 어릴 적부터 배우도록 한다는 데에서 '배우다'는 의미가 생겨난 걸로 추정된다. 《논어》의 첫머리에 나오는 "배우고 늘 익힌다(学而时习之, xué ér shí xí zhī)"에서 '학습'이라는 말이 유래한다. 선생님에게서 배우는 것을 '學'이라 한다면, '習'은 깃털(羽)이 하얀(白) 어린 새가 부단한 날갯짓 연습으로 결국 날 수 있게 되듯, 스스로 배운 것을 자신의 것으로 체화하는 과정일 것이다.

배움에는 연습은 물론 내면적인 성찰과 사고의 과정 또한 필요하다. 공자는 《논어》〈위정(为政)〉편에서 "배우되 생각하지 않으면 어둡고, 생각은 하되 배우지 않으면 위태롭다(学而不思则罔, 思而不学则殆, xué ér bù sī zé wǎng, sī ér bù xué zé dài)"고 하였다. 배운 것에 대한 깊은 성찰과 소통을 강조한 걸로 보인다.

연(燕)나라 사람이 조(赵)나라의 수도 한단(邯郸)에 가보니, 사람들의 걸음걸이가 멋있어서 배우기 시작했는데, 제대로 배우지도 못하고 오히려 자신의 원래 걸음걸이도 잊어버려 결국 기어서 돌아갔다는 고사에서 유래한 '한단지보(邯鄲之步, 중국어 표현은 邯鄲学步**)'는 배움에 있어서 자기 주체성이 얼마나 중요한 것인지를 일깨워준다. 배움은 모방에서 출발하지만 주체적 사고를 중심에 놓고 창조적으로 수용하는 자세 또한 잊지 말아야 한다.

"배움의 길은 그 사람을 좋아하는 것보다 빠른 것이 없다(学之经, 莫速于好其人, xué zhī jīng, mò sù yú hào qí rén)"는《순자》〈권학(劝学)〉의 말은 가르침의 행위나 내용보다 가르치는 사람의 인간적인 매력과 도덕성이 얼마나 중요한지를 잘 보여준다. 선생님이 좋으면 선생님이 가르치는 과목도 좋아지는 법이다.

사람이 죽으면 묘비에 관직명을 써 주지만 관직이 없는 사람은 남자인 경우 모두 '학생(学生, xuésheng)'이 된다. 평생 동안 무언가를 배우려고 애쓰면서 살아왔다는 것이 죽은 사람에 대한 최고의 평가이자 예우인 셈이다.

링크에 링크!

* **活到老, 学到老**(huó dào lǎo, xué dào lǎo) 죽을 때까지 배워야 한다.

** **邯鄲学步**(hándān-xuébù) 한단지보. 자기의 본분을 잊고 함부로 남의 흉내를 내면 자기 능력까지 잃게 된다.

친구가 생기면, 길이 하나 더 는다!

甲骨文	金文	小篆	楷书
羿	羿	羿	朋

"집에서는 부모에 의지하고 밖에 나가면 친구에 기댄다(在家靠父母, 在外靠朋友*)"는 말이 있을 정도로 중국인들은 친구 사귐과 사회적 관계 맺음을 중요하게 여긴다. 《논어》 첫 구절에 있는 "유붕자원방래, 불역락호(有朋自远方来, 不亦乐乎, yǒu péng zì yuǎnfāng lái, bú yì lè hū, 친구가 있어 멀리서 찾아오니 이 또한 기쁘지 않은가)"는 지금도 회자되며, 베이징올림픽 개막식에서 세계의 친구들을 맞이하는 말로 활용되었다.

벗 붕(朋, péng)은 갑골문에서 보듯 고대 화폐의 단위로 네 개나 여섯 개의 조개껍질을 끈으로 꿰어 묶은 조개껍질을 붕(朋)이라고 한 것에서 유래한 말이다. 하나의 끈에 엮인 조개껍질처럼 늘 함께 걸려 있는, 이익관계를 함께 하는 사람이라는 의미다. 소전(小篆)에서는 날개 우(羽)처럼 보이는데, 그래서 봉황이 날자 뭇 새들이 따라 나는 것에서 친구와 붕당(朋党)의 의미가 생겼다는 주장도 있다.

벗 붕과 함께 친구를 나타내는 한자로 벗 우(友)가 있는데, 붕은 같은 스승 밑에서 공부하는 동학(同学, tóngxué)을, 우(友)는 뜻을 같이하는 형제나 동지(同志, tóngzhì)의 의미다. 붕이 새의 날개처럼 공동운명체로서 함께 한다면, 우는 늘 도와주는 손과 같은 존재로 곁에 있는 셈이다.

'친구(親舊)'라는 어휘는 우리나라에서만 사용하는, 중국, 일본에는 없는 한자어이다. 친구가 통용되기 전에 '제이오(第二吾, 제2의 나)'라는 말이 있었다. 중국인들이 아주 친한 친구를 '자기사람(自己人, zìjǐrén)'이라고 소개하는 것과 비슷한 느낌이다.

인디언은 친구를 '내 슬픔까지 등에 지고 가는 사람'으로 정의하는데, 관중(管仲, BC723~645)과 포숙아(鮑叔牙, BC723~644)의 관포지교(管鮑之交**)가 떠오른다. 춘추시대 5패 중의 하나였던 제(齊) 환공의 명재상이던 관중에게 포숙아는 그의 모든 슬픔을 등에 지고 간 친구였다. 관중은 그런 포숙아에 대해 "나를 낳아준 것은 부모지만, 나를 알아준 것은 포숙아였다"고 했을 정도다.

"친구 하나가 생기면 또 하나의 길이 생긴다(多个朋友多条路***)"고 한다. 조개껍질처럼 한 인연으로 묶여, 새의 날개처럼 곁에서 늘 힘이 되어주는, 나의 슬픔까지 등에 업고 가는, 굳이 말하지 않아도 서로 영혼을 교감할 수 있는 그런 친구가 있다는 것은 분명 삶을 풍요롭고 행복하게 하는 또 하나의 길임이 분명하다.

*在家靠父母，在外靠朋友(zài jiā kào fùmǔ, zài wài kào péngyou) 집에서는 부모를, 밖에서는 친구를 의지한다.

**管鮑之交(guǎnbào zhī jiāo) 관포지교. 관중과 포숙아처럼 친구 사이가 다정함을 이르는 말. 친구 사이의 매우 다정하고 허물없이 사귀다.

***多个朋友多条路(duō ge péngyou duō tiáo lù) 친구가 많아지면 더 많은 길이 생기는 것과 같다.

제4장 이름과 국적

A: Nǐ jiào shénme míngzi?

你叫③③什么名③④字？

B: Wǒ jiào Jīn Dàhán. Nǐ ne?

我叫金大韩。你呢？

A: Wǒ jiào Lǐ Wěi. Nǐ shì Zhōngguórén ma?

我叫李伟。你是③⑤中国人③⑥吗？

B: Bú shì, wǒ shì Hánguórén.

不③⑦是，我是韩国人。

A: Zhāng Měiyīng yě shì Hánguórén ba?

张美英也是韩国人吧？

B: Duì, wǒmen dōu shì Hánguórén.

对③⑧，我们都③⑨是韩国人。

③③ 叫 jiào ③④ 名 míng ③⑤ 是 shì ③⑥ 人 rén ③⑦ 不 bù
③⑧ 对 duì ③⑨ 都 dōu, dū

 나라 이름

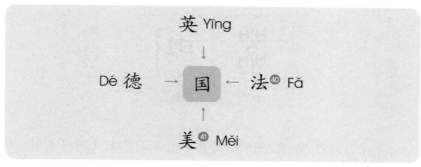

英 Yīng
↓
Dé 德 → 国 ← 法 ㊵ Fǎ
↑
美 ㊶ Měi

| 德国 | 英国 | 法国 | 美国 |

성을 묻는 표현

A: Nín guìxìng?　　　您贵㊷姓?

B: Wǒ xìng Wáng, jiào Wáng Dōng.　我姓㊸王，叫王东。

㊵ 法 fǎ　　㊶ 美 měi　　㊷ 贵 guì　　㊸ 姓 xìng

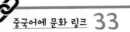

절규,
인간이 신에게 보내는 간절한 기원!

| 小篆 | 楷书 |

새가 우는 소리(鸟叫声)에는 두 종류가 있다고 한다. 평상시에 일상적인 의사소통을 하는 소리인 '콜(call)'과 짝짓기 철이 되어 상대를 유혹하는 소리인 '쏭(song)'이다. 서로 같은 종이라야 '쏭'에 유혹되어 반응을 보이고 짝짓기도 이뤄진다.

그런데 아프리카 마다가스타르(Madagascar)의 한 새는 다른 새의 '쏭'을 흉내 내어 자신과 다른 종의 새와 짝짓기를 한다고 하니 흥미롭다. 그래서 마다가스카르에서는 가끔 학계에 보고되지 않은 새로운 종의 새가 출현한다고 한다. 외국어를 배우는 것도 어쩌면 우리와 다른 언어인 '쏭'을 배워 새로운 세계의 새들과 교류하기 위함일지도 모르겠다.

울부짖을 규(叫, jiào)는 의미부 입 구(口)와 소리부 얽힐 규(糾)가 결합된 형태이다. 축문을 신이 자주 강림하는 곳에 얽어매고, 소리 내어 간절히 기원하는 모습에서 그 뜻이 유래한 걸로 보인다. 사람이나 짐승이 소리 내어 우는 것을 나타내고, 이름을 소개할 때 '~라고 부르다'는 뜻으로 쓰이며, 이름을 불러 무슨 일을 시키므로 사역의 뜻도 있다. 꼬여 있는 소전의 글자체가 뭉크(Edvard Munch, 1863~1944)의 작품 〈절규〉를 떠올리게 한다.

과거 중국에서는 사람이 병이 들면 그 사람의 영혼이 몸에서 빠져 나가 죽는다고 믿었다. 그래서 그것을 막기 위해 지붕에 올라가 병자의 이름을 부르면 그 영혼이 다시 몸 안으로 돌아와 병이 낫는다고 믿었는데 이를 '규혼(叫魂, jiàohún)'이라 한다. 위화(余华, 1960~)의 《허삼관매혈기(许三观卖血记, Xǔ Sānguān mài xuè jì)》에 허삼관의 아내 허옥란이 하소용과 바람을 피워 낳은 첫째 아들 일락이 그 친아버지인 하소용이 병에 걸려 위독하자 지붕 위에 올라가 하소용의 이름을 세 번 부르는 장면이 있다. 이름을 부르는 것이 떠나는 영혼을 다시 몸으로 불러들일 수 있다고 믿은 것이다.

인간이 제아무리 불러도 하늘과 땅이 무심히도 호응해주지 않을 때(叫天天不应, 叫地地不灵*), 의지할 곳 없는 인간이 그래도 신에게 그 고통을 간절히 호소하는 것(叫苦连天**)은 고대인들이 할 수 있는 마지막 '몸짓'이자 또 최선의 '위안'이었을 것이다.

링크에 링크!

*叫天天不应, 叫地地不灵(jiào tiāntiān bú yìng, jiào dìdì bù líng) 하늘에 불러도 땅에 불러도 호응이 없다. 하늘과 땅도 무심하다.

**叫苦连天(jiàokǔ-liántiān) 끊임없이 고통을 호소하다.

중국어에 문화 링크 34

풍속은 달라져도
언어는 '문화 화석'으로 남는다

甲骨文	金文	小篆	楷书

"호랑이는 죽으면 가죽을 남기고 사람은 죽으면 이름을 남긴다(虎死留皮, 人死留名*)"는 말처럼 이름은 평생 개인의 삶과 함께 하고, 죽은 후에도 사람들의 기억 속에서 가장 먼저 피어오른다.

중국인은 이름(名, míng)과 운명(命, mìng)을 동일시하는 경향이 있어 태어난 연월일시와 음양오행을 고려해 신중하게 작명을 한다. 음악이 식물의 성장점을 자극해 발육을 촉진하듯이 이름을 부를 때의 일정한 소리 진동이 평생 그 사람에게 부족한 기운을 채워 주는 작용을 한다고 믿는 것이다.

이름 명(名, míng)은 달이 뜨는 저녁을 나타내는 저녁 석(夕)과 입 구(口)가 결합된 형태로 어두워 보이지 않는 상황에서 상대방을 인식하기 위해 이름을 부른 것에서 그 의미가 유추된 걸로 보인다. 중국어에서는 이름을 '名字(míngzi)'라고 하는데, 어렸을 때 부르는 '이름(名)'과 '자(字)'가 결합된 것이다. 남자는 20살 관례(冠礼, guànlǐ), 여자는 15살 계례(笄礼, jīlǐ) 때 자를 받는다. 예를 들면 공자는 명이 '구(丘)'이고, 자는 '중니(仲尼)'이다. 제갈량(诸葛亮)은 자가 '공명(孔明)'인데, 이름의 밝을 '량(亮)'과 자의 밝을 '명(明)'이 서로 통한다.

중국에서는 1919년 5.4운동 이후 자(字)를 짓는 풍습은 사라졌지만 '이름(名字)'이라는 어휘 속에는 여전히 자(字)가 들어 있다. 풍습은 달라져도 언어는 여전히 '문화 화석'으로 남아 과거의 풍습을 말해주고 있다.

중국에는 또 군주, 성인, 조상의 이름에 쓰인 글자를 사용하지 않는 피휘 전통이 있다. 예를 들면 대구의 지명이 대구(大丘)였는데 공자의 이름과 같은 한자여서 대구(大邱)로 표기하며, 관세음보살(观世音菩萨, Guānshìyīn púsà)도 당나라 태종 이세민(李世民, 598~649)의 '세(世)'를 피하기 위해 관음보살로 불렸다. 이 밖에도 진시황의 이름 영정(嬴政, BC259~210)의 정(政)을 피하기 위해 정월(正月)을 단월(端月)로 불렀고, 한나라 경제의 이름이 유계(刘启, BC188~141)여서 24절기의 계칩(启蛰)이 경칩(惊蛰, jīngzhé)으로 바뀌었다.

중국인들이 이름을 지을 때 선호하는 글자는 1949년 건국 초기에 건(建, jiàn), 국(国, guó), 문화대혁명(1966~1976) 시기에는 홍(红, hóng), 위(卫, wěi)였다가 최근에는 위(伟, wěi), 수(秀, xiù), 명(明, míng) 등으로 변했다.

링크에 링크!

*虎死留皮，人死留名(hǔsǐ-liúpí, rénsǐ-liúmíng) 호랑이는 죽어서 가죽을 남기고 사람은 죽어서 이름을 남긴다.

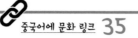

하나는 하나고, 둘은 둘이다

| 甲骨文 | 金文 | 小篆 | 楷书 |

"흰 고양이든 검은 고양이든 쥐만 잘 잡으면 된다(不管黑猫白猫, 能捉老鼠的就是好猫*)"는 덩샤오핑의 이 말은 1978년, 4인방(四人帮, sì rén bāng)이 체포되고 문화대혁명의 긴 터널을 빠져나와 새로운 발전을 모색하는 중국에게 한 줄기 빛이 되었다. 더 이상 이념 투쟁에 연연하지 말고, 현실적인 문제를 해결하는, '실사구시(实事求是)'로 나아가자는 선언이었다.

사실에 기초하여 진리를 구한다는 실사구시는 후한 반고의 《한서》에 "학문을 닦아 옛것을 좋아하고, 일을 참되게 하여 옳음을 구한다(修学好古, 实事求是, xiū xué hào gǔ, shíshì-qiúshì)"는 구절에서 처음 등장한다. 훗날 공허한 담론을 일삼던 양명학(阳明学, yáng míng xué)을 배격한 청나라 고증학(考证学, kǎozhèng xué)의 슬로건이기도 하였다.

옳을 '시(是, shì)' 자는 해(日)가 떠서 바르게(正) 나아간다는 의미 구조로 '옳다'는 뜻이다. 중국어에서도 '~이다, 맞다, 예(긍정의 대답)'의 의미로 널리 쓰인다. 원래 '是'는 고문에서 '옳다'나 '이(this)'의 의미로 쓰이다가 점차 '~이다'의 계사(系辞, copula)로 쓰인 걸 볼 수 있다. 이로써 중국어는 보다 명확하고 확정적인 강조의 표현이 가능해졌고, 문형에도 획기적인 변화가 생겨났다.

춘추전국시대《순자》〈권학〉에 "눈은 옳은 것이 아니면 보려 말고, 귀는 옳은 것이 아니면 들으려 말고, 입은 옳은 것이 아니면 말하려 말고, 마음은 옳은 것이 아니면 생각지 말라(使目非是无欲见也，使耳非是无欲闻也，使口非是无欲言也，使心非是无欲虑也, shǐ mù fēi shì wú yù jiàn yě, shǐ ěr fēi shì wú yù wén yě, shǐ kǒu fēi shì wú yù yán yě, shǐ xīn fēi shì wú yù lǜ yě)"고 나오는데 여기서 '是'는 모두 '옳다'는 의미이다. 기원전 5세기경까지 '是'는 지시사로 쓰이다가 천 년의 시간이 지난 AD 5세기 무렵 완전한 계사로 자리 잡으면서 중국어의 기본구조에 엄청난 변화를 불러왔다. 이로써 "하나는 하나고, 둘은 둘이다(一是一，二是二**)"라는 표현처럼 보다 솔직하고 명확한 의사소통이 가능해진 셈이다.

링크에 링크!

*不管黑猫白猫，能捉老鼠的就是好猫(bùguǎn hēimāo báimāo, néng zhuō lǎoshǔ de jiùshì hǎomāo) 흰 고양이든 검은 고양이든 쥐만 잘 잡으면 된다.

**一是一，二是二(yī shì yī, èr shì èr) 하나면 하나고, 둘이면 둘이다. 곧이곧대로 솔직하다.

"사람이 너무 많아"라는 중국 사람들에게

甲骨文	金文	小篆	楷书

중국인들과 얘기를 나누다 보면, "사람이 너무 많아서(人太多, rén tài duō)"라는 얘기를 자주 듣게 된다. 자유로운 거주 이전을 제한하는 호구 (户口, hùkǒu)를 두는 것도, 주거, 교통, 환경 등 각종 사회 문제가 발생하는 것도 결국엔 중국의 인구가 너무 많기 때문이라는 건데 생각해보면 일리가 없진 않다.

1949년 중화인민공화국 건설 이후, 마오쩌둥은 "인구가 많으면 역량도 크다(人多力量大*)"고 여겨 아이를 많이 낳은 어머니를 '영웅 어머니'로 칭할 만큼 다산을 장려했다. 사람이 많으면 한신(韩信, BC231~196) 같은 지혜롭고 용맹한 인재도 나오고(人多出韩信, rén duō chū Hán Xìn), 여러 사람이 뭉치면 그 힘이 매우 크다(人众胜天**)는 믿음이 그만큼 강했던 것이다.

1957년, 당시 베이징대학 총장이던 마인추(马寅初, 1882~1982)가 《신인구론(新人口论)》을 발표하며 인구억제론을 주장하지만, 자본주의 우파로 매도돼 받아들여지지 않았다. 이후 인구문제가 심각해지자 중국의 인구 정책은 1970년대 두 자녀에서 1980년대 한 자녀로 제한하다가, 생산인구 감소와 노인 양육에 대한 부담이 예상되자 2016년부터 전면적인 두 자녀 허용으로 변화했다.

사람 인(人, rén)은 손을 내밀고 서 있는 한 사람의 옆모습이다. 인간의 사회적 관계를 강조하기 위해 두 사람이 기대어 선 것이라는 주장도 있지만 이는 옳지 않다. 갑골문을 보면 손을 모으고 앞으로 약간 몸을 숙이고 서 있는 모습인데, 이는 하늘 아래 작고 미약한 존재인 인간이면 누구나 지녀야 할 겸손한 삶의 태도를 강조한 것처럼 보인다.

"사람이 있어야 청산도 있다(人在青山在***)"는 말처럼 사람의 가치는 모든 것에 우선한다. 이념도, 혁명도 모두 '사람'을 위한 것이고, 저마다의 진실을 간직한 그 '사람'만이 희망이다. 사람이 먼저다. 인구가 많은 중국이라고 해서 14억 분의 1로 인간의 가치가 분절되는 것이 아니라, 여전히 소중한 저마다의 한 인간으로 가치를 존중받을 때, 중국은 사람이 많아서 문제가 되는 것이 아니라, 인구가 많아서 역량도 큰 나라로 우뚝 설 수 있을 것이다.

링크에 링크!

* **人多力量大**(rén duō lìliang dà) 사람 많은 것이 큰 힘이다. 백지장도 맞들면 낫다.

** **人众胜天**(rénzhòng-shèngtiān) 많은 사람이 힘을 합하면 대자연도 극복할 수 있다.

*** **人在青山在**(rén zài qīngshān zài) 사람이 있어야 청산도 있다. 사람이 먼저다.

부정 표현의 얄궂은 매력

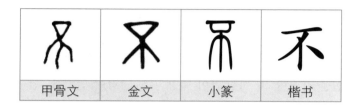

甲骨文	金文	小篆	楷书

부정(否定)이나 금지의 표현은 묘한 힘이 있다. 예를 들어 "이 광고는 보지 마세요!"라는 문구를 접하면 왠지 모를 궁금증에 더 보고 싶어진다. 인간은 얄궂게도 금지된 것을 소망한다.

"자신이 하기 싫은 일은 다른 사람에게도 베풀지 말라(己所不欲, 勿施于人*)"는 이《논어》문구를 만약에 "자신이 하고 싶은 일을 남에게 베풀라"고 했다면 뭔가 좀 밋밋한 느낌이었을 것이다. 부정의 부정을 통해 보다 임팩트 있고, 명확한 뜻이 전달된다. 강한 악센트를 지닌 부정형 표현이 갖는 힘이다.

시진핑(习近平, 1953~) 국가주석이 2013년 초에 발표한 '부정할 수 없는 두 가지(两个不能否定, liǎng ge bù néng fǒudìng)' 담화도 이와 비슷한 느낌을 갖게 한다. "개혁개방(改革开放**) 이후의 시장경제 논리로 개혁개방 이전의 사회주의혁명 시기를 부정할 수 없고, 개혁개방 이전의 논리로 개혁개방 이후의 시기를 부정할 수 없다"는 것이다. 마오쩌둥과 덩샤오핑을 모두 인정하며 새로운 역사 시기 중국의 발전을 도모하겠다는 의지의 표현이다. 부정의 부정을 통해 중국 사회가 안고 있는 이념적 모순을 가볍게 뛰어넘는 시진핑의 화법이 절묘하다.

아닐 불(不, bù)은 나무나 풀의 씨앗에서 뿌리가 아래로 자라는 모양의 상형자였으나 부정사와 발음이 같다는 이유로 가차되어 대표적인 부정사로 널리 쓰인다. 첫 번째 가로획은 뿌리가 자라나는 씨앗의 끝이며, 나머지 세 획은 솜털처럼 아래로 드리운 뿌리를 나타낸다. 거북이 배딱지에 홈을 파고 그곳에 불씨를 넣어, 그 갈라진 형태를 기록한 갑골문에서 흔히 볼 수 있는 형태다.

갑골문을 보지 못한 허신은 《설문해자》에서 새가 날아올라 빙빙 돌며 내려오지 않는(鸟飞上翔不下来也, niǎo fēi shàng xiáng bú xià lái yě) 모습에서 부정의 의미가 생겨난 걸로 해석해 숱한 이설을 불러왔다. 우리말에서는 'ㄷ, ㅈ'음 앞에서 '부'로 발음되는데 중국어에서는 4성 앞에서 원래 4성에서 2성으로 바뀐다. 음운에서도 한중 양국의 언어가 어딘지 모르게 닮아 있다.

1996년 출판되어 300만 부 이상 팔리며 뜨거운 중화민족주의 논쟁을 불러일으킨 《노라고 말할 수 있는 중국(中国可以说不)》 이후 중국출판계는 《중국은 불쾌하다(中国不高兴)》,《중국은 미국에 노라고 말해야 한다(中国应该对美国说不)》 등의 책을 연이어 내놓으며 높아진 위상에 걸맞게 중국이 국제사회에서 목소리를 높여야 한다고 주장한다. 이를 계기로 중국인이 중국 정부에 대해 '不'라고 말할 수 있는지도 함께 살펴보면 좋겠다.

링크에 링크!

* **己所不欲, 勿施于人**(jǐ suǒ bú yù, wù shī yú rén) 자기가 하기 싫은 일을 남에게 시키지 말라.

** **改革开放**(gǎigé-kāifàng) 1978년 덩샤오핑이 주도한 경제 개혁과 대외 개방을 이르는 말.

중국어에 문화 링크 38

바람이 불면 그 바람을 향해 마주 앉아라!

甲骨文	小篆	楷书	简化

바람이 불면 새는 바람이 불어오는 방향을 향해 앉는다. 불어오는 바람을 피해 등을 돌려 앉으면 꼬리의 깃털이 바람에 꺾여 상처를 입을 수도 있기 때문이다. 우리를 괴롭히는 힘든 일이 바람처럼 불어올 때 그것을 회피하는 것은 해법이 되지 못한다. 비가 오면 비를 맞고, 눈이 오면 눈을 당당하게 마주해야 한다. 그 어려운 상황을 피하지 않고 마주할 때 해법이 나오고 경험도 쌓여 지혜가 생길 것이다. '마주함'은 그래서 현실을 살아가는 작지만 용기 있는 출발이다.

마주할 대(對, duì)는 왼쪽 받침대에 횡목을 걸치고 그곳에 어떤 물건을 올려놓은 모양이고, 오른쪽은 그 물건을 손(寸)으로 잡으려는 모양이다. 주로 제례에 사용되는 악기를 향해 쌍으로 마주 앉아 있는 형태에서 '대하다, 마주하다'의 의미가 생겨난 걸로 추정된다.

현실을 마주하고 그것을 인식하여 그에 맞는 해법을 제시하는 것을 증세에 따라 처방한다는 의미로 '대증하약(对症下药*)'이라 한다. 마주하는 대상이 누구냐에 따라 우리의 태도나 말 또한 달라지게 마련이다. 선생 앞에서는 글공부에 대해 말하고, 백정 앞에서는 돼지 얘기를 해야 서로 소통할 수 있다. 마주한 현실의 상황과 대상을 고려하지 않으면 '소귀에 대고 거문고를 연주하는 것(对牛弹琴**)'같이 부질없는 일이 되고 만다. 또 어떤 사람이 일을 잘못했다면 그 일에 대해서만 질책해야지, 그 사람 자체를 꾸짖는 것은 피하라(对事不对人***)는 중국 속담도 잘 새겨둘 만하다.

《삼국지》의 영웅 조조(曹操, 155~220)는 〈단가행(短歌行, duǎn gē xíng)〉에서 "술을 마주하고 노래하나니, 인생이 길어야 얼마런가 / 비유컨대 아침이슬 같으려니 지난날 괴로움만 많았구나(对酒当歌, 人生几何 / 譬如朝露, 去日苦多, duì jiǔ dāng gē, rénshēng jǐ hé / pìrú zhāolù, qùrì kǔ duō)" 하고 노래하고 있다. 여기서 술을 마주하고 노래하다는 '대주당가(对酒当歌)'가 방탕한 생활을 비유해 이르는 말이 되었다. 사람이 무엇을 마주 대하느냐에 따라 그 사람의 삶과 향기가 달라지는 모양이다.

링크에 링크!

***对症下药**(duìzhèng-xiàyào) 병의 증상에 따라 약을 처방하다. 사정에 따라 문제를 해결하다.

****对牛弹琴**(duìniú-tánqín) 소귀에 경 읽기.

*****对事不对人**(duìshì bú duìrén) 일을 탓하지 사람을 탓하지 않는다.

수많은 중국의 도시, 어디까지 아세요?

金文	小篆	楷书	简化

산둥(山东)성으로 1년 파견을 가는데 발령지가 린이(临沂)이다. 꽤 오래 중국을 공부했건만 과문한 탓인지 처음 듣는 도시다. 산둥성 17개 시(市) 중 면적이 가장 크고, 천만 명으로 인구도 최대인 도시를 모르고 있었다. 중국에 이렇게 내가 알지 못하는 도시가 또 얼마나 많을까 생각하니 참 갈 길이 멀게 느껴진다.

중국 언론매체는 GDP, 경제 매력도, 환경 등 다양한 기준을 종합하여 전국 400개 도시에 대한 평가 결과를 매년 발표한다. 1선 도시로 베이징, 상하이, 광저우, 선전, 톈진이 있고, 신1선 도시로 충칭, 청두, 항저우, 난징, 우한, 칭다오 등 15개, 2선 도시로 쿤밍, 다롄, 샤먼 등 30개, 3선 도시 70개, 나머지는 4, 5선 도시다. 빠른 경제 성장으로 도시화가 급속도로 진행되며 새로운 도시가 계속 생겨나고 기존의 도시들도 몸집을 더 키워가고 있다.

도읍 도(都, dōu, dū)는 금문에서 보듯 놈 자(者)와 고을 읍(邑)이 결합된 형태이다. 주나라 때 노예가 사는 곳을 읍(邑), 군왕이 제사를 지내는 종묘가 있는 곳을 도(都)라고 했다. 놈 자(者)는 군왕이 제사 때 쓰는 축문을 나뭇가지나 흙으로 덮어 놓은 것인데, 부락(邑) 주변으로 언덕(阝)을 쌓고 축문을 땅에 묻어 복을 부르고 재앙을 쫓는 의식에서 도읍 도(都)가 생겨 났다.

또 그 언덕 안의 노예, 군왕 등 모든 사람을 포함하기 때문에 '모두'라 는 부사적 의미도 생겨난 걸로 추정된다. 《삼국지연의》에서 가장 매력적 인 인물 중 하나인 조자룡(赵子龙, ?~229)을 "몸 전체가 모두 담 덩어리 (一身都是胆*)"라고 칭송하는데, 이때 도(都)는 '모두'의 의미다.

서진(西晋) 좌사(左思, 250~305)는 제(齐)나라 사람으로 수도 린쯔(临淄) 를 배경으로 한 〈제도부(齐都赋)〉를 쓰고, 10년의 노력 끝에 삼국시대 위 촉오의 수도였던 뤄양, 청두, 난징의 모습을 그린 〈삼도부(三都赋)〉를 완 성하는데, 많은 지식인들이 앞다투어 이를 필사하다 보니 뤄양의 종이 값이 올랐다는 '낙양지귀(洛阳纸贵**)' 성어가 생겨났다.

흔히 중국의 8대 고도(古都)로 시안, 뤄양, 난징, 베이징, 카이펑, 항저 우, 안양, 정저우를 뽑는다. 도읍 도(都)의 글자 형태처럼 고도엔 한결같 이 군주를 보호하기 위한 성곽이 언덕처럼 둘러쳐져 있다. 현대화 과정에 서 축문이 묻힌 성곽이 허물어지는 경우도 많았지만, 전통의 가치가 높게 재인식되며 대체로 복원되어 과거의 위용을 되찾는 모습이다. 전통을 발 전의 원동력으로 삼으려는 각 도시의 모습에서 성곽 아래 묻힌 축문이 여 전히 복을 부르고 재앙을 쫓는, 그 본연의 기능을 수행하는 듯하다.

링크에 링크!

* **一身都是胆**(yìshēn dōu shì dǎn) 온 몸이 다 담이다. 아주 대담하고 용감한 사람을 이르는 말이다.

** **洛阳纸贵**(luòyáng-zhǐguì) 뤄양의 종이 값이 오르다. 저작이 유행 해 널리 알려지다.

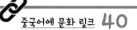

법 법(法)과 국회의사당 앞에
놓인 동물은?

![金文]	![小篆]	![楷书]
金文	小篆	楷书

중국 초등학생들은 보통 7시쯤 학교에 등교하면, 수업이 시작되는 7시 30분까지 당시(唐诗) 300수를 낭송하며 외운다. 그런데 2014년 12월 4일, 중국 헌법의 날을 맞아 시진핑 국가주석이 전국 40만 개 초·중등생에게 아침 자습시간 등을 이용해 헌법을 읽도록 지시했다. 의법치국(依法治国*), 법을 통해 부패를 척결하고 사회시스템을 정비하려는 의지의 표현이다.

법 법(法, fǎ)은 금문에서 원래 물 수(氵), 해태 치(廌), 갈 거(去)가 결합된 형태로, 시비선악(是非善恶, shìfēi-shàn'è)을 가릴 줄 아는 해태(廌)가 옳지 않은 사람을 뿔로 들이받거나 입으로 물어서 제거(去)함으로써 평평한물(氵)처럼 공평함을 이룬다는 뜻이다. 외뿔 사슴처럼 생긴 전설의 동물 해태는 싸우는 소리가 들리면 달려가 선악, 곡직을 가려 악인을 쫓아냈다고 한다. 전설의 제왕 황제(黄帝)가 해태를 이용해서 판단하기 힘든 일을 공평하게 처리했고, 이후 해태는 사법의 상징이 되었으며, 우리나라에서도 사헌부 관원들이 해치관을 썼고, 지금도 법을 만드는 국회의사당 앞에 해태상이 놓여 있다.

진나라는 상앙(商鞅, BC395~338)의 법가 사상을 받아들여 천하를 통일

할 수 있었다. 통일 후 진시황이 중용한 이사(李斯, BC284~208) 또한 법가 사상가였다. 순자(荀子, BC313~238) 밑에서 이사와 함께 동문수학한 한비자(韓非子, BC280~233)는 법을 '거울과 저울'에 빗대어, 거울은 맑고 아무 제약을 받지 않아야 아름다움과 추함을 바르게 비출 수 있고, 저울은 바르고 제약이 없어야 무겁고 가벼움을 제대로 달 수 있다고 했다. 진시황은《한비자》를 읽고 이 글의 저자를 만나 얘기를 나눌 수 있다면 죽어도 여한이 없겠다고 할 정도로 법가에 깊은 관심을 보였다. 박근혜 전 대통령의 탄핵심판 재판장을 맡았던 이정미 헌법재판소장이 인용한 "법의 도리는 처음에는 고통이 따르지만 나중에는 오래도록 이롭다(法之为道, 前苦而长利, fǎ zhī wéi dào, qián kǔ ér cháng lì)"는 구절도《한비자》에 나온다.

아이러니한 것은 법가 사상가들이 한결같이 자신들이 만든 법의 수렁에 빠져 비참한 최후를 맞이했다는 사실이다. 상앙은 효공(孝公)이 죽자 역모의 모함에 도망가던 중 어느 숙소에 하룻밤을 청하지만, 증명이 없는 자는 재워줄 수 없다는 자신이 만든 법에 따라 신고를 당해 사지가 찢기는 거열형에 처해졌다. 이사 또한 조고(赵高, ?~BC207)의 모함으로 허리가 잘리는 요참형으로 죽고, 한비자는 이사의 농간에 독약을 먹고 생을 마감한다.

링크에 링크!

*依法治国(yīfǎ-zhìguó) 법에 따라 나라를 다스리다.

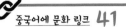

양이 커서 아름다운가,
양으로 장식해 아름다운가?

甲骨文	金文	小篆	楷书

아름다울 미(美, měi)는 갑골문에서 보듯 양 양(羊)과 팔을 벌리고 선 사람을 나타내는 큰 대(大)가 결합된 형태다. 갑골문을 보지 못한 허신은 《설문해자》에서 양이 커서 아름답다고 해석했지만, 갑골문의 양(羊)과 미(美)의 윗부분에 해당하는 양(羊)이 서로 일치하지 않아 이 주장은 힘을 잃었다. 따라서 미(美)의 윗부분은 머리에 양의 뿔이나 털로 장식한 투구를 쓴 사람의 형상으로 보는 것이 옳다. 루쉰은 일찍이 아름다울 미(美)에 대해 "모자를 쓴 부인(戴帽子的太太)"이라고 해석한 바 있다.

비록 큰 양을 아름다움으로 여긴 것은 아니라고 해도, 양으로 장식한 투구를 쓴 것이 아름답다고 여겼다면 고대인들이 양을 장식의 도구로 여길 만큼 아름답게 여겼던 것만은 틀림없다. 또한 양은 겉모습뿐만 아니라 미각(味觉)적으로도 빼어났던 모양이다. 혹자는 양을 사람이 맛있게 먹는 것(美食)에서 아름답다는 의미가 생겨났다고 주장한다. 양머리를 걸어놓고 개고기를 판다는 '양두구육(羊头狗肉*)'에 견줘보면, 개고기보다 양고기가 확실히 귀하고 맛있게 여겨졌던 걸 알 수 있다.

아름다움에 대한 기준은 시대에 따라 다르고, 미의 풍격에도 미묘한 차이가 있기 마련이다. 중국의 4대 미인을 평하면서 흔히 미인의 대명사로 불리는 서시(西施)는 청아하고 수려하면서도 편안한 아름다움(写意之美, xiěyì zhī měi)을, 양귀비는 풍만하고 복스러우면서도 귀티 나는 아름다움(富态之美, fùtài zhī měi)을, 왕소군(王昭君, BC52~8)은 세상을 구하는 굳은 기개의 아름다움(匡俗之美, kuāng sú zhī měi)을, 초선은 고운 자태로 사람의 마음을 설레게 하는(楚楚动人, chǔchǔ-dòngrén) 아름다움을 지녔다고 말한다.

하지만 세상에 완벽한(十全十美**) 사람이 없는 것처럼, 4대 미인에게도 저마다 결점이 있었다. 서시는 발이 컸고, 초선은 한쪽 눈이 큰 짝눈이었고, 왕소군은 한쪽 어깨가 더 높았으며, 양귀비는 겨드랑이의 체취가 심했다.

"사랑하는 사람 눈에는 상대방의 곰보 자국도 보조개로 보인다(情人眼里出西施***)"는 속담처럼 사랑은 '그럼에도 불구하고'로 시작되고, 아름다움은 애정 어린 눈길과 따뜻한 관심에만 모습을 드러내는 무지개다. 아름다움은 양의 뿔과 부드러운 깃털에만 서식하는 것이 아니고, 버려진 곳의 누추함에도, 때론 일그러지고 추한 곳에도 얼마든지 피어날 수 있다. 사랑하는 마음과 따뜻한 시선만 있다면 말이다.

링크에 링크!

* **羊头狗肉**(yángtóu-gǒuròu) 양두구육. 겉보기만 그럴듯하고 실제로는 변변하지 못함을 이르는 말.

** **十全十美**(shíquán-shíměi) 모든 방면에 완전무결하여 나무랄 데가 없다.

*** **情人眼里出西施**(qíngrén yǎn li chū Xīshī) 사랑하는 사람 눈에서 서시 난다. 사랑하는 사람 눈에는 상대편의 곰보 자국도 보조개로 보인다.

동네 무당 안 알아주는 이유

篔	貴	贵
小篆	楷书	简化

중국 최초 농민 봉기를 이끈 진승(陈胜, ?~209)이 소작농일 때 "부귀해지더라도 서로 잊지 말자(苟富贵，无相忘, gǒu fù guì, wú xiāng wàng)"며 동료들과 의기투합한다. 그러나 봉기로 왕이 된 진승은 부귀에 취해 친구들을 홀대하다 결국 왕이 된 지 6개월 만에 마부에 의해 살해되고 만다. 건망증이 심한 사람을 비꼬며 '귀인다망사(贵人多忘事*)'라 하는데 진승은 직위가 올라가 지난 일을 잊어버린 예다. 사마천의 《사기》에 나오는 이 얘기는 검소함에서 사치로 가긴 쉬워도, 사치에서 검소해지긴 어려운 것처럼 갑자기 맛본 부귀의 달콤함이 진승을 몰락하게 했음을 말해준다.

귀할 귀(貴, guì)는 윗부분에 두 손으로 흙을 움켜잡고 있는 모양과 아랫부분의 조개 패(貝)로 구성된 형태이다. 제의에 사용되던 신성한 흙과 돈으로 사용되던 조개껍질이 모여 '귀하다'는 의미가 된 것으로 보인다.

귀(貴)한 것은 시대마다 달랐다. 원시 원패기(原贝期)에는 조개껍질을 그대로 화폐로 통용하였는데 귀한 것에 '조개 패(貝)'가 들어 있는 것으로 확인된다. 농경사회에서는 농사를 준비해야 하는 봄에 내리는 비가 기름보다 귀하다(春雨贵于油, chūn yǔ guì yú yóu)고 했다. 또한 자식을 귀하게 여기던 전통사회에서 결혼하는 부부에게 "빨리 귀한 자식 낳으세요(早生貴

子, zǎo shēng guì zǐ)"라는 인사말을 건넸다.

　남이 떡이 커 보인다, 동네 무당 안 알아준다는 말을 중국어에서는 "외지에서 온 스님이 불경을 잘 읽는다(外来和尚会念经, wài lái héshang huì niàn jīng)"고 표현한다. 가까이서 늘 보던 스님보다 외지에서 온 스님이 왠지 신비롭고 능력 있어 보이기 때문이다. 곁에서 함께 생활하며 익숙한 것은 비천하게 여기고, 외지에서 온 것을 귀하게 여기는 것을 '귀원천근(贵远贱近**)'이라 한다.

　어떤 물건이든 희소성이 있으면 귀한 가치가 생기는 법(物以稀为贵, wù yǐ xī wéi guì)이다. 다른 사람과 똑같은 길을 가다 보면 어쩔 수 없는 경쟁에 매몰되고, '수많은 그들 중 한 명(one of them)'이 될 수밖에 없다. 아무도 가지 않은, 정말 자기가 좋아해서 잘할 수 있는 자기만의 길을 개척하면 좋겠다.

*   *貴人多忘事(guìrén duō wàngshì) 지위가 높은 사람은 잘 잊어버린다. 건망증이 심한 사람을 조소하는 말.

*   **貴远贱近(guìyuǎn-jiànjìn) 먼 것은 귀하게 가까운 것은 천하게 여긴다. 남의 떡이 더 커 보인다.

성을 갈아? 진짜 성 간 사람들!

甲骨文	小篆	楷书

중국 고대인에 대한 초상화의 남녀 구분은 어떻게 할까? 수염이 있으면 남자, 없으면 여자다. 그런데 '중국 역사의 아버지' 사마천의 초상화에는 수염이 없다. 흉노를 정벌하러 갔다가 포로가 된 이릉(李陵, BC134~74) 장군을 '중과부적(众寡不敌, zhòngguǎ-bùdí)'이었다고 변호하다가 고환이 제거되는 궁형을 당했기 때문이다. 사마천의 두 아들은 아버지로 인한 화를 피하기 위해 은거하는데, 큰아들 사마림(司马临)은 성(姓)을 사마의 마(马)에 점 두 획을 더해 풍(冯)으로, 작은아들 사마관(司马观)은 사마의 사(司)에 한 획을 더해 동(同)으로 고쳤다. 그래서 지금도 사마, 풍, 동씨는 같은 조상에게 제사를 지내고, 서로 결혼하지도 않는다.

명대 주원장(朱元璋, 1328~1398)의 넷째 아들 주체(朱棣, 1360~1424)가 어린 조카를 내쫓고 황제에 오르자, 방효유(方孝孺, 1357~1402)는 끝까지 저항하다 본가와 외가를 합친 구족에, 친구, 제자까지 포함한 십족 멸문지화(灭门之祸, mièmén zhī huò)를 당한다. 방효유의 후손들은 성을 시(施)로 바꾸었는데 시(施)를 풀면 '방인야(方人也, 방씨 사람이다)'가 되기 때문이다. 이런 특별한 일이 없는 한, 성이 바뀌는 일은 흔치 않다. 우리말에도 절대 있을 수 없는 일을 강조할 때 "성을 간다"는 말이 있듯이, 성은 조상 대대로 전수된 개인의 정체성을 나타내는 불변의 함수다.

성 성(姓, xìng)은 의미부인 녀(女)와 소리부인 생(生)의 결합으로 보기도 하고, "어머니로부터 태어났다"는 회의자로 보기도 하는데 어떻게 해석하든 모두 원시 모계사회의 흔적이 느껴진다. 불분명한 아버지보다 난 것이 확실한 어머니를 중심으로 씨족사회가 형성된 것은 어쩜 당연한 귀결이다. 원시 모계사회에서 성은 오직 여성의 권리에 귀속되었다. 그래서 중국에서 가장 오래된 성씨에는 모두 '女'가 들어 있다. 신농(神農)의 어머니는 강수(姜水)에, 황제(黃帝)의 어머니는 희수(姬水)에, 순(舜)임금의 어머니는 요허(姚虛)에 살아서 강(姜), 희(姬), 요(姚)씨 성이 가장 먼저 생겨났다.

지금은 언어의 합류 현상으로 성이 '씨(氏)'와 같은 개념으로 쓰지만, 과거엔 서로 구분되는 개념이었다. 성은 개인이나 가족에 대한 지칭이 아니라 종족 전체를 일컫는 말이고, 씨(氏)는 종족이 분가하여 성으로부터 갈라져 나온 종파를 가리켰다. 예를 들면 강(姜) 종족은 훗날 신(申), 여(呂), 허(許), 기(紀), 최(崔), 마(馬)씨 등으로 갈라졌다. 성은 종족이므로 변하지 않지만, 씨는 조상의 별호(別号), 시호(謚号), 관직, 나라 이름, 거주지 등에서 취해 분화되었다. 엄격한 종법 제도 하에서는 씨가 같고 성이 다르면 결혼을 할 수 있으나, 다른 씨라도 성이 같으면 결혼을 할 수 없었다고 한다. 역사와 문화가 담긴 성은 그 자체로 중요한 문화자료이며, 현재 중국에는 약 4,700개의 성(姓)이 있고, 왕(王), 이(李), 장(张)씨는 각각 1억 명에 육박한다.

제5장 가족 소개

A: Nǐ jiā yǒu jǐ kǒu rén?

你家有㊹几㊺口人?

B: Sì kǒu rén. Bàba、māma、gēge hé wǒ.

四口人。爸爸、妈妈、哥哥和㊻我。

A: Nǐ gēge jīnnián duō dà le?

你哥哥今年㊼多㊽大了㊾?

B: Èrshíwǔ suì.

二十五岁㊿。

A: Tā jiéhūn le ma?

他结婚了吗?

B: Hái méi ne. Tā shì Běijīng Dàxué de yánjiūshēng.

还(51)没(52)呢。他是北京大学的(53)研究生(54)。

A: Zhēn de ma? Hǎo lìhai!

真(55)的吗? 好厉害!

㊹ 有 yǒu	㊺ 几 jī, jǐ	㊻ 和 hé, huò, huo	㊼ 年 nián
㊽ 多 duō	㊾ 了 le, liǎo	㊿ 岁 suì	(51) 还 hái, huán
(52) 没 méi, mò	(53) 的 de, dì	(54) 生 shēng	(55) 真 zhēn

띠 표현

A: Nǐ shǔ shénme?　你属什么?

B: Wǒ shǔ mǎ, nǐ ne?　我属马⑤⑥, 你呢?

A: Wǒ shǔ niú.　我属牛⑤⑦。

중국의 교육기관 표현

■ yòu'éryuán 幼儿⑤⑧园　　■ xiǎoxué 小⑤⑨学

■ chūzhōng 初中　　■ gāozhōng 高中

■ dàxué 大学

---

⑤⑥ 马 mǎ　　⑤⑦ 牛 niú　　⑤⑧ 儿 ér　　⑤⑨ 小 xiǎo

가진 것이 '1'도 없다?
중국 록의 시작!

| 金文 | 小篆 | 楷书 |

"**난** 너에게 내 꿈을 주려 했어 내 자유까지도 / 그러나 넌 늘 날 비웃지 아무것도 가진 게 없다고 / 오~ 넌 언제쯤 나와 함께 걷게 될까(我要给你我的追求, 还有我的自由 / 可你却总是笑我, 一无所有 / 噢~你何时跟我走)"

중국 록(Rock) 음악의 역사를 시작한 추이젠(崔健, 1961~)이 직접 작사, 작곡하여 1986년 발표한 노래 '일무소유(一无所有*)'의 일부이다. 이 노래는 1989년 6.4 톈안먼 사건 때 학생들이 즐겨 불렀다고 하며, 1978년 개혁개방 이후 빈부 격차로 인한 대중의 상실감을 거칠고 반항적 음색으로 노래하여 당시 큰 반향을 불러일으켰다.

에리히 프롬(Erich Fromm, 1900~1980)은 《소유냐 존재냐(To have or to be, 占有还是生存)》에서 지구상의 언어 중에 '가지다'는 표현이 없는 말이 없다고 지적하고, 인류의 언어가 간접적으로 소유를 표현하는 방식에서 보다 직접적으로 개인의 소유를 나타내는 형태로 발전해왔을 것이라 추측한다.

있을 유(有, yǒu)도 손(又)에 농경 제례에 쓸 희생물의 고기(肉, 月)가 '있다'는 사회적 의미에서 점차 개인이 사유재산을 소유하는 개념으로 의미가 전환된 걸로 보인다. 히브리어의 '가지고 있다'는 말도 '그것은 내게

속해 있다(jesh li)'는 표현에서 발전된 것이라고 한다.

고대 농경사회에서 농사가 풍년이냐, 흉년이냐는 사회 안정에 중요한 요소이자 왕들이 가장 관심을 갖는 문제였다. 그래서 갑골문에는 "풍년이 들 것인가(有年, yǒu nián)"를 묻는 점복(占卜)이 유독 많다. 풍년이 있어야 백성의 삶이 편안하게 유지되고, 그래야 나라의 안위도 도모할 수 있었기 때문이다. 유(有)가 개인의 소유가 아닌 사회적 소유에 주로 사용되었음을 알 수 있다.

중국어에서 결혼한 여자가 "생겼다(有了)"고 하면 무엇이 생긴 것을 두고 하는 말일까? 돈도, 친구도 아닌 '아이'가 생겼다는 뜻이다. 내 손에 생기는 것 중에서 가장 소중한, 내 또 하나의 분신인 아이가 생겼다는 의미이니, 유(有)가 손과 육신의 합이라는 사실을 새삼 떠올리게 된다.

공자가 고향에서 강학을 펼치자 많은 제자들이 몰렸다. 꽃이 있으면 자연히 향기가 나고(有花自然香, yǒu huā zìrán xiāng) 벌과 나비가 모여드는 이치다. 이때 공자는 "가르침에 어떤 빈부, 귀천, 출신의 차등이 있을 수 없다(有教无类**)"고 선언한 바 있다. 교육이라는 본질에 충실하면 되지, 그 외의 것은 무엇도 그 배움을 막을 수 없다는 생각이 당시 신분사회에서 혁명적이고 탁월하다.

* **一无所有**(yìwúsuǒyǒu) 가진 게 아무것도 없다.
** **有教无类**(yǒu jiào wú lèi) 가르침은 있고, 차별은 없다. 누구든 차별 없이 가르친다.

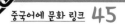

군자는 변화의 단초인 '기미'를 읽는 사람이다

	儿	幾	几
金文	小篆	楷书	简化

"我(아) 生存權(생존권)의 剝喪(박상)됨이 무릇 幾何(기하)이며, 心靈上(심령상) 發展(발전)의 障碍(장애)됨이 무릇 幾何(기하)이며, 民族的(민족적) 尊榮(존영)의 毁損(훼손)됨이 무릇 幾何(기하)이며, 新銳(신예)와 獨創(독창)으로써 世界文化(세계문화)의 大潮流(대조류)에 寄與補裨(기여보비)할 奇緣(기연)을 遺失(유실)함이 무릇 幾何(기하)이뇨."

〈기미독립선언서〉의 일부인데, 반복적으로 나오는 '기하(幾何, jǐhé)'는 '얼마'의 뜻이다. '기하'에는 영어의 지오메트리(geometry)를 뜻하는 기하학의 의미도 있는데, 그리스어인 '지오(geo, 땅)'를 소리 나는 대로 적은 것이라고 하니 흥미롭다.

몇, 기미 기(幾, jī, jǐ)는 두 가닥의 실을 나타내는 작을 요(幺)와 사람 인(人), 창 과(戈)가 합쳐진 형태로 창을 든 사람이 작은(幺幺) '기미(幾微)'를 경계하여 살피는 모습이다. 또 기(幾)는 사람(人)이 베틀(戈)에서 실(幺)을 짜는 모습으로 보기도 하는데, 베틀의 섬세한 움직임이나 조그만 기미를 살펴 베를 짜는 것에서 의미가 파생되어 '몇, 얼마'의 의미가 생겨난 걸로 보인다.

당나라 때 왕한(王翰, 687~726)이 쓴 〈양주사(凉州词)〉에는 "취하여 모래밭에 누워도 그대 비웃지 마라. 예부터 전쟁에 나갔다가 살아온 이가 몇이나 되던가(醉臥沙場君莫笑, 古來征戰几人回, zuì wò shā chǎng jūn mò xiào, gǔ lái zhēng zhàn jǐ rén huí)"라고 변방을 지키는 병사의 비애를 노래하고 있다. 여기서 '기(几)'가 10 미만의 작은 숫자를 나타내는 의미로 오래전부터 쓰였음을 알 수 있다.

《주역》에 "군자는 기미를 보고 행동하지, 하루 종일 기다리지 않는다(君子見几而作, 不俟終日, jūn zǐ jiàn jī ér zuò, bú sì zhōngrì)"는 표현이 있다. 군자는 통찰력을 갖고 작은 기미나 조짐으로 전체의 흐름을 꿰뚫어 파악하는 힘이 있어야 한다. 또 변화의 단초인 '기미'를 통해 전반적인 일의 추이를 예견하여 미래를 미리 준비하는 능력도 갖춰야 한다.

세상을 살아가는 일이 베틀에 앉아 베를 짜는 일처럼 복잡하게 뒤엉켜 돌아간다. 씨줄과 날줄이 교차되며 베가 직조됨을 주시하고, 베틀의 상태도 수시로 점검해야 한다. 미세한 기미도 먼저 읽고 선제적으로 조치해야 한다. 작은 엉킴, 아주 작은 차이(几微之差*)로 짜던 베를 끊고(斷机, duànjī) 다시 시작해야 할 수도 있기 때문이다.

링크에 링크!

*几微之差(jīwēi zhī chà) 미세하고 작은 차이.

어울리되 서로 간섭하지 않는 경지?

金文	小篆	楷书

유철(凹凸, āotū)처럼 생긴 활자 인쇄 공연을 위해 896명의 군인들은 6m의 나무통을 올렸다 내렸다를 반복하며 통 안에서 단 1초 만에 6m를 기어오르는 힘든 훈련을 소화한 끝에 마침내 2008년 베이징올림픽 개막식의 '화(和, hé)' 자 공연을 성공적으로 완성해냈다. 공연 마지막에 나무통 속에 있던 사람들의 얼굴이 공개되자 디지털 그래픽인 줄 알았던 문자공연이 그들의 피땀으로 이뤄졌다는 사실에 놀라지 않을 수 없었다.

베이징올림픽을 통해 중국이 세계에 던지고자 했던 메시지는 '평화'였다. G2로 성장한 중국을 경계하는 목소리가 중화패권주의나 중국위협론으로 대두할 때도 중국은 평화롭게 우뚝 선다는 '화평굴기(和平崛起, hé píng-juéqǐ)'를 주장하며 평화와 화합의 이미지 만들기에 공을 들인다.

화목할 '화(和, hé, huó, huò, huo)'는 벼 화(禾)와 입 구(口)가 결합된 형태다. 벼가 입에 있으니 싸우지 않고 '화목하다, 평화'의 의미를 나타낸다. 벼 화(禾)는 익어 고개를 숙인 곡식의 모양인데 남방에서는 벼, 북방에서는 조를 나타낸다. 화(和)는 벼 이외에도 곡식의 수확, 중요한 재산의 뜻을 담고 있다.

고대에 '화(和)'는 '오미(五味)'와 '팔음(八音)'의 조화를 뜻하는 글자였다.

벼(禾)는 맛을 대표하고 입(口)은 불어서 소리를 내는 관악기 음을 상징하여 그 맛과 소리의 조화를 나타냈다. 군자는 다른 사람과 조화롭게 어울리면서도 자신만의 견해를 가질 줄 알아 화이부동(和而不同*)하고, 소인은 다른 사람과 함께 있으면서도 이득을 따져 다른 사람과 조화를 이루지 못해 동이불화(同而不和**)라고 한 공자의 말은 '조화 속의 개성'을 강조한다.

개혁개방 이후 급속한 경제발전으로 배고픔의 문제는 어느 정도 해결하였으나, 상대적 빈곤으로 인한 배 아픔의 문제가 새롭게 등장하고 있다. 선부론(先富论)으로 파이를 충분히 키웠다면, 이제는 공부론(共富论)으로 어떻게 그 파이를 공평하게 나눌 것인가를 고민해야 할 것이다.

광활한 중국 대륙을 누비는 고속철도의 이름이 '허셰(和谐, héxié)'다. 후진타오(胡锦涛, 1942~) 집권기부터 줄기차게 외치는 이 말은 《서경(书经)》의 "여러 음이 서로 잘 어울리되 서로 간섭하지 않는다(八音克谐, 无相夺伦, bā yīn kè xié, wú xiāng duó lún)"에서 그 의미를 가져왔다. 중국공산당이 지휘하는 오케스트라가 '서로 어울리되 간섭하지 않는' 허셰의 경지를 얼마나 잘 연주해낼지 좀 더 지켜볼 일이다.

링크에 링크!

* **和而不同**(hé ér bù tóng) 화이부동. 남과 화목하게 지내지만 자기의 중심과 원칙을 잃지 않다.

** **同而不和**(tóng ér bù hé) 겉으로는 함께 하는 듯하지만 실제론 잘 조화를 이루지 못한다.

괴물의 공격,
누구도 용서받을 수 없는

甲骨文	金文	小篆	楷书

옛날 녠(年, nián)이라는 괴물이 섣달 그믐날 밤에 나타나 마을의 사람과 가축을 헤치자 사람들은 이날이 되면 모두 산으로 몸을 피했다. 그런데 어느 해 한 노인이 피신을 하지 않아 당연히 괴물 녠에게 잡아먹혔을 것으로 생각했는데 뜻밖에도 무사히 살아 있었다. 괴물 녠이 기둥에 붙여 둔 붉은색을 보고 놀라고, 대나무가 타면서 내는 소리에 질겁해 달아나더라는 것이다.

그 후로 사람들은 더 이상 산으로 피신하지 않고 집집마다 대문에 붉은 글씨로 대련을 써 붙이고, 폭죽을 터뜨리며 새해를 맞이하게 되었다. 그래서 중국어로 설을 새는 것을 괴물 녠을 지나 보낸다는 의미로 '과년(过年, guònián)'이라고 한다.

해 년(年, nián)은 윗부분의 벼 화(禾)와 아랫부분의 사람 인(人)이 합쳐진 형태로, 볏단을 이고 있는 사람의 모습이다. 수확한 농작물을 옮기는 농부를 형상화하였는데 '곡식이 여문다'는 의미에서 점차 곡식을 수확하는 주기인 '한 해'를 나타낸 것으로 보인다.

농경생활에 기반을 둔 고대인들에게 농경의례는 매우 중요한 의미를 지녔다. 한 해 추수를 마치고 곡식의 신인 곡령들에게 제사를 지낼 때 춤을 추는 남자를 '년(年)'이라고, 여자는 '위(委)'라고 했다. 농경의례가 1년을 주기로 한 것에서 '년(年)'이 '한 해'를 나타내는 걸로 통용되었다.

중국은 50년, 100년을 내다보는, 긴 안목으로 시간을 재단한다. 99년 동안 홍콩을 할양하는 조약을 맺는가 하면, 돌려받아서는 50년 동안 자치를 인정한다. 덩샤오핑은 1949년 건국으로부터 향후 100년을 사회주의 초급단계라고 설정하고, 건국 100주년인 2049년에 모든 사람이 풍요로운 대동(大同, dàtóng) 사회를 건설하겠다는 발전론을 펴기도 했다.

덧없이 흘러가는 시간 속에서 1년이라는 시간의 마디가 있어 인생도, 역사도 좌표를 얻고 갈무리된다. 1년에 한 번씩(一年一度*) 생겨가는 이 시간의 마디인 나이는 누구도 피해갈 수 없는 형벌이다. 녠이라는 괴물이 달아나면서 이것만은 누구에게도 용서하지 않은 모양(年岁不饶人**)이다.

*一年一度(yī nián yī dù) 1년에 한 번.

**年岁不饶人(niánsuì bù ráorén) 나이는 사람을 용서하지 않는다. 나이 먹는 데 예외 없다. (=岁月不饶人, suìyuè bù ráorén)

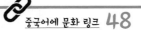

세상에 많을수록 좋은 것은?

甲骨文	金文	小篆	楷书

과천 국립현대미술관에 들어서면 1,003개의 TV 모니터가 탑처럼 쌓인 비디오아트 작품에 압도되는데, 세계적인 비디오아티스트 백남준(白南准, 1932~2006)의 작품, 바로 〈다다익선(多多益善*)〉이다. TV 모니터를 화가의 캔버스처럼 활용한 발상의 전환이 돋보이는 작품이다.

한나라 고조 유방이 장군의 능력에 대해 한신과 대화를 나누던 중에 물었다. "난 얼마만큼의 군사를 통솔할 수 있겠는가?" 그러자 한신은 "10만쯤 거느릴 수 있을 것 같습니다"라고 대답했다. 다시 유방이 "그럼 장군은 어떠하오?" 하고 묻자 한신은 "소장은 다다익선이지요"라고 대답했다. 스스로 자만했던 한신은 천하통일의 일등공신이었지만 유방의 부인 여태후(呂太后, BC241~180)에게 살해되며 토사구팽(兔死狗烹, tùsǐ-gǒupēng)의 운명을 맞고 만다.

세상에 많을수록 좋은 것이 무엇이 있을까? 흔히 돈, 명예, 능력 등을 떠올리는데 중국인들은 전통적으로 다복(多福), 다수(多寿), 다자(多子)를 삼다(三多)로 여긴다. 새해가 되면 대문에 붙이는 연화(年画)에 삼다도(三多图)가 있는데 대부분 부처님의 손 모양을 한 불수(佛手), 복숭아, 석류가 그려져 있다. 불(佛, fó)의 발음이 복(福, fú)와 비슷해 행복을 의미하고,

서왕모(西王母)가 먹고 불로장생했다는 복숭아는 장수를, 석류는 열매가 많아 자손의 번성을 기원하는 것이다.

많을 다(多, duō)는 원래 신에게 바치는 고기가 쌓인 모습인 두 조각의 고기(肉, 月)에서 출발한 글자였으나 모양이 저녁 석(夕)으로 바뀌어 밤이 거듭되어 많다는 의미가 유추되었다. '많다'는 건 어디까지나 상대적 개념이다. 마음이 통하는 친구를 만나면 천 잔의 술도 적고(酒逢知己千杯少**), 뜻이 통하지 않는 사람과는 반 마디의 말도 많은(话不投机半句多***) 법이다.

세계에서 가장 많은 인구를 보유한 중국은 거대 시장과 저렴한 노동력이 있다는 장점도 있지만, 환경, 교통, 주거 문제 등으로 삶의 질이 떨어지는 단점도 많다. 그래서 '다(多)'에 '불필요한, 과분한'의 의미도 함께 있는지도 모르겠다. 'made in China'가 도처에 넘쳐나지만 그 조악함으로 그다지 환영받지 못하는 게 현실이다. '과유불급(过犹不及****)'이다. 적더라도 정교하고 세련된(少而精, shǎo ér jīng) 것이 필요할 때가 많다.

링크에 링크!

*多多益善(duōduō-yìshàn) 다다익선. 많을수록 좋다.

**酒逢知己千杯少(jiǔ féng zhījǐ qiān bēi shǎo) 술은 지기를 만나 마시면 천 잔으로도 모자란다.

***话不投机半句多(huà bù tóujī bàn jù duō) 말이 통하지 않으면 반 마디 말도 낭비이다.

****过犹不及(guòyóubùjí) 과유불급. 지나침은 미치지 못함과 같다.

마침표를 찍어라.
새 문장을 시작하려면

| 小篆 | 楷书 |

"되짚어보면 주유는 당시 소교와 막 결혼하고, 그 영웅의 자태를 뽐내었지. 깃털로 된 부채 들고 비단 두건 쓴 제갈량과 담소 나누는 사이 조조의 배 돛대와 노는 재와 연기로 사라졌도다(遙想公瑾当年, 小乔初嫁了, 雄姿英发。羽扇纶巾, 谈笑间, 樯橹灰飞烟灭, yáoxiǎng Gōngjǐn dāngnián, Xiǎo Qiáo chū jià le, xióngzī-yīngfā. Yǔshàn guānjīn, tánxiào jiān, qiánglǔ huīfēi-yānmiè)."

송나라 소식(苏轼, 1037~1101)이 100자로 쓴 사(词) 〈염노교 · 적벽을 기리며(念奴娇 · 赤壁怀古)〉의 일부다. 주유, 제갈량, 조조와 같은 영웅도 결국 연기처럼 사라지니 영원히 곁에 있는 자연을 벗하며 살겠다는 소식의 초연한 삶의 태도가 느껴지는 작품이다. "소교가 막 시집을 왔다(小乔初嫁了)"는 표현에서 '了'라 등장한다. 중국어 학습자의 영원한 숙제 같은 존재가 바로 '了'인데, 송대에 이미 '了'가 동사 뒤에서 완료를 나타내는 쓰임으로 쓰이는 걸 확인할 수 있다.

마칠 료(了, le, liǎo)는 그 간단한 형태와 달리 유래를 명확히 설명하기 힘든 글자 중 하나이다. 허신은 《설문해자》에서 다리 힘없을, 다리 꼬일 료(尥)라 했는데, 다리에 힘이 없어서 멀리 가지 못하는 것에서 걷는 것을 '끝내다, 마치다'의 뜻이 유추된 걸로 보는 견해와 소전에서 보듯 국자 모양은 아들 '자(子)'에서 양팔이 생략된 형태로 보이는데 더 자라지 못하고 성장을 마친 것에서 그 의미가 유추된 걸로 보는 견해 등이 있다.

우리말에서는 '종료, 수료, 완료' 등의 예처럼 '마치다'는 의미로 주로 쓰이지만, 중국어에서는 '완료와 변화'를 나타내는 조사로도 널리 활용된다. 중국어로 작문을 하면 제일 많이 틀리는 것 중 하나가 바로 '了'이다. '了'는 동사, 형용사 뒤에 붙는데 미묘한 어감을 전달하기 때문에 모국어로 배우지 않은 학습자는 어려움을 피하기 힘들다. "공이 한 삼태기 때문에 이지러진다(功亏一簣*)"는데 외국인에게 '了'는 그 한 삼태기 같은 존재다. 그리고 '了'를 완벽하게 이해했다면 중국어에 마침표를 찍은 것이라 할 수 있다.

모든 시작은 끝에서 비롯된다. 어떤 일을 중간에서 흐지부지 그만두면 (不了了之**) 새로운 일도 시작할 수 없다. 마침표를 찍자. 그래야 새로운 문장도 시작할 수 있다.

* **功亏一簣**(gōngkuīyíkuì) 산을 쌓는 데 한 삼태기 흙이 모자라 다 쌓지 못하다. 성공을 눈앞에 두고 실패하다.

** **不了了之**(bùliǎo-liǎozhī) 중간에서 흐지부지 그만두다. 흐리멍덩하게 일을 처리하다.

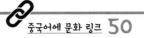

깨지는 것에 대한 중국인의 너그러움

甲骨文	小篆	楷书	简化

지금은 거의 사라져가는 풍습이 되었지만, 신부의 예물을 함에 담아 함 팔러 가던 시절이 있었다. 실랑이 끝에 신부의 집 대문에 들어서면 입구에 쪽박이 놓여 있는데 함진 애비는 그것을 발로 힘차게 깨뜨리고 들어가야 한다. 액운을 깨뜨려 멀리 내쫓는다는 의식이다. 해마다 평안하길 기원한다는 뜻이 '세세평안(岁岁平安*)'인데, 이때 세(岁)의 발음이 깨뜨린다는 쇄(碎)와 같기 때문에 생겨난 풍습이다.

중국의 식당에서 깨진 컵이나 접시를 새 걸로 바꿔달라고 하면 뭐 이런 걸 다 요구하냐는 식의 반응을 보인다. 중국인들은 조금 깨진 것에 대해 평안을 가져온다고 믿으며 별 신경을 쓰지 않기 때문이다.

해 세(歲, sui)는 갑골문에서 보듯 도끼의 상형처럼 보인다. 1년 단위로 도끼로 곡식을 베는 것에서 한 해의 의미가 생겨난 걸로 보인다. 또 소전에서는 걸음 보(步)와 도끼 월(鉞)과 같은 의미로 쓰이는 개 술(戌)이 결합된 형태인데 지금까지 걸어온 걸음을 도끼로 잘라 재단하는 것이니 곧 '한 해'의 의미가 되는 셈이다. '설'이란 말이 어디에서 유래했는지, 그 어원에 대한 주장이 분분한데 나이를 셀 때 '세, 살'로 표현하는 것처럼 설도 이와 비슷한 음운의 변화를 겪지 않았을까 추정된다.

《설문해자》에서 허신은 세(岁)를 목성(木星)으로 풀이하고 있는데, 목성의 공전주기가 12년이라는 데에서 12지가 생겨난 것에 착안하여 띠가 바뀌는 단위를 세(岁)로 보았다는 의미다. 그래서 목성을 세성(岁星), 태세(太岁)로도 부른다.

중국어로 세뱃돈을 '야쑤이첸(压岁钱, yāsuìqián)'이라고 하는데, 세(岁)와 발음이 같은 쑤이(祟, suì)라는 괴물이 섣달그믐 밤에 나타나 아이의 머리를 만지면 열이 나면서 바보로 변했다고 한다. 한 집에서 아이의 머리맡에 8개의 동전을 메달아 두었더니 그 빛에 괴물이 놀라 달아난 것에서 괴물 쑤이를 물리치는 돈이라는 뜻의 세뱃돈이 생겨난 것이다.

새해 떡국을 먹으면 나이도 한 살 더 먹는다. 괴물 같은 세월은 사람을 기다려주지 않고(岁不我与**) 떠나가며 우리를 늙어가게 한다. 중국인들은 포청천(包青天, 999~1062)이 어려운 판결을 맡아 거짓으로 죽은 척 해 문제를 해결했다는 나이인 45세, 공자가 죽은 73세, 맹자가 죽은 84세는 직접 말하지 않는다. 성인도 피하기 힘든 어려운 나이라서 입에 담기를 피한다는 것인데, 내년이 46세, 작년이 72세 등으로 표현한다.

링크에 링크!

*岁岁平安(suìsuì-píng'ān) 해마다 평안하기를 기원하다.

**岁不我与(suì bù wǒ yǔ) 세월은 사람을 기다려 주지 않는다.

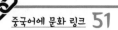

"강산을 돌려 달라"고 악비처럼 외치다!

小篆	楷书	简化

항저우(杭州) 시후(西湖)변에는 한때 민족영웅으로 추앙받던 악비(岳飞, 1103~1142)의 사당이 있다. 칼을 든 악비의 동상 뒤로 "강산을 나에게 돌려 달라"는 환아하산(还我河山, huán wǒ héshān) 글귀가 금빛으로 빛난다. 여진족이 세운 금나라의 침입에 수도였던 카이펑(开封)을 빼앗긴 송나라는 끝까지 항전을 주장한 악비와 화친을 바랐던 진회(秦桧, 1090~1155) 등의 분열 속에서 결국 빼앗긴 영토를 포기하고 조공을 바치겠다는 굴욕적인 조약을 맺는다.

중국 내 서로 다른 민족 간의 분쟁은 그나마 시간이 흘러 또 다른 통일 왕조의 등장으로 다시 봉합이 되지만, 외세에 의한 영토의 할양은 더 치욕적이고 오랜 민족적 아픔을 남긴다. 20세기 초 종이호랑이로 전락한 중국을 서양 열강과 일본은 군침을 흘리며 공략해왔다. 한입에 먹기 어려울 정도로 넓은 중국 각지를 서양 열강은 참외처럼 나눠(瓜分, guāfēn) 점령했다.

서양 제국주의에 처음 조계지를 할양하는 곳이 아편전쟁 패배 후 영국에 건네준 홍콩이다. 이후 1898년 신제(新界)를 99년간 할양한다는 베이징조약에 의거 1997년 7월 1일 돌려받았다. 이밖에도 칭다오(青岛)

가 1898년 독일에 99년간 할양되는데 1차대전을 틈타 일본이 점령한 후 1945년 해방되고, 1898년 다롄(大连)과 뤼순(旅顺)은 러시아에, 웨이하이(威海)는 영국에 할양되는 아픔을 겪었다. "강산을 돌려 달라"는 중국인의 외침이 중국 근현대사에 끊임없이 울려 퍼졌을 법하다. 지금도 일본에 댜오위다오(钓鱼岛, 일본명 센카쿠열도)를 돌려달라고 외치고 있는 상황이다.

돌아올 환(還, hái, huán)은 의미부 쉬엄쉬엄 걸어갈 착(辶)과 소리부 놀라서 볼 경(睘)이 결합된 형태이다. 경(睘)은 눈 목(目), 옷 의(衣), 둥근 옥이 합쳐져 원래 목에 매단 둥근 옥을 내려다보는 사람의 상형으로 둥근 옥을 나타낸다. 그러니까 옥이 굴러 둥그렇게 돌다가 역시 또 제자리로 돌아온다는 의미이다. 중국어에서는 '돌아오다'는 뜻 외에도 부사로서 '여전히, 아직, 또, 더욱' 등으로도 다양하게 쓰인다.

함무라비 법전에 나오는 '눈에는 눈, 이에는 이(以眼还眼，以牙还牙*)' 식의 논리로 세계를 힘으로 지배하던 제국주의 시대는 지났다. 2018년 미중 간에는 관세 폭탄과 환율을 통한 무역전쟁이 한창이다. 양국은 경제적 이득을 챙기는 것 못지않게 국제적 신뢰를 얻는 것도 중요하다는 것을 간과하지 않길 바란다. 이를 위해 "빌렸으면 잘 갚아야, 다시 빌릴 때 어렵지 않다(有借有还，再借不难**)"는 말도 기억해둘 만하다.

링크에 링크!

***以眼还眼，以牙还牙**(yǐ yǎn huán yǎn, yǐ yá huán yá) 눈에는 눈, 이에는 이.

****有借有还，再借不难**(yǒu jiè yǒu huán, zài jiè bù nán) 빌렸으면 잘 갚아야 다시 빌릴 때 어렵지 않다.

바위를 뚫는 '몰입'의 놀라운 힘

小篆	楷书	简化
得	沒	没

西한(西汉)시대 명궁으로 유명한 이광(李广, ?~BC119)이 어느 날 사냥을 가다가 바로 앞 풀숲에 큰 호랑이가 숨어 있는 걸 발견하고, 급히 활을 꺼내 온 힘을 다해 호랑이를 명중시켰다. 사람들을 시켜 호랑이를 찾았으나 호랑이는 없고 호랑이 모양의 바위에 화살만 박혀 있는 것이었다. 그것도 화살촉은 물론 화살 뒤쪽의 깃털마저 바위 속에 완전히 들어가 있을 정도였다. 이를 '몰석음우(没石饮羽*)' 혹은 '중석몰촉(中石没镞, zhòngshí-mòzú)'이라고 한다. 이광 자신도 놀라 몇 걸음 떨어져 다시 바위에 활을 쏴봤으나 화살만 부러질 뿐 다시는 바위에 꽂히지 않았다.

사람들이 신기해서 대학자인 양웅(扬雄, BC53~18)을 찾아가 그 연유를 물으니 "호랑이의 위협에 목숨을 잃을 수도 있다는 절박함이 자신도 모르게 바위를 꿰뚫는 놀라운 집중력을 불러온 것이다. 정성이 지극하면 금석도 열 수 있는 법이다(精诚所至, 金石为开, jīngchéng suǒ zhì, jīnshí wèi kāi)"고 했다. 무언가에 몰입하여 정신을 집중하는 것이 얼마나 큰 힘을 발휘하는지를 잘 보여준다. 《수호지(水湖志)》108 영웅호걸 중에 가장 충성스럽고 용맹한 장수인 화영(花荣)은 활을 잘 쏘아 호가 바로 '소이광(小李广)'이었다.

가라앉을 몰(沒, méi, mò)은 물 수(水)에 창이나 몽둥이를 나타내는 수(殳)가 결합된 형태이다. 소전에서 보듯 소용돌이처럼 보이는 회(回) 아래 허우적대는 손(又)이 있는데 물에 빠져 가라앉는 것을 나타낸다. '가라앉다'는 뜻에서 '빠져들다, 죽다, 빼앗다' 등의 의미로 확대되었고, 부정적인 의미 때문인지 중국어에서는 부정사로 널리 쓰인다. '없다'는 의미를 나타낼 때 문어에서는 무(无)를 쓰지만, 구어에서는 주로 몰(沒)을 사용한다. 중국인들이 입버릇처럼 하는 말 중에 "방법이 없다(沒办法**)"가 있는데, 우리말에도 '몰상식, 몰지각, 몰염치'의 경우 '없다'는 의미로 쓰임을 알 수 있다.

이광의 고사에서 보듯 무언가에 집중하여 온 정성을 기울이는 것이 때로는 놀라운 힘을 발휘할 때도 있지만, 너무 한 가지에 몰입하는 것이 오히려 전체적인 조화를 놓치고 소통을 가로막는 부작용을 불러오기도 한다. 《공자가언(孔子家言)》에 "배는 물이 없으면 나아갈 수 없지만, 배 안에 물이 새어 들어오면 곧 가라앉고 만다(舟非水不行, 水入舟则没, zhōu fēi shuǐ bù xíng, shuǐ rù zhōu zé mò)"고 했다. 물이 배를 띄우기도 하고 가라앉게도 하는 것처럼 몰입은 깊은 성찰의 등불이 될 수도, 소통의 무덤이 될 수도 있다. 몰입과 함께 조화와 소통의 창문을 마련하는 일도 잊지 말아야 한다.

링크에 링크!

*沒石饮羽(mòshí-yǐnyǔ) 활로 바위를 뚫을 정도로 내공이 뛰어나다.

**沒办法(méi bànfǎ) 방법이 없다. 어쩔 수가 없다.

한자 많다고 기죽을 필요 없어요!

小篆	楷书

한자의 수는 얼마나 될까? 4,000자 갑골문이 허신이 쓴 《설문해자》에 9,353자, 사전의 대명사 《옥편(玉篇)》에 1만 6,917자, 《강희자전(康熙字典)》에 4만 2,174자, 1986년 출간된 《한어대자전(汉语大字典)》에는 5만 4,665자가 수록되었다. 사정이 이렇다 보니 중국인들조차 모르는 한자가 많을 수밖에 없다.

그러나 한자가 많다고 너무 기죽을 필요는 없다. 《한어대사전》의 2/3 이상의 글자가 거의 용례가 없는 불필요한 글자들이다. 자주 쓰이는 한자 500자가 중국어로 된 문장의 78.5%를 차지하고 1,000자는 91.9%, 2,000자는 98.3%, 3,000자는 99.6%의 문장 점유율을 보인다. 한자 한자, 한 자가 갖는 의미와 문법적 기능을 이해하면 중국어 문장의 해독도 어렵지 않다.

《논어》에 사용된 한자 수는 1,355자, 《맹자》는 1,899자이며 《대학(大学)》, 《중용(中庸)》을 합한 사서(四书)에 사용된 한자의 수가 2,317자 정도다. 1,500편의 시를 남긴 두보의 시에 등장하는 한자는 4,350자이며 아무리 많은 작품을 남긴 작가라 해도 일생을 통해 쓴 작품에 사용하는 한자의 글자 수가 5,000자를 넘기는 힘들다고 한다.

현대 중국어에서 가장 자주 사용되는 한자 1위에서 10위까지는 "적(的), 일(一), 국(国), 재(在), 인(人), 료(了), 유(有), 중(中), 시(是), 년(年)"이다. 사용 빈도율 1위를 차지한 적(的)은 '~의, ~하는'의 의미로 관형어 뒤에 쓰여 종속이나 수식 관계를 나타내기도 하고, '~의 것'의 의미로 관형어 뒤에 붙어 명사화하는 구조조사로 많이 쓰인다. 일본어의 'の'와 비슷하다.

과녁 적(的, de, dí, dì)은 흰쌀 모양인 백(白)과 음식을 담은 구기 작(勺)이 합쳐진 형태로, 의미부 백(白)은 밝고 희게 드러난 과녁을 나타내고, 소리부 작(勺)은 술, 음료를 뜨는 구기라고 하는데 주저앉아 두 팔을 앞으로 내민 사람의 상형에서 비롯되었다.

《논어》〈학이〉의 첫 구절 "자왈학이시습지불역열호(子曰學而時習之不亦說乎, 공자가 말하길 배우고 때때로 익히면 또한 기쁘지 아니한가)"를 현대 중국어로 옮기면 "孔子说: '学了, 然后按一定的时间去实习它, 不也高兴吗?'"가 되는데 간화자로 바뀐 것과 문법적인 변화도 크지만 무엇보다 단음절 어휘가 이음절어로 바뀐 것과 조사 '了, 的, 也, 吗'가 추가된 점이 눈에 띈다.

언어 습득이 한 번에 성과를 내기는(一发破的*) 힘들지만 자주 등장하는 한자부터 익혀간다면 중국어도 난공불락의 요새는 아니다. 더구나 한자어가 많고, 중국어와 발음이 비슷한 어휘가 많은 우리말을 하는 것 자체가 이미 중국어의 3부 능선은 오른 셈이니 말이다.

링크에 링크!

***一发破的**(yīfā-pòdì) 단 한마디로 정곡을 찌르거나 한 번에 목표를 명중하는 데 성공함을 이르는 말.

🔗 중국어에 문화 링크 54

공자 왈, "나는 날 때부터 아는 사람이 아니다!"

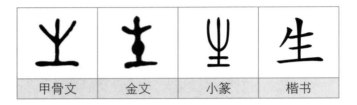

甲骨文	金文	小篆	楷书

《주역》에 나오는 '생생불식(生生不息*)'이라는 말이 애니메이션영화 〈라이언킹〉의 중국어 버전 주제가였다. 대를 이어 그침 없이 생장과 번식을 거듭하는 대자연의 위대한 생명력을 잘 표현한 말이다. 천지의 위대한 덕을 생(生)이라 하고, 낳고 또 낳는 것을 역(易)이라 하는데 자연의 지속적인 창조와 재생의 힘이 바로 쉬지 않는 만물의 생성에서부터 기인한다는 의미이다.

날 생(生, shēng)은 갑골문에서 보듯 지표면(一)에서 새싹(屮)이 땅을 비집고 솟아나는 모습을 형상화한 것에서 점차 흙 토(土)와 싹 철(屮)이 결합한 형태로 변했다. 땅거죽을 뚫고 나온 새싹에서 '생명, 살아 있음, 신선함'의 뜻이 생겼으며, 막 태어나 '낯설다'는 의미도 갖게 되었다.

"하루 책을 읽지 않으면 입이 낯설고, 하루 글을 쓰지 않으면 손이 낯설다(一日不读口生, 一日不写手生, yí rì bù dú kǒu shēng, yí rì bù xiě shǒu shēng)"는 말이나, "생쌀이 이미 밥이 된 것처럼 이미 어떤 일이 되돌릴 수 없게 되었다(生米做成熟饭, shēngmǐ zuòchéng shúfàn)"고 할 때처럼 다양한 의미로 활용된다.

풀씨가 대지에 떨어져 새싹을 틔우는 생(生)의 과정은 결코 쉽지 않은 여정이다. 좋은 옥토에 떨어지기도 하지만 자갈밭이나 옹색한 바위나 창문 틈에도 날아들 수도 있으니 말이다. 장소를 잘못 만나거나, 때를 잘못 만나면 생명 탄생 자체가 불가능하고 꽃 한 번 피워보지 못하고 사라지는 경우도 많다.

사람의 생장 환경도 이와 별반 다르지는 않을 것이다. 싹을 틔우고 잎과 꽃을 피우기 위해 또 얼마나 많은 노력이 필요한 일인가. 성인인 공자조차도 스스로를 "날 때부터 아는 사람이 아니라 다만 옛 것을 좋아하고 배움을 구하는 데 민첩한 사람이라(我非生而知之者, 好古, 敏以求之者也, wǒ fēi shēng ér zhī zhī zhě, hǎo gǔ, mǐn yǐ qiú zhī zhě yě)"고 칭한 바 있다. 곧 생이지지(生而知之)가 아니라 학이지지(学而知之)했다는 말이다.

조선 후기 실학자 다산(茶山) 정약용(丁若鏞, 1762~1836)은 마음을 다스리고 참된 본성을 기르는 데 노력하지 않고, 책을 읽고도 세상의 이치를 궁리(穷理)하지 않는 사람은 살아 있어도 살아 있는 것이 아닌 '유생무생(有生无生, yǒushēng wú shēng)'이라고 지적한 바 있다. 삶은 잠시 머무는 위탁일 뿐이고, 인간은 누구나 죽음이라는 그 본래의 모습으로 돌아간다(生寄死归**). 조지 버나드 쇼(George Bernard Shaw, 1856~1950)의 묘비명이 "우물쭈물하다가 내 이럴 줄 알았다"라고 하지 않는가. 우물쭈물할 시간이 없다.

링크에 링크!

*生生不息(shēngshēng-bùxī) 사물이 끊임없이 생장하고 번성하다.

**生寄死归(shēngjì-sǐguī) 삶은 잠깐 머무는 것이고, 결국 죽어서 본래 있던 곳으로 돌아가는 것이다.

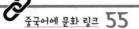

진짜 꽃은 시듦으로써
'진짜'를 증명한다!

眞	眞	真
小篆	楷书	简化

科학 기술의 발달로 진짜와 가짜를 구분하기가 점점 힘들어졌다. 그러나 진짜 꽃은 시듦으로써 '진짜'를 증명한다. 진실은 물처럼 흘러가며 모든 걸 자연스러움에 맡긴다. 그 시듦조차도. 가상현실, 증강현실 등 아무리 기술이 발전해도 진실은 거짓이 될 수 없고, 가상현실은 어디까지나 가상일(真的假不了, 假的真不了*) 뿐이다.

참 진(眞, zhēn)은 위에 있는 숟가락(匕)으로 아래 솥(鼎)에 담긴 음식을 맛보는 데에서 '참되다, 신중하다'는 의미가 파생되었다. 고대인들이 매우 중요하게 여긴 제사 때 신에게 바칠 음식을 흠향하는 것인 만큼 그 마음이 참되고 진실하다 할 것이다.

천하를 다스리는 큰 뜻을 품은 한신이 부랑배들에게 '바보 같은 키다리'로 치부되며 가랑이 사이를 지나간 '과하지욕(胯下之辱**)' 이야기는 유명하다. 굴욕을 참고 가랑이를 기어서 지난 후 한신이 그 골목을 빠져나오며 건달들에게 한 마디 던졌다면 "진짜 빛은 요란하게 반짝거리지 않는다"는 뜻의 '진광불휘(真光不辉, zhēn guāng bù huī)'가 아니었을까? 내공이 낮고 어설픈 하수들이 설레발을 치고 나서지, 고수는 함부로 나서지 않는다. 그러다 한번 나섰다 하면 모든 문제를 해결하는 충분한 힘을 보여준다. 천하를 가슴에 품은 한신이 사사로이 시정잡배를 상대하며 자신의 빛을 드러내지 않았던 셈이다. 훗날 천하를 통일한 한신이 자신에게 치욕의 의미를 깨우쳐 더욱 분발하게 해준 건달패를 불러 마을의 치안대장으로 삼았다고 한다.

장자가 하루는 정원을 산책하다가 새 한 마리를 발견하고 활을 겨누는데 새는 자신의 위험도 모르고 앞에 놓인 사마귀를 잡는 데만 집중하고, 사마귀는 그런 줄도 모르고 앞에 있는 매미만 노리고, 매미는 아무것도 모른 채 그저 노래만 부르고 있더라는 것이다. 깨달음을 얻은 장자가 돌아서려는데 정원지기가 왜 여기서 새를 잡느냐고 핀잔을 주더라는 것이다. 장자 자신조차도 그 먹이사슬과 같은 이해관계 속에서 자유롭지 못했던 것이다. 《장자》〈산목(山木)〉에 나오는 '견리이망기진(见利而忘其真, jiàn lì ér wàng qí zhēn)' 이야기다. 바로 눈앞의 이익에 사로잡히면 자신의 참모습을 잊게 된다는 뜻이다.

'진리' 앞이라면 무릎을 꿇고 고개를 숙여도 부끄럽지 않다. 순금이 불구덩이를 무서워하지 않듯(见金不怕火练, jiàn jīn bú pà huǒ liàn) 진리는 시련을 두려워하지 않는다. 아름다운 한때를 장식하고 처연히 시드는 꽃처럼 시드는 걸 두려워할 이유가 없다. 왜냐하면 그것이 겸허하게 살아온 스스로가 '진짜'임을 증명하는 길일 테니 말이다.

링크에 링크!

* **真的假不了，假的真不了**(zhēn de jiǎ bu liǎo, jiǎ de zhēn bu liǎo)
  진짜는 가짜가 될 수 없고, 가짜는 진짜가 될 수 없다.

** **胯下之辱**(kuàxià zhī rǔ) 한신이 젊어서 남의 사타구니 사이를 기어서 빠져나갔던 일. 어려운 처지에서 참아 냈던 굴욕.

중국인이 말을 좋아하는 이유

| 小篆 | 楷书 | 简化 |

말 마(馬, mǎ)는 말의 긴 얼굴, 휘날리는 갈기, 발굽, 긴 꼬리를 비교적 상세하게 상형화한 글자이다. 중국인들은 유독 말을 좋아한다. 말띠를 별로 좋아하지 않는 우리나라와 달리 말띠해가 끝나가는 음력 12월 말경 중국 산부인과 병원은 양띠해가 되기 전에 아이를 출산하려는 임산부들로 북새통을 이룬다.

말이 도착하면 곧 승전보를 전해온다는 '마도성공(马到成功*)'이라는 성어는 어떤 일을 시작하여 곧 성공한다는 의미를 담고 있다. 유목민족이던 몽고족은 말의 기동력을 바탕으로 세계 제국을 건설할 수 있었다. 헝가리에서 몽골까지 5,000km 거리를 7마리의 파발마로 하루 800km씩 달려 승전보를 전했다. 준수한 외모에 빠른 발로 승리의 기쁜 소식까지 전해주니 말을 좋아하지 않을 수 없었던 모양이다. 그래서 말과 관련된 고사성어가 유난히 많다. 새옹지마(塞翁之马, 塞翁失马), 주마가편(走马加鞭, 快马可鞭), 견마지로(犬马之劳), 마이동풍(马耳东风)….

진시황은 통일 후 각지의 반란을 효과적으로 진압하기 위해 말 여덟 마리가 달릴 수 있는 넓은 길을 만들었다. 황토를 다져 만든 당시의 길은 지금도 보존 상태가 양호한 구간이 남아 있으며, 중국어에서는 넓은 대로를 '马路(mǎlù)'라 한다.

진나라 조고가 호해(胡亥, BC230~207)에게 사슴을 가리켜 말이라고 한 지록위마(指鹿为马, zhǐlùwéimǎ) 고사도 유명하다. 일본어에서 바보를 '빠가(马鹿, ばか)'라 한다. 원래는 범어의 우둔하다는 뜻의 막가(莫迦, moha)에서 왔지만 음차(音借)하여 한자 마록(马鹿)으로 표기하다 보니 사슴과 말을 구분 못 하는 지록위마가 떠오른다.

"천하에 천리마는 늘 있지만 그 천리마를 알아보는 백락(伯乐)이 늘 있는 것은 아니다(千里马常有，而伯乐不常有**)"라는 말은 인재를 알아보는 안목을 갖춘 사람의 소중함을 일깨워준다.

목왕의 여덟 마리 준마(穆王八骏), 항우의 오추마(乌骓马), 여포(吕布, ?~198), 조조, 관우(关羽, 160~220)가 함께 탄 적토마(赤兔马), 이세민의 무덤에 조각된 소릉육준(昭陵六骏) 등이 명마로 유명한데, 요즘도 많은 남자들이 고급승용차에 눈독을 들이듯, 고대 남성들의 로망 또한 멋진 말을 타는 것이었나 보다.

서양의 말이 날개를 달고 하늘을 난다면 간쑤(甘肃)성에서 발굴된 '마답비연(马踏飞燕, mǎ tà fēiyàn)'은 날개도 없이 말의 발굽 아래 제비를 그려 넣음으로써 멋지게 하늘을 나는 것을 형상화하였다. 고대 중국인의 상상력이 참으로 놀랍다.

링크에 링크!

* **马到成功**(mǎdào-chénggōng) 신속하게 승리를 쟁취하다. 일이 빨리 이루어지다.

** **千里马常有，伯乐不常有**(qiānlǐmǎ cháng yǒu, Bó Lè bù cháng yǒu) 천리마는 늘 있지만, (그를 알아보는) 백락은 늘 있는 게 아니다.

늙은 소가 혀로 송아지를 핥듯

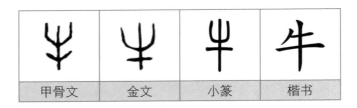

甲骨文	金文	小篆	楷书

집에서 기르던 대표적인 가축인 육축(六畜)에 소, 말, 돼지, 양, 개, 닭이 있다. 그중 소는 말과 함께 가장 크고 귀하게 여기던 가축이었다. 그래서 소는 제사에 대표적인 제수로 쓰였다. 신에게 소를 바쳐 소원을 빈다는 의미의 '고(告, gào)'나 '희생(牺牲, xīshēng)'이라는 단어에 모두 소 '우(牛)'가 들어 있는 것도 이 때문이다.

고대 제후들이 맹약을 맺을 때 소의 귀를 잘라 주판(算盘, suànpán) 위에 올리고 맹주가 동맹국의 군주들에게 그 피를 입에 칠하도록 했는데(执牛耳, zhí niú'ěr), 이는 소가 인간과 신, 사람과 사람 사이의 긴밀한 관계를 맺는 중요한 매개체로 여겨졌다는 근거이다.

제례에 쓸 가축을 기르는 우리인 '뢰(牢)' 자에도 역시 소가 들어 있다. 황제의 제례를 태뢰(太牢, tài láo)라 하는데, 소, 양, 돼지 세 가지 희생을 갖춰야 해서 큰 규모의 우리가 필요해 생긴 이름이다. 제후의 제례는 양과 돼지만 바쳐지므로 소뢰(小牢, xiǎo láo)라 한다.

태뢰에서 길러지는 소는 골격이 장대하고 뿔이 곧고 털은 단색으로 고와야 한다. 콩과 풀을 섞어 먹이고 비단까지 몸에 두른다. 호사를 누리던 태뢰의 소는 백정의 도끼가 정수리에 떨어져야 비로소 슬퍼 운다. '태뢰의 소'는 위험이 닥치는 줄 모르고 희희낙락하다가 목숨이 경각에 달려서야 뒤늦게 상황을 인지하는 어리석음을 일컫는다.

소 우(牛, niú)는 정면에서 바라본 소머리의 모습이다. 갑골문에서 가운데 획은 머리, 양옆은 뿔이고, 아래는 귀를 형상화한 것이다. 현대 중국어에서는 소의 성질이 반영된 때문인지 '고집이 세다, 거만하다, 대단하다' 등의 형용사적 의미로도 쓰인다. 재건축 공사장에서 끝까지 저항하며 홀로 절벽에 남은 집이 중국 언론에 자주 보도되는데, 사진의 제목에 한결같이 '고집스럽다'는 의미로 '牛'가 포함되어 있다.

중국 지식인 중에 가장 '牛'한 사람 하면 루쉰이 빠지지 않을 것이다. 루쉰은 《자소(自嘲)》라는 산문집에서 "많은 사람들의 손가락질은 매서운 눈초리로 대하겠지만, 아이들을 위해서는 머리 숙여 기꺼이 목마 태워줄 소가 되겠다(橫眉冷对千夫指, 俯首甘为孺子牛*)"고 했다.

루쉰은 죽기 직전까지 "아무도 용서하지 않을 테니, 누구도 나를 용서하지 말라"고 소리쳤다. 꼬장꼬장하고 황소고집의 루쉰이지만 아이들에게는 부드럽다. 중국의 미래를 이끌어갈 아이들을 식인(食人)의 전통과 봉건의 악습으로부터 구하기 위해 늙은 소가 혀로 송아지를 핥듯(老牛舐犢**) 많은 작품에서 아이들을 챙기고 어루만진다. 아이들이 '태뢰의 소'가 되는 걸 두고 볼 수는 없었기에.

링크에 링크!

* **俯首甘为孺子牛**(fǔ shǒu gān wéi rúzǐ niú) 기꺼이 머리를 숙이고 아이들의 소가 되리라. 기꺼이 정성을 다해 대중을 위해 봉사하다.

** **老牛舐犢**(lǎoniú shì dú) 어미 소가 송아지를 핥다. 부모가 자녀를 애지중지하다.

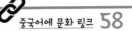

중국어는 왜 사탕을 물고 발음하는 것 같을까?

甲骨文	金文	小篆	楷书	简化

중국의 표준어인 푸퉁화(普通话, pǔtōnghuà, 만다린)는 800년 넘게 중국의 수도인 베이징을 중심으로 하는 북방 방언을 기초로 한다. 20세기 초, 관리들이 사용하던 관화(官话)인 베이징화(北京话)는 표준어로 절대적인 지지를 받지는 못했다. 일설에는 1928년 국민정부가 표준어를 결정하는 투표에서 베이징화는 1표 차이로 광둥화(广东话, Guǎngdōnghuà, 캔토니즈)를 겨우 제쳤다고 한다.

만주족의 청 정부를 무너뜨렸던 신해혁명(辛亥革命, 1911)을 이끌었던 쑨원(孙文, 1866~1925)이 광둥성 출신이고 또 그 지역이 막강한 재력을 바탕으로 한족의 부흥을 소리 높여 외쳤던 점을 감안하면, 그저 과장된 얘기만도 아닐 듯하다.

베이징 말은 마치 사탕을 입에 물고 말하는 것 같은 '얼화(儿化)'가 매우 심하다. 명사 뒤에 '얼'을 붙이는데, 심한 경우는 정말 '얼얼얼' 계속 혀가 말린 상태로 말하는 것처럼 느껴지고, 알아듣기도 힘들다. 혀를 말아 올리는 권설음(卷舌音, juǎnshé-yīn)이 그리 편한 것이 아닐 텐데, 알타이어족에 이런 혀를 말아 올리는 발음이 발달되었다. 베이징을 수도로 삼은 요, 금, 원나라는 각각 북방 민족인 거란, 여진, 몽고족이 세웠는데 모두 알

타이족의 언어를 사용했다. 이 과정에서 '얼' 발음이 비교적 많이 베이징 말에 섞여 들어간 걸로 보인다. 현전하는 원대의 희곡에도 '얼'의 사용이 빈번하며, 하얼빈(哈尔滨)처럼 북방의 도시 이름에 '얼' 발음이 많은 것도 이런 사실을 뒷받침한다. 또 중국어 어휘는 명사와 동사의 의미를 동시에 갖는 경우가 많은데 이를 구분하기 위해 명사 뒤에 '얼(儿)'을 붙이면서 많은 얼화가 생겨났다.

아이 아(兒, ér)는 윗부분은 머리를 양쪽으로 나눠 묶은 모양이고, 아래는 아이의 다리를 나타낸다. 우리말에 총각(總角)이라는 말이 바로 머리를 두 갈래로 땋아서 뿔처럼 올린 모양인데, 고대 중국에서 아이들의 머리를 남녀 구분 없이 두 갈래로 나눠 묶은 것에서 '아이'의 의미가 생겨난 것이다.

고대 중국에서는 보통 남자아이를 아(儿), 여자아이는 목에 조개껍질 장식을 한 영(嬰)이라 했는데, 이 두 글자가 합쳐진 영아(嬰儿)는 갓 태어나 1살이 되지 않은 아이를 이르게 되었다. 힘이 약하다는 의미인 유(幼)가 합쳐진 유아(幼儿)는 1~3세의 아이를, 남자 노예를 가리키던 동(童)과 결합된 아동(儿童)은 보통 3~7세의 아이를 나타낸다.

노자는 《도덕경》에서 정신과 기를 부드럽게, 아무 욕심이 없는 갓 태어난 영아처럼 할 것을 강조한다. 어떤 욕심도 없이 물처럼 흘러가는 아이의 마음이 노자가 말하는 무위자연의 세계인가 보다. 자연을 닮은 아이로 태어나 크며 점점 자연과 멀어졌다가, 늙으면 다시 아이가 된다는 말처럼 결국 자연에서 태어나 자연 곁으로 돌아가는 과정이 삶의 여정 아닐까.

마윈의 전략···
작아도 정교하게, 특별하게!

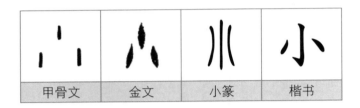

甲骨文	金文	小篆	楷书

중국 서점가는 최근 수년간 알리바바 CEO 마윈(马云, 1964~) 열풍이 뜨겁다. 마윈에 관한 책 종류만 200여 종이 넘고, 서점 한 편에선 그의 연설 영상을 관람하는 사람들로 북적인다.

항저우의 평범한 영어 강사 출신에서 세계 최고의 부호가 된 마윈은 이미 중국 젊은이들의 우상이자 롤모델이다. 중국의 대표적 인터넷 쇼핑몰 '타오바오(淘宝)'에서 물건을 주문하고 택배로 배달된 그 물건을 찾으러 가는 것이 중국 대학생들의 일상이 된 지 오래이다. 타오바오가 대대적인 세일 행사를 하는 11월 11일 솔로의 날(光棍节, Guānggùnjié)은 이미 중국인들의 새로운 쇼핑일로 자리를 잡았다.

162cm의 작은 키에 깡마른 체구인 마윈을 보고 있노라면 그가 창업한 알리바바의 브랜드 가치가 2018년 기준 1,134억 달러로 세계 9위라는 사실이 믿기지 않을 정도다. 마윈에 관한 책을 뒤적이다가 문득 눈에 들어오는 말이 "작지만 정교하게, 작아도 특별하게(小而精，小而特*)"이다. 마치 마윈 자신을 향한 주문 같기도 한 이 말은 1999년 작은 아파트에서 아내를 포함 18명이 창업한 알리바바를 초대형 글로벌기업으로 성장하게 했다. "적은 것이 모여 큰 것을 이루고, 작은 것이 쌓여 거대함에

이른다(聚少成多, 积小致巨, jù shǎo chéng duō, jī xiǎo zhì jù)"는 《한서》의 이치를 잘 보여준다.

작을 소(小, xiǎo)는 갑골문, 금문 모두 작은 물건 세 개가 한곳에 모여 있는 모습이다. 지금은 크기를 나타내는 작을 소(小)와 양을 나타내는 적을 소(少)를 구분해 쓰지만, 고대에는 아래쪽에 점 하나가 더 있을 뿐 별 구분 없이 그냥 고만고만한 작은 물건을 나타냈다.

축소지향적인 일본에 비해 중국 하면 왠지 스케일이 크고 웅장한 느낌이 먼저 떠오른다. 하지만 명, 청대 민간에서 유행한 감람핵조(橄欖核雕, gǎnlǎn hé diāo) 같은 공예를 보면 작은 나무 열매 등에 아주 세밀한 조각 예술을 선보이기도 한다. 타이완 고궁박물관에는 올리브 열매에 배를 조각하고 여덟 사람이 배에 앉아 노니는데, 그 바닥에는 소동파의 〈후적벽부(后赤壁賦)〉 357자 전문을 새겨 넣은 작품이 전시되어 있다.

작은 먼지 속에 온 우주가 들어 있다는 불교사상이나 작은 것에 큰 것이 있고 큰 것에 작은 것이 있다(小中有大, 大中有小**)는 노장사상의 영향을 받아 작은 것에서 진리의 일단을 찾고 여유를 즐기려는 중국인의 일면도 읽을 수 있다.

링크에 링크!

***小而精, 小而特**(xiǎo ér jīng, xiǎo ér tè) 작지만 정교하고 특별하게.

****小中有大, 大中有小**(xiǎo zhōng yǒu dà, dà zhōng yǒu xiǎo) 작은 것에 큰 것이 있고 큰 것에 작은 것이 있다.

제6장 날짜와 요일

A: Jīntiān jǐ yuè jǐ hào?

今天⑥⓪ 几月⑥① 几号？

B: Wǔ yuè bā hào.

五月八号。

A: Xīngqī jǐ?

星⑥② 期几？

B: Xīngqīsān.

星期三。

A: Wǔ yuè shí hào shì Xiǎo Wáng de shēngrì.

五月十号是小王的生日⑥③。

B: Shì ma? Nà wǒmen gěi tā mǎi ge lǐwù ba.

是吗？ 那我们给她买⑥④ 个⑥⑤ 礼物吧。

A: Hǎo, míngtiān xiàkè hòu yìqǐ qù zěnmeyàng?

好，明⑥⑥ 天下课后⑥⑦ 一起去⑥⑧ 怎么样？

B: Hǎo de, yì yán wéi dìng.

好的，一言为⑥⑨ 定⑦⓪。

⑥⓪ 天 tiān	⑥① 月 yuè	⑥② 星 xīng	⑥③ 日 rì	⑥④ 买 mǎi
⑥⑤ 个 gè	⑥⑥ 明 míng	⑥⑦ 后 hòu	⑥⑧ 去 qù	⑥⑨ 为 wéi, wèi
⑦⓪ 定 dìng				

🐼 한·중 서로 다른 기념일

	한국		중국
식목일	四月五日	Zhíshùjié 植树节⑦	三月十二日
어린이날	五月五日	Értóngjié 儿童节	六月一日
어버이날	五月八日	Mǔqīnjié 母亲节	五月的第二个星期天
		Fùqīnjié 父亲节	六月的第三个星期天
스승의 날	五月十五日	Jiàoshījié 教师节	九月十日

🐼 생일 축하

A: Zhù nǐ shēngrì kuàilè!

祝⑦你生日快⑦乐!

B: Xièxie! 谢谢!

A: Bú kèqi! 不客⑦气⑦!

---

⑦ 节 jié   ⑦ 祝 zhù   ⑦ 快 kuài   ⑦ 客 kè

⑦ 气 qì

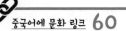

단 하루도 똑같은 하늘은 없다!

甲骨文	金文	小篆	楷书

깜짝 놀랐을 때 우리는 보통 엄마를 찾는다. 반면, 영어에서는 "오 마이 갓(Oh my god)!" 하고 하나님을 찾는다. 중국어에서는 "톈나(天哪)!" 하고 하늘을 찾는다. 왜 하늘일까?

하늘 천(天, tiān)은 원래 팔을 벌리고 선 사람을 나타내는 큰 대(大)에 머리 부분을 더해서 사람의 정수리를 나타내는 의미였다. 그런데 점차 하늘이란 의미로 가차되어 더 많이 쓰이자 꼭대기라는 원래 의미는 전(顚, diān)에게 맡겼다. 중국어 발음 '톈'이 구개음화되어 '천'으로 바뀐 것은 한자음의 전형적인 변화를 보여주는 예이다.

"하늘을 보면 파란데, 하늘 천(天)은 아무리 봐도 파랗지 않으니, 재미가 없어요(視天蒼蒼, 天字不碧, 是以厌耳)." 이는 연암(燕岩) 박지원(朴趾源, 1737~1805)의 〈답창애(答蒼崖)〉에 나오는, 천자문 공부를 싫어하는 아이의 귀여운 변명이다. 하지만 하늘색이 꼭 파란색만은 아니다. 여명의 하늘은 보랏빛으로 밝아오기도 하고, 석양녘은 익은 감처럼 붉기도 하다. 우주가 생긴 이래로 단 하루도 똑같은 하늘이 없었다고 할 정도로 하늘의 얼굴은 다양하고 다변한다.

노자와 같이 하늘과 땅이 만물을 생육함에 꼭 어진 마음만 있는 것은 아니라는 '천지불인(天地不仁*)'을 주장하며 하늘을 그저 객관적인 자연물로 인식하는 이도 없지는 않지만, 다양한 형태의 제천(祭天) 의식이 보여주듯 인간에게 하늘은 대체로 신과 같은 경배의 대상, 도덕적 표상, 추구해야 할 도(道)의 근원이었다.

제갈량이 적벽대전 직후 관우에게 조조를 화용도(华容道)에 매복했다가 죽이라고 명한다. 그러나 관우는 과거 조조와의 인연 때문에 놓아주고 만다. 이때 제갈량이 한 말이 바로 유명한 '진인사대천명(尽人事, 代天命, 중국어는 尽人事, 听天命**)'이다. 일을 꾸미는 건 인간이지만 그 일의 성패는 하늘의 일(谋事在人, 成事在天***)인 것이다.

맹자는 하늘이 인간에게 큰일을 맡길 때는 사람의 마음을 괴롭히고 몸을 힘들게 한다고 했다. 하늘이 인간 스스로 모든 능력을 발휘하도록 해 평소에 할 수 없던 일을 해낼 수 있도록 한다는 것이다. "하늘이 무슨 말을 하던가(天何言哉, tiān hé yán zāi)"라던 공자의 말처럼 하늘은 말이 없지만, 우주를 운행하고 만물을 생육한다. "톈나!" 하고 외쳐 불러도 그저 묵묵히 인간의 머리 위에서 인간의 분발을 지켜본다. 천명(天命)을 한 손에 쥐고서.

링크에 링크!

* **天地不仁**(tiāndì-bùrén) 하늘과 땅은 어질지 않다. 천지는 만물의 변화를 지켜보며 어진 마음을 쓰는 것이 아니라 자연 그대로 행할 뿐이다.

** **尽人事，听天命**(jìn rén shì, tīng tiānmìng) 진인사대천명. 최선을 다하고 천명을 기다린다.

*** **谋事在人，成事在天**(móushì zài rén, chéngshì zài tiān) 일의 계획은 사람이 하지만, 그 일의 성패는 하늘에 달려 있다.

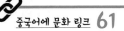

그깟 '달'이 뭐라고?

甲骨文	金文	小篆	楷书

이백의 시 〈달 아래 홀로 술을 마시며(月下独酌, yuè xià dú zhuó)〉에는 '나'와 달 그리고 그림자 셋이 함께 노래하고 춤추는 장면이 멋들어지게 펼쳐진다. 최소한 고대인들은 몇 인치밖에 되지 않는 휴대전화나 TV 화면에 시선을 빼앗기진 않았다. 바람, 구름, 비가 매일 새로운 얼굴로 분장해주는 해와 달이 주인공으로 출연하는 '우주'라는 거대한 스크린을 주시했으니 말이다.

동서고금을 막론하고 검은 하늘을 배경으로 날마다 새로운 얼굴을 하고, 매일 50분의 시차를 두고 떠오르는 '달'만큼 로맨틱하게 감수성을 자아낸 오브제도 아마 없었을 것이다. 낭만파 시인 이백이 그 낭만의 상징인 달을 잡기 위해 강물에 뛰어들었다가 죽었다고 하니 사실 여부를 떠나 그 죽음조차 왠지 낭만적이다.

달 월(月, yuè)은 둥근 해(日)와 구분하기 위해 반달 모양으로 그렸으며, 갑골문과 금문에 나타나는 가운데 선은 달 표면의 음영이나 달에 산다고 생각하는 두꺼비의 상징으로 보기도 한다. 저녁 석(夕)은 달(月)에서 한 획이 빠진 형태로 빛이 희미한 달을 나타내며, 아직 달이 희미하게 보이는 석양 녘, 즉 저녁의 의미를 갖게 되었다.

중국인들은 교량을 만들 때 편한 일직선 형태를 거부하고 꼭 아치형으로 만든다. 이는 배의 통로를 확보하는 실용적인 측면도 있지만, 그보다는 심미적인 추구가 주목적이다. 아치형 계단이 위로 향하는 것은 부, 명예, 사회적 지위가 점점 높아지는 것을, 아래로 내려오는 것은 그것들이 자자손손 이어지길 바라는 의미이다. 또 풍류가들은 반원 형태의 다리가 물에 비추면 그림자의 반원과 맞물려 하나의 동그라미가 되는데 그 원 안에 달이 들어오기를 기다렸다가 시를 짓고 가무를 즐겼다고 한다. 달을 술자리의 손님으로 맞이하고 또 보내드리는 의식을 풍류로 즐겼다.

"그깟 달이 뭐라고!" 할지도 모르지만, 고대인들에게 달은 기원의 대상인 신령스런 존재인 동시에 밤의 유희를 즐기는 소중한 도구도 된 셈이다. 비 갠 후 세상의 모든 먼지를 다 씻은 듯 맑게 뜨는 제월(霁月, jìyuè)은 세속에 물들지 않는 군자의 표상으로 회자되기도 한다.

중국 런민비(人民币) 1위안 뒷면엔 항저우 시후의 삼담인월(三潭印月, Sāntán-yìnyuè)이 소개되어 있다. 석탑 세 개가 호수에 있는데 달이 뜨면 탑마다 뚫린 다섯 개의 둥근 구멍으로 달빛이 반사되어 모두 열다섯 개의 달이 호수에 뜬다. 선비들의 음풍농월(吟风弄月)의 흔적이다.

어리석은 사람은 달을 보라고 손가락으로 가리키면 손가락을 보느라 정작 보아야 할 달은 보지 못 한다(见指忘月*)고 한다. 손에 든 작은 기계에 정신이 팔려 정작 보아야 할 우주의 운행이 만들어 내는, 매일 새롭게 우리 곁에 다가오는 달의 얼굴을 놓치고 있는 것은 아닌지. 오늘 밤은 달 한 번 올려다보자.

링크에 링크!

*见指忘月(jiànzhǐ-wàngyuè) 손가락을 보느라 달을 잊다. 본질을 외면한 채 지엽적인 것에 집착하다.

작은 별빛이 광야를 불태우리라

甲骨文	金文	小篆	楷书

1851년, 영국 런던에서 제1회 만국박람회를 관람한 도스토옙스키 (Dostoevskii, 1821~1881)는 첨단 기술에 놀라면서도, 과학 문명의 급진적 발달에 그다지 호의적이지는 않았다. 도스토옙스키는 공기 오염으로 별빛이 희미해진 런던 밤하늘을 보며 "인간은 지금까지 하늘의 별을 보고 방향을 잡고 전진해왔지만, 인간이 이룩한 문명이라는 것이 이렇게 밤하늘의 별을 지워간다면, 인간은 결국 방향을 잃고 방황하게 될 것이다"고 예언했다.

서양에서 점성술(占星术)이 발달한 것처럼, 동양에서도 아이가 태어나 탯줄을 자르는 순간 별들의 에너지가 어떤 분포에 위치하는가를 사주팔자의 매우 중요한 요소로 삼아왔다. 태어난 날 별의 정확한 위치와 그 영향력을 파악하기 위해 만든 것이 바로 '만세력(万岁历)'이다. 인간의 운명이 별자리의 공간적 분포에서 비롯된다고 믿었던 셈이다.

별 성(星, xīng)은 무한함을 의미하는 세 개의 동그라미로 밤하늘의 많은 별들을 상징하였으나, 하나로 줄어들면서 의미부 해 일(日)과 소리부 날 생(生)이 결합한 형태로 변했다. 갑골문은 뼈에 새기다 보니 결이 있어서 동그랗게 조각하기 어려워 주로 사각형의 형태로 그려졌다.

중국어는 별자리가 움직이는 주기, 즉 '星期(xīngqī)'로 요일을 표현한다. 동양 별자리의 기본 체계는 3원(垣) 28수(宿)이다. 3원은 황제가 활동하는 태미원, 자미원, 천시원이고, 28수는 동서남북에 각각 7개씩 배당된 별자리를 말한다. 7개의 별자리가 1주일을 구성하는 7일을 나타낸다. 북쪽 별자리는 두우여허위실벽(斗牛女虛危室壁)인데, 소식의 〈적벽부(赤壁賦)〉에 "달이 동산 위에 떠올라 두와 우 별자리 사이를 배회하더라(月出于東山之上, 徘徊于斗牛之間, yuè chū yú dōngshān zhī shàng, páihuái yú dòuniú zhī jiān)"라는 구절이 있다. 소식이 1082년 음력 7월 16일 밤의 달과 별의 움직임을 정확하게 시에 읊고 있다니 참으로 놀라울 따름이다. "별자리가 이동하고 북두칠성이 자리를 옮긴다(星移斗转*)"는 말이 날이 가서 계절이 바뀐다는 뜻이다.

별빛은 햇빛이나 달빛에 비해 작고 미미하다. 그래서 "별빛 같은 불씨가 광야를 불태운다(星星之火, 可以燎原**)"고 할 때 '별빛 같은 불'은 '작은 불씨'를 의미한다. 《마오쩌둥선집》에도 나오는 이 말은 중국공산당 창당에서 건국까지의 드라마틱한 과정을 설명하는 데 자주 인용된다.

빛의 속도는 초속 약 30만km, 1초에 지구 일곱 바퀴 반을 도는데, 그 빛이 1년 동안 가는 거리를 광년(光年)이라고 한다. 몇십, 몇백 광년을 날아온, 먼 여행에 지친 별빛을 따뜻하게 맞이해줘도 좋겠다.

- *星移斗转(xīngyí-dǒuzhuǎn) 별자리가 이동하고, 북두칠성이 방향을 바꾸다. 계절이 바뀌고 세월이 흐르다.

- **星星之火, 可以燎原(xīngxīngzhīhuǒ, kěyǐ-liáoyuán) 작은 불씨가 들판 전체를 태울 수 있다.

🔗 중국어에 문화 링크 **63**

해는 아침과 한낮 중
언제가 더 클까?

甲骨文	金文	小篆	楷书

동서의 길이가 5,200km에 달하는 중국은 해 뜨는 시간에 차이가 크다. 헤이룽장(黑龙江)과 우쑤리장(乌苏里江)이 만나는 최동단은 동경 134도로 새벽 3시 반에 해가 뜨지만, 최서단 신장(新疆)의 파미르(帕米尔)고원은 동경 73도로 7시 40분이 되어야 해가 뜬다. 경도 차이가 61도 나기 때문에 15도에 한 시간 시차를 고려하면 4개의 시간대를 사용해야 하지만, 베이징시 하나만을 사용하는 중국만의 진풍경이다.

1912년 중화민국 성립 이후에는 5개의 시간대를 사용하기도 했지만, 1949년 신중국 건립 이후 인구가 적은 서부가 차지하는 경제비중이 낮고, 다른 시간대를 사용하는 것이 자칫 분열의 빌미를 제공할 수 있다는 판단에 단일시를 고집해 오고 있다.

해 일(日, rì)은 둥근 해를 본뜬 글자다. 외곽선은 해 윤곽이 분명한데, 가운데 점을 두고는 태양의 흑점, 전설 속 까마귀, 뭔가 가득 찬 것, 태양이 발산하는 빛 등의 의견이 분분하다. 큰 양의 기운이 모인 것으로 보아 태양(太阳)이라 불리며, '낮, 하루, 매일' 등의 의미가 파생되었다. "해는 길고 짧음이 있고, 달은 나고 죽음이 있다(日有长短, 月有死生, rì yǒu cháng duǎn, yuè yǒu sǐ shēng)"는 말이나 "해와 달은 우주를, 강과 하천은 대지를 여행한다(日月经天, 江河行地, rìyuè jīng tiān, jiānghé xíng dì)"는 말은 우주와의 교감에서 고대인들이 얻은 위대한 지혜가 느껴진다.

전통 농경사회에서 해가 뜨고 지는 것은 곧 하루, 그리고 노동의 시작과 끝을 의미했다. 《맹자》〈이루 하(离娄下)〉에는 공자의 롤모델이었던 주공(周公)이 낮의 일을 밤으로 이어서 계속했다는 '야이계일(夜以继日*)'이 소개되고 있는데, 전등이 발명된 이후 현대인들은 매일 밤 주공처럼 '야이계일' 하는 셈이다.

공자가 동쪽으로 길을 가는데, 해가 막 떴을 때 큰지, 중천에 떴을 때 큰지를 놓고 두 아이가 말다툼을 하고 있었다. 한 아이는 해가 막 떴을 때 수레 차양만큼 크고, 중천에 있을 땐 접시만큼 작은 것이 증거라며 막 떴을 때가 크다고 주장한다. 다른 한 아이는 해가 막 떴을 때는 춥고, 중천에 떴을 때 따뜻한 것을 보라며 중천에 있을 때 더 크다는 것이다. 두 아이의 말을 듣고 성인 공자 또한 어떤 결정도 내려 줄 수 없었다. 두 아이는 웃으며 "누가 선생님더러 아는 게 많다고 했던가요?"라고 말했다. 《열자(列子)》에는 나오는 '소아변일(小儿辩日, xiǎo'ér biàn rì)' 고사이다.

아무리 성인이라 해도 그 넓고 오묘한 우주의 이치를 어찌 다 알 수 있으랴. 공자 같은 성인이 이럴진대 범인은 늘 안개가 끼는 흐린 하늘 아래 사는 촉나라 개가 가끔 뜨는 해를 보면 이상하게 여겨 짖었다는 '촉견폐일(蜀犬吠日**)' 고사처럼 머리 위를 지나는 해를 갸우뚱 올려다보며 미혹한 삶을 살아갈 뿐이다.

링크에 링크!

* **夜以继日**(yèyǐjìrì) 밤으로 낮을 잇다. 밤낮으로 고생하며 일하다.

** **蜀犬吠日**(Shǔquǎn-fèirì) 촉(蜀) 땅의 개가 해를 보고 짖다. 견문이 좁아 모든 것이 신기해 보이다.

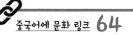

절세미녀 웃게 만드는 법, 돈이면 다 될까?

甲骨文	小篆	楷书	简化

시장경제가 지배하는 현실을 살아가다 보면 하루라도 무언가를 사지 않고 지나가는 날이 드물 정도로 소비는 현대인의 일상이 되었다. 바버라 크루거(Barbara Kruger, 1945~)의 작품 〈나는 쇼핑한다 고로 나는 존재한다(I shop, therefore I am)〉에 충분히 공감할 정도로 소비는 우리에게 삶의 중요한 실존적 의미를 가져다준다. 돈으로 사랑하는 사람의 마음을 사려는 모습은 중국 고사성어에서도 발견된다.

기원전 779년, 주(周)나라 마지막 왕 유왕(幽王, ?~BC771)은 포(褒)나라에서 헌상한 절세 미녀 사(似)씨, 포사(褒似)에게 빠져 있었다. 그러나 포사는 늘 우울한 얼굴에 웃음기가 없었다. 유왕은 포사를 웃게 하는 사람에게 천금의 상을 내리겠다고 했으나 어느 누구도 성공하지 못했다. 어느 날 서융(西戎)족이 쳐들어온다는 봉화가 피어올라 궁내의 신하들이 허둥대자 포사가 이를 보고 웃었다. 이후 유왕은 포사를 웃게 하기 위해 봉화 놀이를 즐겼다. 주나라는 이 봉화 놀이에 빠져 정작 서융족의 침입에 아무 대비를 하지 못해 결국 망했다. 《열국지(列国志)》에 나오는 '천금매소(千金买笑*)'의 고사이다. 돈으로 억지웃음을 사려던 유왕의 어리석음이 왕조의 멸망이라는 후과로 이어진 셈이다.

살 매(買, mǎi)는 그물 망(网)과 조개 패(貝)가 합쳐진 글자로, 귀한 물건을 그물질하듯 거두어 '사들인다'는 의미다. 반의어인 팔 매(賣, mài)는 나갈 출(出)과 살 매(買)가 결합한 것으로 물건을 가지고 나가서 '판다'는 의미로 쓰였으나 '出'이 '士'의 형태로 바뀌어 굳어졌다. 우리말에서는 흔히 '사고팔고'라고 하는데 한자로 '매매'는 '賣買'이므로 '팔고 사고'가 되는 셈이다. 중국어에서는 장사하는 의미로 '买卖(mǎimài)'를 사용되지만, 우리나라 한자에서는 일본어의 매매(賣買)를 받아들여 사용하고 있다.

전국시대 정(鄭)나라의 어떤 사람이 신발을 사려고 먼저 자기의 발 크기를 쟀다. 그런데 깜빡 잊고 발 치수 잰 종이를 놓고 시장에 간 것이다. 서둘러 집으로 돌아가 그 종이를 가지고 다시 시장에 갔으나 시장은 이미 문을 닫았다. 어떤 사람이 직접 신발을 신어보고 사면 될 것 아니냐고 하자 그는 "발 치수 잰 것은 믿어도, 어찌 내 발을 믿을 수 있단 말이오?" 하고 대답했다. 《한비자》에 나오는 '정인매리(鄭人买履**)' 고사이다. 현실을 무시하고 교조주의적 공리공담(空理空談)에만 사로잡힌 당시 시대상을 풍자한 것이다. 자본주의 시장경제, 정보의 홍수 속에서 정작 자신의 주체적 가치 판단은 잃어버리고, 상품의 실제 가치보다는 브랜드와 이미지만을 쫓는 세태와 왠지 닮아 있는 듯하다.

링크에 링크!

*千金买笑(qiānjīn-mǎixiào) 천금을 주고 웃음을 산다는 뜻으로, 쓸데없는 곳에 돈을 낭비함을 비유하는 말.

**鄭人买履(zhèngrén-mǎilǚ) 실제를 무시하고 융통성이 없음을 이르는 말.

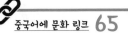
철저히 '낱개'면서 또 '집단'인 대나무 숲

囼	個	个
小篆	楷书	简化

길거리에서 군고구마(烤地瓜, kǎo dìguā)를 파는 할머니가 있어 "하나 주세요(来一个吧, lái yí ge ba)!"했더니 어떤 거냐고 묻는다. 내가 별 반응을 보이지 않자 어서 원하는 것을 고르라고 한다. 아차 싶어 작은 거로 몇 개를 골라주었더니, 천칭처럼 생긴 철 쟁반에 군고구마를 올리고 나무 저울 눈금을 보고는 4위안이라고 한다. 500g 한 근에 3위안(우리 돈 550원)인데 한 근이 좀 넘는 모양이다.

우리는 군고구마나 과일 등을 개수로 파는(按个卖, àn gè mài) 경우가 많은데 비해, 중국은 거의 모든 먹을거리, 심지어 밥이나 만두도 근(모든 품목 500g으로 동일)으로 계량해서(按斤卖, àn jīn mài) 판다. 어떻게 보면 개수로 파는 것보다 무게를 계량하는 편이 더 합리적이라는 생각도 든다.

낱 개(個, gè)는 소전에서 보듯 의미부인 대나무 죽(竹)에 소리부인 굳을 고(固)가 합쳐진 말로, 대나무가 낱개로, 한 개체씩 자라나는 것에서 그 의미가 확장된 걸로 보인다. 고대에는 가지가 없는 대나무는 개(個)로 세고, 가지가 뻗는 나무는 매(枚)로 세었는데, 지금도 개(个)는 사물을 세는 단위로 가장 널리 쓰인다.

신중국 건설 직후에는 사회주의 집단체제가 강조되며 개인은 철저하게 사라지고 집단의 가치가 우선시되었다. "못난 구두장이 셋이면 제갈공명 (诸葛孔明, 181~234)을 이긴다(三个臭皮匠，赛过诸葛亮*)"는 말처럼, 집단의 경험과 지혜가 합쳐지면 아무리 뛰어난 자본주의 기술에도 승리할 수 있다는 믿음이 있던 시절이었다.

개혁개방과 한 자녀 정책 이후 슬슬 경제적 자유와 함께 개인의 개성 (个性)과 독립된 자아로서의 가치가 중시되는 추세이다. 사회주의 중국이 스포츠 분야에서 아이러니하게도 단체종목에 유독 약하고, 개인종목에서 크게 두각을 나타내는 것도 어쩌면 이런 추세의 반영이 아닐까 싶다.

사회주의 집단체제의 흔적이 중국 어느 공원이나 무리를 지어 광장춤 (广场舞, guǎngchǎngwǔ)을 추거나 함께 노래하는 독특한 문화를 남겼다면, 자유분방한 소황제(小皇帝, xiǎohuángdì)들의 발랄함은 중국에 또 어떤 발자국을 남기게 될까. 한걸음에 하나의 발자국이 새겨지듯(一步一个脚印**) 사회주의 시절과는 구분되는 새로운 문화가 새로운 모양으로 발자국을 남기게 될 것이다.

대나무는 독립된 개체로 철저히 혼자 자라는 것처럼 보이지만, 사실은 땅속 뿌리끼리 모두 서로 연결된 공동운명체다. 사회주의라는 땅속 뿌리를 굳건히 하면서 개인의 사유재산이나 경제적 독립을 인정하는 중국의 모습이 대나무 숲을 닮아 있다.

링크에 링크!

* **三个臭皮匠，赛过诸葛亮**(sān gè chòu píjiàng, sàiguò Zhūgě Liàng) 보잘것없는 세 명의 구두장이가 제갈량보다 낫다. 여러 사람이 지혜를 모으면 좋은 방법을 생각해 낼 수 있다.

** **一步一个脚印**(yí bù yí ge jiǎoyìn) 한 걸음에 발자국 하나. 하나하나 확실하게 해 나가다.

세상에서 가장 밝은 달은?

甲骨文	金文	小篆	楷书
𣇧	𣇧	𣇧	明

이외수(1946~)의 소설 《벽오금학도》에 일엽 스님은 어린 제자에게 세상에서 가장 밝은 달이 무엇인지를 묻는다. 제자는 보름달이라고 대답하지만 스님은 아니라고 하며 먹을 가는 동안 잘 생각해보라고 한다. 제자는 어느 날 먹을 갈다가 까만 먹물 속에 먹이 지나가며 순간적으로 만드는 그믐달을 보고, 벼루 위 그 검은 먹물 사이로 뜨는 가느다란 그믐달이 세상에서 가장 밝은 달이라고 답한다. 어린 제자는 이렇게 첫 번째 관문을 통과해 다음 단계로 넘어갈 수 있게 된다. 달이 밝으면 별빛이 희미해지듯(月明星稀*), 밝음은 먹물과 같은 검은 배경이 있어야 그 빛이 더욱 돋보이는 법이다.

《순자》〈천론(天论)〉에는 "하늘에는 해와 달보다 밝은 것이 없고, 땅에는 물과 불보다 밝은 것이 없고, 사물 중에는 진주와 옥보다 밝은 것이 없으며, 사람 중에는 예와 의를 아는 이보다 밝은 이가 없다"고 말하고 있다. 해와 달이 하늘을 밝히고, 물과 불이 땅을 밝히듯 예와 의가 사람을 밝히는 진주와 옥 같은 존재라는 뜻일 것이다.

밝을 명(明, míng)은 흔히 해 일(日)과 달 월(月)이 합쳐져 밝다고 풀이하기도 하지만, 사실 앞에 있는 해 일(日)은 창문의 상형인 빛날 경(囧,

jiǒng)이 변한 것으로 '창문에 비치는 달빛'에서 밝다는 의미가 생겨난 것이다. 경(冏)의 형태가 마치 울고 있는 이모티콘 같아서 중국 누리꾼들은 SNS에서 '우울한, 슬픈, 난감함'의 의미로 이를 즐겨 사용한다.

촛불 하나 켰다고 세상이 밝아지는 것이 아니듯 어떤 지식 하나를 얻는다고 인식의 세계에 불이 들어오는 것은 아니다. 노자는 남을 아는 것을 지혜라 하고, 자신을 아는 것을 밝음(明)이라 하였다. 스스로 드러내는 자는 밝지 못하고(自見者不明, zì jiàn zhě bù míng), 항상성을 갖춘 자연의 도를 알아야(知常曰明, zhī cháng yuē míng) 비로소 밝아진다고 하였다.

진나라 함양궁에는 너비 4척, 높이 6척에 달하는 맑은 거울이 높게 매달려 있었는데(明鏡高懸**) 신비하게도 사람이 그 앞에 서면 오장육부와 마음이 훤히 비춰졌다고 한다. 진시황은 이 거울로 마음의 선악과 충성심까지 읽어내서 처벌할 수 있었다. 밝음이 사람을 통제하고 옥죄는 수단이 된다면 차라리 어둠만 못할 수도 있다. 장자는 시비가 많은 세상에 밝음으로 비추는 것이 가장 낫다(莫若以明, mò ruò yǐ míng)고 충고하지만, 인간의 존엄과 인격까지 훼손하는 일이 없도록 적당한 조도(照度) 조절 또한 필요해 보인다.

링크에 링크!

*月明星稀(yuèmíng-xīngxī) 달은 밝으면 별이 빛을 잃는다.

**明鏡高懸(míngjìng-gāoxuán) 진경을 높이 걸어 능히 선악(善惡)을 바로잡는다. 죄를 다스림이 공명하여 그릇됨이 없다.

구멍이를 채운 뒤에 앞으로 나아가다

甲骨文	金文	小篆	楷书	简化
後	後	後	後	后

우연히 중국 대학생 기숙사에 갈 일이 있었다. 벽에 여기저기 낙서가 돼 있었는데 그중 "창장의 뒤 물결이 앞 물결을 밀어내니, 갈수록 그 물결이 더 강해진다(长江后浪推前浪，一代更比一代强*)"는 글귀가 기억난다. 1학년 때는 6인실 기숙사를 쓰는데, 2학년이 되면 4인실로 가게 된다는 기대가 묻어나는 낙서다. '뒤'라는 공간적 의미가 '후대'라는 시간적 의미로 자연스럽게 확대되는 걸 알 수 있다.

화려한 조명을 받는 앞자리와 달리, 뒷자리는 어둡고 적막하다. 이 후미(后尾)지고 은밀한 공간에서 달관의 경지를 즐기는 이도 있고, 후미지고 적막한 처소에서 묵묵히 힘을 키우는 이도 있다. 영화 〈설국열차〉의 맨 뒤쪽 꼬리칸 사람들처럼 말이다. 보이지도 않던 후미에서 에너지를 모아 거대한 파도처럼 무서운 기세로 몰려올 후학의 힘을 공자는 '후생가외(后生可畏**)'라는 말로 표현하기도 하였다.

뒤 후(後, hòu)는 길을 걷는 의미의 척(彳), 어린아이를 나타내는 요(幺), 발의 상형인 지(止)를 뒤집어 놓은 모양인 천천히 걸을 쇠(夊)가 결합된 형태이다. 어린아이와 함께 걸어가니 뒤처질 수밖에 없을 것이고, 여기에서 '뒤, 늦다, 뒤처지다'는 의미가 유추된 걸로 보인다. 사후약방문(死

后药方文)처럼 뒷북을 치는 것을 '马后炮(mǎhòupào), 事后诸葛亮(shìhòu Zhūgě Liàng)'으로 표현한다.

물이 흘러갈 때 구덩이를 만나면, 그 구덩이를 다 채운 뒤에야 다시 앞으로 나아간다. 이를 두고 《맹자》에서는 '영과이후진(盈科而后进***)'이라 했다. 물이 아직 차오르지도 않았는데 새로운 구덩이에다 물을 대다 보면 자연스런 흐름을 이룰 수가 없다. 스스로 에너지를 갖지 못한 물은 웅덩이에 갇혀 있다가 말라버리고 만다. '영과이후진'은 서두르지 않고 단계를 밟아 체계적으로 학문을 이뤄가는 태도로 마음에 깊이 새겨둘 만하다.

꽃이 지고 난 후에 열매가 맺힌다. 어떤 일이 끝나면, 그 일의 뒷마당에는 많은 배움이 열린다. 뒷마당을 잘 수습하는 힘을 키워가야 한다. 후회는 늘 뒤늦은 법이지만, 그 후회를 뒷일의 교훈으로 삼는다면 그 또한 새로운 에너지가 될 수 있을 것이다.

링크에 링크!

***长江后浪推前浪，一代更比一代强**(Cháng Jiāng hòulàng tuī qiánlàng, yídài gèng bǐ yídài qiáng) 창장의 뒤 물결이 앞 물결을 밀다. 부단히 발전하고 경신하다.

****后生可畏**(hòushēng-kěwèi) 후생가외. 젊은 세대의 능력을 경외할 만하다.

*****盈科而后进**(yíngkē ér hòujìn) 영과이후진. 물이 구덩이를 채운 후에 다시 흘러가다.

낡은 것이 가지 않으면
새것이 오지 않는다

甲骨文	金文	小篆	楷书

"돌아가자 / 전원이 황폐해지는데 어찌 돌아가지 않겠는가(归去来兮 / 田园将芜胡不归, guī qù lái xī / tiányuán jiāng wú hú bù guī)"

도연명(陶渊明, 365~427)의 〈귀거래사(归去来辞)〉는 이렇게 단호하게 시작된다. 쌀 다섯 말, 오두미를 위해 허리를 굽히지(为五斗米折腰*) 않겠다며 마흔한 살에 관직을 그만두고 귀향길에 나서며 이 시를 썼다. 몸과 마음은 지쳐가지만 가파른 현실을 벗어날 수 없어 가까스로 버티는 현대인들에게 문득 모든 걸 버리고 고향으로 돌아가는 도연명의 용기가 대단해 보인다.

갈 거(去, qù)는 사람의 상형인 대(大)와 움집의 상형인 구덩이 감(凵)의 결합으로, 집에서 사람이 밖으로 '나가다'는 의미다. 사람(大) 아래의 감(凵)을 용변용 구덩이로 보아 용변을 보기 위해 쪼그려 앉은 사람이 몸에서 오물을 '버리다, 제거하다'는 뜻으로 해석하기도 한다. 성조에서도 거성(去声)은 급작하게 밖으로 내보내는 제4성을 나타낸다.

한용운(韩龙云, 1879~1944)의 〈님의 침묵〉에 나오는 "우리는 만날 때에 떠날 것을 염려하는 것과 같이, 떠날 때에 다시 만날 것을 믿습니다"는 불교의 '회자정리, 거자필반(会者定离, 去者必返)'의 이치를 잘 보여준다.

돌고 도는 삶 속에서 어차피 다시 보게 될 거라면 떠날 때 인정을 남겨두는 것이 돌아와 대하기 편할(去时留人情, 转来好相见**) 것이다.

"낡은 것이 가지 않으면 새로운 것이 오지 않는다(旧的不去, 新的不来***)"고 한다. 스티브 잡스(Steve Jobs, 1955~2011)가 "죽음은 삶이 만든 최고의 발명품이고, 인생에서 커다란 선택을 내리는 데 가장 큰 도움을 주는 도구"라고 했던 것처럼, 기성세대의 낡은 방식이 '죽음'이란 이름으로 사라지는 것이 신세대의 새로움이 움터 자랄 어쩌면 유일한 방식이다.

"내 마음 붉은 화장 따라가고, 빈껍데기 몸만 쓸쓸히 문에 기대네(心逐红妆去, 身空独倚门)" 하고 사내가 여인에게 추파를 던지자 여인은 "짐이 무겁다고 나귀가 성질을 부리는 것이 한 사람의 마음이 올라타서 그랬나 보군요(驴嗔车载重, 却添一人魂)" 하고 답한다. 조선 후기 야담(野谈)류의 효시인 유몽인(柳梦寅, 1559~1623)의 《어우야담(於于野谭)》에 실린 얘기다. 아리따운 여인에 마음을 빼앗기고, 쓸쓸히 문에 기대선 사내의 모습이 아련히 그려진다. 사내의 마음은 늘 아리따운 여인을 따라가는 모양이다.

링크에 링크!

*为五斗米折腰(wèi wǔ dǒu mǐ zhéyāo) 쌀 다섯 말 때문에 허리를 굽히다. 보잘것없는 이익을 위해 소신을 버리다.

**去时留人情, 转来好相见(qù shí liú rénqíng, zhuǎn lái hǎo xiāng jiàn) 떠날 때 정을 남겨두면 나중에 볼 때 편하다.

***旧的不去, 新的不来(jiù de bú qù, xīn de bù lái) 낡은 것은 가지 않으면 새로운 것이 오지 않는다. 묵은 잎이 떨어져야 새잎이 난다.

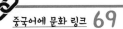

아무것도 하지 않아도
못 하는 것이 없다?

甲骨文	小篆	楷书	简化

"낳고 기르되 소유하지 않고, 행하되 으스대지 않으며, 잘하더라도 맘대로 다스리려 하지 않는 것을 그윽한 덕이라고 한다(生之畜之, 生而不有, 为而不恃, 长而不宰, 是谓玄德)."

노자의 《도덕경》에 나오는 말이다. 노자 철학은 끊임없이 무위자연(无为自然)을 강조한다. 작위나 인위의 반대가 무위일 텐데, 아무것도 하지 않는 것으로 어떻게 뭔가를 할 수 있을까. 노자는 학문이나 수행의 과정을 쌓아 가는 것이 아니라, 덜어내는 일이라고 말한다. 무위는 그 덜어냄의 마지막 단계에 얻는, 스스로 그러한 자유자재의 상태이다.

무위에 이르면 무리해서 무엇을 하지 않아도 하지 못하는 것이 없다(无为而无不为)고 한다. 《논어》〈위령공(卫灵公)〉에도 순임금처럼 아무것도 하는 일 없이 다스리라는 '무위이치(无为而治)'가 등장한다. 문득 "복숭아와 자두나무는 말하지 않아도 그 아래로 저절로 길이 생긴다(桃李不言, 下自成蹊*)"는 《사기》의 한 구절이 떠오른다. 덕(德)의 향기로 저절로 사람이 모이는, 무위의 경지가 아득히 높아 보인다.

할 위(爲, wéi, wèi)는 갑골문에서 보듯, 손(又)으로 코끼리(象)를 잡고 뭔가를 하고 있는 모습이다. 코끼리를 부려 일하다는 데에서 '하다, 만들다, 여기다' 등의 의미가 유추된 걸로 보인다. 실제로 일을 하는 것은 코끼리인데, 그것을 시키는 사람(人)이 마치 자기가 한(爲) 것처럼 하면 거짓 위(僞)가 된다.

지금도 중국 관공서 입구에 적힌 마오쩌둥의 "인민을 위해 복무하라(为人民服务**)"는 말에서 보듯, 중국어에서 위(为)는 '~을 위하여'라는 의미로 주로 쓰인다. '행하다'고 할 때의 행(行)은 발의 움직임이, 할 위(为)는 손의 움직임이 강조되어 있다. 그래서인지 위(为)에는 '가리키다, ~로 삼다'는 의미로도 널리 쓰인다. 손과 발, 몸을 움직여 무언가를 실천하는 일은 말처럼 쉽지가 않았던지, 공자도 "인을 행함이 어려울 진데, 어찌 말을 삼가지 않을 수 있겠는가(为之难, 言之得无认乎, wèi zhī nán, yán zhī dé wú rèn hū)"라고 말하고 있다.

《삼국지》에서 인상적인 활약을 보여주지 못하는 유비(刘备, 161~223)지만, 생을 마감하며 아들 유선(刘禅, 207~271)과 제갈공명에게 남기는 유조는 새겨들을 만하다. "나쁜 일은 아무리 작아도 행하지 말고, 좋은 일은 아무리 작아도 실천하지 않으면 안 된다(勿以恶小而为之, 勿以善小而不为, wù yǐ è xiǎo ér wèi zhī, wù yǐ shàn xiǎo ér bú wèi)." 비록 작더라도 누군가를 환히 웃게 할 작은 선행을 찾아 실천해보면 좋겠다.

* **桃李不言，下自成蹊**(táolǐ-bùyán, xiàzìchéngxī) 복숭아와 오얏은 말이 없으나, 그 아래에는 저절로 길이 생긴다. 덕이 있는 사람은 자연히 사람들이 따르기 마련이다.

** **为人民服务**(wèi rénmín fúwù) 인민을 위해 일하다.

스티브 잡스가 청바지에 터틀넥을 고집한 이유는?

金文	小篆	楷书

스티브 잡스는 왜 청바지에 검은색 터틀넥을 고집했을까? 다양한 해석이 가능하겠지만, 뇌 과학적 해석이 흥미롭다. 인간의 뇌가 하루에 내릴 수 있는 결정의 양이 정해져 있다. 그래서 아침에 일어나 무슨 옷을 입을지를 고민하며 몇 개의 결정을 사용한다면, 그것은 회사나 고객을 위해 사용해야 할 좋은 결정의 기회를 미리 사용해버리는 것과 같다. 따라서 일정한 패턴의 옷을 입음으로써 뇌가 할 수 있는 좋은 결정의 기회를 아껴 저축해 놓는 효과를 거둘 수 있다는 설명이다. 다소 억지스러운 측면도 있지만, 무언가를 결정한다는 것은 쉽지 않은 일이며, 우리 뇌가 많은 에너지를 소모해야 하는 일임에는 분명하다.

정할 정(定, dìng)은 집 면(宀)과 바를 정(正)이 결합된 형태로, 발걸음(止)이 집에 이르러 바르고, 안정적으로, 편안하게 안착되었음을 나타낸다. 정처 없이 서성이던 발걸음이 편안한 안식처에 이르러 안정을 찾은 모습이다. 그렇게 한번 정했으면 반드시 지켜야 한다는 데에서 '반드시'라는 의미도 파생된 것으로 보인다. 정해졌다는 것이 안정감도 주지만, "정해진 팔자는 피하기 어렵다(定数难逃*)"는 말을 들으면 왠지 두려운 느낌도 든다.

고대 중국에서 왕위를 물려줄 후계자를 정할 때 혈통 관계가 없는, 재야의 능력 있는 사람을 찾아 왕위를 넘겨주는 선양(禅让, shànràng) 시스템이 있었다. 바로 요(尧)임금이 아들 단주(丹朱) 대신 순(舜)에게, 순이 아들 상균(商均) 대신 우(禹)에게 왕위를 물려준 사례가 대표적이고, 이는 이상적인 왕조 교체의 모델로 여겨져 왔다.

우는 바로 중국 최초의 왕조 하나라의 시조다. 황허(黃河) 치수에 성공한 우는 구주(九州)에서 바친 쇠와 금으로 아홉 개의 세발솥을 만드는데 이것이 바로 구정(九鼎)이다. 명당, 옥새와 함께 왕위 계승의 정통성을 상징하는 세 가지 기물로 여겨져 왔다. 구정을 정하다는 말인 정정(定鼎, dìngdǐng)이 새로 나라를 세워 도읍을 정한다는 의미도 여기서 생겨났다.

그렇다면 우는 죽으며 누구에게 그 옥새와 구정을 물려주었을까? 우도 선양시스템에 따라 아들 계(启)가 아닌 신하 익(益)에게 왕위를 넘기려 했다. 그러나 신하들은 왕위 계승의 정당성과 안정성을 고려할 때 아들 계에게 왕권을 넘기는 것이 낫다고 판단해 세습을 선택한다. 이렇게 시작된 세습체제는 "고정된 논지는 고치기 힘들다(定论难改**)"는 말처럼 수천 년 동안 왕위 계승체제로 정착되었으며, 선양은 왕조가 역성혁명으로 교체될 때 대의명분으로 악용되고 말았다. 세습은 봉건체제를 강화하여 근대로의 전환을 어렵게 하는 부작용을 낳았다.

링크에 링크!

* **定数难逃**(dìngshù-nántáo) 타고난 운명은 피하기 어렵다. 산천 도망은 해도 팔자 도망은 못 한다.

** **定论难改**(dìnglùn-nángǎi) 정론은 고치기 힘들다.

"깨꽃이 피었다"는 무슨 뜻일까?

小篆	楷书	简化

참깨가 하얀 꽃을 피웠다가 그 꽃이 질 때쯤이면, 아래서부터 위로 마디마디 참깨가 맺히기 시작한다. 그래서 중국어로 "깨꽃이 피었다(芝麻开花)"라고 하면 "마디마디 높아진다(节节高*)"는 의미로 연결되는 헐후어(歇后语**)가 된다.

우리 삶이 깨꽃처럼 절기 때마다 켜켜이 높아지며 꽃을 피우고 열매를 맺는다면 얼마나 좋을까. 깨 한 알이 대지에 떨어져 한 줄기 깨대로 자라, 꽃을 피우고 수많은 깨를 재생산하는 대자연의 힘은 그야말로 위대하다. 자연에 대한 세심한 관찰을 바탕으로 섬세한 의미를 만들어내는 고대인의 언어 감각 또한 놀랍기 그지없다.

마디 절(節, jié)은 의미부인 대나무 죽(竹)에, 소리부인 꿇어앉은 자세로 음식 앞으로 다가가는 사람의 상형인 즉(卽)이 결합된 형태로 원래 대나무의 마디를 나타내다가, '시기, 절기, 절개, 절약' 등의 의미로 확대되어 쓰인 걸로 보인다.

24절기나 사시팔절(四时八节, 사계절과 입춘, 춘분, 입하, 하지, 입추, 추분, 입동, 동지)이라는 말에서 알 수 있듯이, 절(节)은 주로 계절과 절기 등의 시간을 매듭짓는 말로 사용되었다. 크리스마스를 나타내는 성탄절도 고대

문헌상에 나타나는데, 황제나 황태후의 생신을 기념하는 날에만 절제되어 사용되었으며, 석가, 공자 등 어느 누구도 감히 성탄(聖誕) 다음에 절(节)을 붙이지는 못했다. 그러나 최근에는 다양한 기념일을 나타내는 말에 너무도 흔히 쓰이게 되었다. 자본주의 못지않은 상업주의가 기승을 부리는 중국에서도 수많은 '节(jié)'들이 호시탐탐 고객들의 지갑을 노린다. 무슨 절마다 돈을 쓰다가는, 매달 빈털터리가 되는 월광족(月光族***)이 되기 십상이다.

"근본에 힘쓰고 물자를 아껴 쓰면 하늘이라도 가난하게 할 수 없다(强本而节用，则天不能贫, qiáng běn ér jiéyòng, zé tiān bù néng pín)"고 했다. 이는 《순자》〈천론〉이 우리에게 일러주는 월광족에서 벗어날 수 있는 방법인 셈이다. 여기에서 근본은 경제활동으로 고대에는 농사를 주로 가리키는 말이다. 돈 씀씀이도 대나무 마디처럼 매듭을 짓고 아껴 쓰는 것이 '절용'이다.

절기나 기념일이 우주 질서에 맞게 시간을 매듭짓고 새로운 단계의 삶을 준비하는 의미에서 점점 물질문명의 유흥과 소비의 도구로 전락하는 것은 아닌지 한 번쯤 되돌아볼 일이다.

* **芝麻开花节节高**(zhīma kāihuā-jiéjié gāo) 날로 좋아지다. 나날이 발전하다.

** **歇后语**(xiēhòuyǔ) 헐후어. 앞부분은 수수께끼 문제처럼 비유하고, 뒷부분은 수수께끼 답안처럼 그 비유를 설명한다.

*** **月光族**(yuèguāngzú) 월광족. 매달 자신의 월급을 다 써버리는 사람들을 이르는 말.

'축'은 다가올 액운을 필터링하는 공기청정기?

甲骨文	金文	小篆	楷书

저마다의 시대가 이뤄놓은 결과물들은 저마다 위대하다. 현대의 컴퓨터, 핵발전소, 반도체 등의 하이테크 기술도 미래에는 돌도끼, 돌칼처럼 원시 도구로 간주될 수도 있다. 인간의 생각과 가치 또한 시대별로 이와 비슷한 길을 걸어왔다. 모든 자연물에 정령이 있다고 믿었던 과거 원시적인 사유 방식이 지금은 과학적 미숙함으로 드러나기도 했지만, 그 당대에는 충분히 성숙한 생각의 결과물로 인정할 필요가 있다.

고대 은(殷)나라에서는 십간의 마지막인 계일(癸日, guǐ rì)에 다음 열흘간의 길흉을 점쳤는데 이를 복순(卜旬)이라 한다. 이러한 의식을 통해 왕은 재앙을 물리치고 새롭게 다가올 시간을 정화(净化)한다고 믿었으며, 또한 그 기간에 대한 자신의 지배권을 보다 신성하게 강화할 수 있다고 믿었다.

무당이 점을 쳐서 흉함을 내쫓고 길한 복을 불러오는 의식의 과정에서 간절한 기원의 의미가 담긴 '축(祝)' 자도 생겨났다. 빌 축(祝, zhù)은 돌 제탁(祭卓)을 나타내는 기(示)와 제사를 주재하던 형(兄)이 합쳐진 글자이다. 기(示)는 다시 T자형 제단에 바쳐진 희생물과 그 양옆에 희생이 흘린 핏방울로 이뤄진 글자이고, 형(兄)은 제문을 입(口)으로 읽으며 제사를 주관하는 사람(人)을 나타낸다고 하니 이 둘이 합쳐진 '축(祝)'은 고대 제례를 통한 기원과 축복의 의미가 간절히 결합된 글자라고 볼 수 있다.

《장자》〈천지(天地)〉에 보면 '화봉삼축(华封三祝*)'이라고 화주(华州) 사람들이 하늘에 제사를 지내는 봉선(封禅) 의식을 거행하며 세 가지를 축원하였는데 바로 '장수, 부귀, 많은 자손'이었다. 예나 지금이나 부귀와 장수를 바라는 것은 변함이 없겠지만, 많은 자손을 축원하는 사람은 오늘날 그리 많지 않을 것이다.

"축발전(祝发展)!", "축생일(祝生日)!"의 예처럼 '축'이라는 말에는 깨끗하고 맑고 즐거운 시간이 되라는 기원과 바람의 의미가 내포되어 있다. '축(祝)'이라는 말이 시간, 그날의 기분과 공기를 정화하는 역할을 한다고 믿었던 것이다.

링크에 링크!

* 华封三祝(huáfēng-sānzhù) 화주(华州) 사람들의 세 가지(장수, 부, 자손) 소원.

빠름, 그 애 터지는 느림 너머의 세계!

| 小篆 | 楷书 |

경적 소리가 하도 요란해 숙소 창문을 열고 내다보니, 자동차 접촉 사고로 차선이 막히자 뒤차들이 연쇄적으로 경적을 울려대 일대가 온통 소음 바다다. 우리가 '빨리빨리' 문화라면, 중국은 흔히 '만만디(慢慢地, mànmāndi)'라고 하는데 그 광경을 지켜보노라면 누구 하나 느긋하게 만만디의 경지를 보여주지 못한다. 세계에서 가장 빠른 속도로 발전하고 있는 중국이지만, 물질문명과 달리 정신문명은 그 변화를 쫓아가지 못한다. 빠른 질주 뒤로 심각한 환경오염이 뒤따르고, 툭하면 부정부패 사건이 불거진다. 질주를 가로막는 것은 그것이 노약자든, 어린아이든, 학생이든 상관없이 경적을 울려댄다.

인디언들은 말을 타고 빠르게 달리다가 세도나(Sedona)에서 꼭 멈춰 쉰다고 한다. 너무 빨리 달려 혹시 영혼이 따라오지 못할까 봐 기다려주는 것이라고. 중국인에게도 이런 멈춤과 되돌아봄이 필요해 보인다. 너무 빠른 것만 추구하며 혹시 놓친 풍경은 없는지, 질주 속에 따뜻한 배려가 사라진 것은 아닌지, 정신문명의 디테일한 부분은 챙기지 못한 채 밤샘 작업의 속도전으로 어설픈 중국을 건설하고 있는 것은 아닌지 말이다.

빠를 쾌(快, kuài)는 심장의 상형인 마음 심(忄)과 화살을 엄지손가락으로 잡았다가 놓으며 활을 쏘는 동작을 나타내는 깍지 결(夬)이 결합된 형태이다. 활시위를 잡아당기기 위해 엄지손가락에 끼우던 뿔로 만든 기구인 결(夬)은《주역》의 육십사괘 중 하나로 '결정하다'는 의미로도 쓰인다. 시위를 놓는다는 데에서 혼신을 다한 결단 후의 후련함에서 '시원하다, 상쾌하다, 기쁘다'의 의미가 유추되었다.

'빠르다'는 것은 어디까지나 상대적이다. 지금은 시속 300km가 넘는 고속철이 오가는 시대이지만, 1899년 경인선 철도가 개통되었을 때 시속 30km의 열차를 보고도 육당(六堂) 최남선(崔南善, 1890~1957)은 〈경부철도가〉에서 "빨리 부는 바람의 형세 같고 / 날개 가진 새라도 못 따르겠다"고 표현하고 있으니 말이다.

옛날 중국에 추앙추라는 유명한 화가가 있었다. 어느 날 황제가 그에게게 그림을 하나 그려 달라고 했다. 추앙추는 열두 명의 시종과 집 한 채 그리고 5년의 시간을 달라고 했다. 하지만 5년이 흘렀으나 그는 아직 그림을 시작도 하지 않았다. 추앙추는 5년을 더 달라고 했고 황제는 이를 수락했다. 10년이 거의 지날 무렵 추앙추는 붓을 들어 먹물에 찍더니 한 순간에, 단 하나의 선으로, 이제까지 보았던 것 중 가장 완벽한 게를 그렸다. 밀란 쿤데라(Milan Kundera, 1929~)의 《느림》에 소개된 우화처럼 어지러운 난맥상을 일거에 명쾌하게 처리하는 쾌도(快刀斬乱麻*)는 오랜 기다림과 성찰의 느림을 동반한다. 시위에서 화살을 놓기 전, 호흡을 멈추고 온정신을 집중하는, 그 애 터지는 '느림'의 순간 너머에서 '빠름'이 시작되듯.

링크에 링크!

*快刀斬乱麻(kuàidāo zhǎn luànmá) 어지럽게 뒤섞인 복잡한 문제를 명쾌하게 처리하다.

"손님은 어디서 오셨나요?"

金文	小篆	楷书

"어려서 고향 떠났다가 늙어 돌아오니

(少小离家老大回, shǎo xiǎo lí jiā lǎo dà huí)

고향 말투 변함이 없건만 귀밑머리는 다 세었구나

(乡音无改鬓毛衰, xiāngyīn wú gǎi bìn máo shuāi)

동네 아이들은 나를 보고도 알아보지 못하고

(儿童相见不相识, értóng xiāng jiàn bù xiāngshí)

웃으며 묻네, 손님은 어디서 오셨나요

(笑问客从何处来, xiào wèn kè cóng hé chù lái)"

당나라 하지장(贺知章, 659~744)이 86세에 귀향의 감개를 쓴 〈회향우서 (回乡偶书, huí xiāng ǒu shū, 고향에 돌아와서 우연히 적다)〉 전문이다. 고향을 떠나서도 늘 고향을 생각하며 고향 말투도 바꾸지 않았지만, 아이들은 낯선 사람을 고향 사람으로 알아볼 리 없고, 다만 낯선 '손님(客)'으로 여길 뿐이다. '고향'이라는 공간이 늘 그곳에 있다 하더라고 이미 흐르는 시간의 배를 탄 이상 영원히 그 기억 속의 고향에 돌아갈 수 없게 되는 셈이다. 속절없이 흐르는 긴 시간 속에서 인간은 어쩔 수 없이 손님처럼 잠시 왔다가 손님처럼 다시 떠나야 하는 존재일 수밖에 없다.

손님 객(客, kè)은 의미 요소로 집이나 사당을 나타내는 집 면(宀)에 소리 요소인 각각 각(各)이 합쳐진 형태이다. 각(各)은 거꾸로 된 발(夂, 뒤져서 올 치)과 집의 입구(口)를 표시한 것이니 결국 '객(客)'은 축문 연주로 부름을 받은 신령이 하늘로부터 사당에 손님처럼 나타나는 것을 의미한다. 주객이 서로 바뀌는 것을 '주객전도(主客顚倒*)', 또는 '본말도치(本末倒置**)'라고 표현한다.

내가 아닌 다른 사람인 객을 환대하는 것을 '호객(好客, hàokè)'이라 하고, 다른 사람을 내치는 것을 '축객(逐客, zhúkè)'이라 한다. 자신을 찾아온 모든 사람들을 '호객'한 걸로 유명한 맹상군(孟尝君, ?~BC279)은 '계명구도(鸡鸣狗盗***)'로 목숨을 부지할 수 있었고, 진시황의 "진나라 사람을 제외한 객경을 모두 쫓아내라"는 축객령에 대한 반론인 이사의 〈간축객서(谏逐客书)〉는 명문 중의 명문으로 널리 회자된다.

5대 10국 남당(南唐)의 마지막 황제, 이욱(李煜, 937~978)이 쓴 〈낭도사(浪淘沙)〉에서 "꿈속에서 이 몸이 나그네인 줄도 모르고 잠시 한바탕의 쾌락을 탐하였구나(梦里不知身是客, 一向贪欢, mèng lǐ bù zhī shēn shì kè, yí xiàng tān huān)"라고 노래하고 있다. 삶이 짧은 꿈결 속을 잠시 나그네로 왔다 가는 것임을 일깨워준다.

링크에 링크!

* **主客顚倒**(zhǔkè-diāndǎo) 주객전도. 주인과 손님의 위치가 뒤바뀌다.

** **本末倒置**(běnmò-dàozhì) 본말도치. 근본과 끝이 뒤바뀌다.

*** **鸡鸣狗盗**(jīmíng-gǒudào) 계명구도. 보잘것없는 재능.

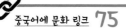

'기'란 무엇인가?
길게 펼쳐진 새털구름?

三	⅃		氣	气
甲骨文	金文	小篆	楷书	简化

별이 생겨나는 원리는 구름 덩어리가 중력으로 압축되면서 가스의 작용으로 응고하는 과정이라고 한다. 바로 기체 상태의 공기가 별로 굳어지는 것을 보면 우주를 끊임없이 모였다 흩어지는 '기(气)'의 흐름으로 이해하는 것도 제법 설득력이 있다.

모든 사물에는 기가 있고(万物有气*), 세계는 보이지 않은 기의 흐름으로 구성되어 있으며, 인간의 몸이 바로 그 기의 가장 구체적이고 궁극적인 실체라고 한다. 그렇다면 '기'의 정체는 무엇일까?

기운 기(氣, qì)는 길게 펼쳐진 새털구름의 상형이다. 펼쳐진 구름 띠를 세 줄로 '三' 자처럼 쓰다가 곡선으로 변형되어 만들어진 글자다. 둥글둥글 뭉쳐 피어나는 뭉게구름의 상형인 구름 운(雲)과 대비된다. 구름이 바람에 흘러가듯이 보이지 않는 힘에 의해 움직이거나, 그와 같은 '기운, 분위기, 김, 낌새' 등을 나타내는 말로 의미가 확대된 것이다.

'기(气)'라는 개념이 모호하고 다소 어렵게 여겨지지만, 《옥스퍼드》 사전에 등재되고 외국인들이 가장 많이 사용하는 '중국어 단어' 7위에 오를 정도로 서양에까지 널리 알려진 말이다. 구름이 부드럽게 움직이듯 뭔가 흘러가는 기운을 나타내는 말에 '기(气)'가 사용된다.

중국어로 손님처럼 사양하고 예의를 차리는 것을 객기(客气, kèqi)라 하고, 날씨는 천기(天气, tiānqì), 화를 내는 것은 생기(生气, shēngqì)라고 한다. 우리말 한자 독음과 중국어의 의미가 서로 다른 말들인데, 아마도 '기(气)'에 대한 의미 부여가 달라지면서 생겨난 언어 차이로 보인다.

중국은 도교의 영향으로 고래로 다양한 기공(气功)체조가 발달했다. 기공체조는 호흡법과 부드러운 신체 훈련으로 기의 흐름을 가다듬고 연마하는 체조를 말한다. 리훙즈(李洪志, 1952~)가 창시한 것으로 알려진 기공체조의 일종인 파룬궁(法轮功, fǎlúngōng)이 급속도로 전파되면서 정치적인 목소리를 내기 시작하자 중국 정부는 태극권을 제외하고 기공체조 단체의 대외활동을 매우 엄격하게 제한, 관리하고 있다.

'기'가 어떤 일의 형세나 기운을 나타낼 때도 많은데 한신의 기개를 표현할 때는 기개가 산하를 삼킬 듯하다(气吞山河, qì tūn shānhé)고 하고, 항우를 두고는 힘이 산을 뽑고 기세가 세상을 덮을 만하다(力拔山气盖世, lì báshān qì gàishì)고 표현한다. 제갈공명은 〈출사표(出师表)〉에서 죽은 선왕 유비의 뜻을 받들어 "뜻과 기개를 넓히라(恢弘志气**)"고 유선에게 충고하며 패전을 예감한 북벌에 나선다. 기의 특성이 원래 보이지 않고, 소리 없이 흘러가는 것이어서인지 개념 자체도 여전히 모호하게 잡힐 듯 말 듯 흘러가는 느낌이 남는다.

링크에 링크!

*万物有气(wànwù yǒu qì) 만물에는 기가 있다.

**恢弘志气(huīhóng zhìqì) 뜻과 호연지기를 넓혀라.

A: Xiànzài jǐ diǎn?

现❼在几点❼❼？

B: Yī diǎn bàn.

一点半❼❽。

A: Shì ma? Kuài shàngkè le, wǒmen zǒu ba!

是吗？快上课了，我们走❼❾吧！

B: Hǎo. Dì-wǔ jié shì Hànyǔkè.

好。第五节是汉语课。

A: Wǒ zuì xǐhuan Hànyǔkè.

我最❽喜❽欢汉语课。

B: Hànyǔ bù nán ma?

汉语不难❽吗？

A: Nán shì nán, dànshì wǒ juéde hěn yǒu yìsi.

难是难，但是我觉得很有意思。

B: Yǐhòu wǒ yǒu bù zhīdào de kěyǐ wèn nǐ ma?

以后我有不知❽道的可❽以问你吗？

A: Dāngrán kěyǐ.

当然可以。

❼❻ 现 xiàn ❼❼ 点 diǎn ❼❽ 半 bàn ❼❾ 走 zǒu
❽❾ 最 zuì ❽① 喜 xǐ ❽② 难 nán, nàn ❽③ 知 zhī
❽④ 可 kě

하루 일과

- 上学 shàngxué
- 吃⑧⑤午饭⑧⑥ chī wǔfàn
- 休息 xiūxi
- 放学 fàngxué
- 做作业 zuò zuòyè
- 洗⑧⑦澡 xǐzǎo

유머

A: 妈, 我当上班⑧⑧长了。　Mā, wǒ dāng shang bānzhǎng le.

B: 真的还是假⑧⑨的?　Zhēn de háishi jiǎ de?

A: 真的! 我们班上考试不及格的同学组成补习

班, 让我当班长。

Zhēn de! Wǒmen bān shang kǎoshì bù jígé de tóngxué zǔchéng

bùxíbān, ràng wǒ dāng bānzhǎng.

⑧⑤ 吃 chī　⑧⑥ 饭 fàn　⑧⑦ 洗 xǐ　⑧⑧ 班 bān
⑧⑨ 假 jiǎ, jià

유교에는 '창세기'도, '사후 세계'도 없다

現	現	现
小篆	楷书	简化

운명이 우리 앞을 지날 때는 우연의 얼굴을 하고 나타난다. 별것 아닌 그 우연의 순간이 바로 운명이 지나간 순간이었음을 시간이 지나서야 깨닫게 된다. 우리 앞에 놓이는 순간순간을 소중히 여기고, 최선을 다해 그 순간들과 마주해야 하는 이유이다. 어느 것이 운명이 될지 알 수 없고, 어느 구름이 비를 내릴지는 알 수 없기(不知哪片云彩会下雨*) 때문이다.

시간이 우리 앞을 지나가면 그 순간부터 과거로 퇴적된다. 아직 오지 않은 시간은 미래이니, 미래는 영원히 다가올 태세의 대기 상태다. 지금 앞에 나타나 있는, 현재라는 시간은 영원히 우리 곁에 있어 주는 걸까, 아니면 순간순간 사라지고 마는 것일까? 눈이 눈썹을 보지 못하듯(目不见睫**), 현재는 늘 너무 가까이에 있어 시선의 사각지대에 놓이기 십상이다.

나타날 현(現, xiàn)은 옥(玉)의 무늬처럼 감춰져 있다가 새롭게 드러남(見)을 의미한다. 옥(玉)이 의미부, 견(見)이 소리부로 이뤄진 형성자이다. 단단한 옥돌 안에 들어 있던 무늬가 가공을 통해 드러난 진짜 옥이 바로 현재 '현(現)'이다. 삶은 순간의 무늬들이 합쳐진 하나의 그림이다.

'지금, 여기'의 가치를 중시하는 '욜로(You Only Live Once, 你只活一次)'

는 중국 젊은이들 사이에서도 뜨거운 화제를 불러 모았다. 중국인들이 숭상하는 유교에는 '창세기'도, '사후 세계'도 없다. 다만 현세만이 존재한다. 그런 면에서 보면 중국인들이 우리보다 훨씬 현실적이고 현재의 의미에 더 충실한 편이다. 물론 《공자가어(孔子家语)》의 "젊어서는 나이 들었을 때를 생각해서 배움에 힘쓰라"는 말처럼 미래를 위해 오늘을 전략적으로 활용하라는 가르침이 없는 것은 아니지만, 그렇게 행복한 미래를 준비하는 오늘 또한 행복해야 한다. '현재'라는 밑변이 유쾌하고 즐거워야 과거도, 미래도 행복할 수 있다.

일생에 딱 한 차례의 만남인 일기일회(一期一会, yìqī-yíhuì), 먼 우주를 돌아 우리에게 찾아온 소중한 순간, 그것이 바로 '현재'이다. 《장자》〈지북유(知北游)〉에서 인생은 '흰 망아지가 빨리 달리는 것을 문틈으로 보는 것(白驹过隙***)'과 같다고 하며, 《그리스인 조르바》의 저자 니코스 카잔차키스(Nikos Kazantzakis, 1883~1957)도 "우리는 심연에서 와서 심연으로 돌아간다. 두 심연 사이의 빛나는 막간을 인생이라고 부른다"고 했다. 순간으로 구성된 인생의 '현재성'을 깨달아야 한다. '순간'뿐인 인생에서, '현재'를 유보하거나 희생해야 할 그 어떤 이유도 없다.

링크에 링크!

***不知哪片云彩会下雨**(bù zhī nǎ piàn yúncai huì xiàyǔ) 어느 구름이 비를 내릴지는 알 수 없다.

***目不见睫**(mùbújiànjié) 제 눈에 제 눈썹이 보이지 않다. 등잔 밑이 어둡다.

****白驹过隙**(báijū-guòxì) 인생이 마치 흰말이 달려가는 것을 문틈으로 보는 것처럼 빨리 지나가다.

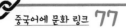

작은 점 하나가 운명을 바꾼다?

黠	點	点
小篆	楷书	简化

남북조시대 양(梁)나라에 장승요(张僧繇)라는 유명한 화가가 있었다. 불교를 신봉하던 무제는 장승요에게 안락사(安乐寺)라는 절에 용을 그리게 했다. 장승요는 3일 만에 금방이라도 비상할 것 같은 용 네 마리를 완성했다. 그런데 가까이서 보니 눈동자가 없었다. 그 이유를 묻자 장승요는 눈동자를 그리면 용이 하늘로 날아가기 때문이라고 했다. 사람들은 믿지 않으며 한 번 그려보라고 청했다. 장승요는 자신의 말을 입증하기 위해 붓을 들어 네 마리 중 두 마리의 눈동자를 완성했다. 그러자 그림 속 두 마리 용이 벽을 허물고 정말 하늘로 올라가버렸다.

가장 중요한 부분을 처리함으로써 어떤 일을 완성한다는 '화룡점정(画龙点睛*)' 이야기다. 그깟 점 하나가 뭐 그리 대단할까 싶지만, 점 하나의 차이가 그림을 실제 용으로 비상하게 하고, 점(占)을 치던 시절엔 그 작은 점 하나가 개인과 국가의 운명을 갈라놓기도 했다. 점 하나 같은 작은 차이가 명품을 만드는 건 오늘날도 마찬가지 이치이다.

점 점(點, diǎn)은 검을 흑(黑)과 점칠 점(占)이 결합된 형태로, 점을 칠 때 불에 타고 남은 검은 자국을 표현한 것이다. 점(点)은 속자인데 중국어에서는 이를 차용해 간화자로 쓴다. 거북 배딱지에 구멍을 뚫고 불을 가열해 생긴 가느다란 균열선을 보고 점을 치는데, 그때 뼈에 남은 검은 흔적이 점이 된 셈이다.

과거시험에서 점의 개수가 점수(点数)가 되고, 점을 떨어뜨리는 낙점(落点)으로 사람을 뽑고, 점을 찍으며 점호(点呼)한다. 중국어에서도 점을 찍어 음식을 고른다는 의미로 '点菜(diǎncài, 주문하다)', 이름에 점을 찍어 확인한다는 의미로 '点名(diǎnmíng, 출석을 부르다)'이 쓰인다.

덩샤오핑은 4개의 경제특구를 지정하고, 그 점(点)에서 경제 발전을 이룬 후, 다른 점을 연결하여 선(线), 그 선을 연결하여 면(面)으로 확대하는 (以点带面**) 발전 전략으로 유명하다.

이상은(李商隐, 813~858)은 사랑하는 남녀가 텔레파시로 서로 마음이 통하는 것을 "몸에는 아름다운 봉황의 두 날개 없지만 / 마음에는 신령스런 코뿔소의 뿔이 있어 한 점으로 통한다(身无彩凤双飞翼, shēn wú cǎi fèng shuāngfēi yì / 心有灵犀一点通***)"고 노래했다.

작은 점 하나가 용이 되고, 운명이 되고, 누군가의 발전전략이 되고, 또 누군가의 사랑을 이어주는 만남의 장소가 되기도 한다. 점 하나가 운명을 바꾼다!

링크에 링크!

* **画龙点睛**(huàlóng-diǎnjīng) 용을 그리고 마지막으로 눈동자에 점을 찍다. 가장 중요한 부분을 완성하다.

** **以点带面**(yǐdiǎn-dàimiàn) 점을 가지고 면을 이끈다. 특정 지역에서 얻은 성과를 일반화하여 다른 지역에 확대하다.

*** **心有灵犀一点通**(xīn yǒu língxī yì diǎn tōng) 사랑하는 연인끼리 서로 마음이 통하다. 텔레파시가 통하다.

어정쩡한 '중간'을 위한 위로

金文	小篆	楷书

"시작이 반"이라는 말도 있지만, "백 리 길을 가려는 사람에게는 구십 리가 반(行百里者半九十*)이다"라는 말도 있다. 처음과 끝의 의미는 중요하게 여겨지는데, 그렇다면 어떤 일의 정중앙, 그 절반이 갖는 의미는 과연 무엇일까? 시작의 설렘은 이제 사라지고, 성취의 환희와도 아직 거리가 먼, 어떤 과정의 막막한 한가운데, 그곳의 팍팍함은 어떻게 정의해야 할까?

반 반(半, bàn)은 여덟 팔(八)과 소 우(牛)로 구성된 글자로, 八은 원래 둘로 나눔을 의미하는 글자였는데, 발음이 같다는 이유로 숫자 '8'의 의미로 널리 가차되어 쓰이자, 나눔의 주체인 칼(刀)을 더해 나눌 분(分)을 따로 만들었다. 소 우(牛)는 소의 정면 모습을 나타낸 상형자인데, 호사가들은 왜 소의 뿔이 한쪽만 있냐고, 오히려 '半' 자가 양쪽에 뿔이 있어서 소처럼 생긴 것을 두고, 牛와 半 두 글자가 전래 과정에서 서로 바뀐 것이라고 주장한다. 황제가 실수로 잘못 쓴 글자를 신하들이 감히 틀렸다고 하지 못해 그대로 굳어졌다는 것인데 학술적인 근거가 부족한 낭설이다. 큰 소를 반으로 나눈 것에서 '절반'의 의미가 생겨난 걸로 본다.

절반은 시작도 끝도 아닌, 중간의 어정쩡한 지점이다. 그래서 아주 낮설지도, 익숙하게 잘하지도 않는 상태(半生半熟, bànshēng-bànshú)나 꿈인지, 현실인지 모를 잠이 덜 깬 상태(半梦半醒, bànmèng-bànxǐng) 등을 표현할 때 자주 쓰인다. 또한 능력이나 식견이 어중간한 얼치기(半吊子, bàndiàozi) 등에도….

마오쩌둥은 "여성이 하늘의 절반을 떠받들 수 있다(妇女能顶半边天**)"는 말로 봉건 사회에서 철저히 버림받고 천시받던 여성을 자신의 혁명세력으로 끌어들였는데, 이는 결과적으로 중국 여성의 사회적 지위를 높이는 데 기여하였다.

"가다가 아니 가면 아니 간만 못하다"는 말이 있는데, 중국어에도 중간에 그만두는 것을 '반도이폐(半途而废***)'라고 한다. 이 말은 공자가 제자 염구(冉求, BC522~489)에게 했던 '중도이폐(中道而废, zhōngdào ér fèi)'에서 유래한다. 공자는 힘이 부족한 사람은 노력할 만큼 하고, 그래도 안 되면 중간에 포기하는 길도 있으니 스스로 한계를 규정하지 말고, 우선 적극적으로 나서보라고 격려한다. 가다가 멈추는 것이 처음부터 포기하는 것보다 낫다는 동기부여이다. 막막하던 한복판이 언제든 끝이 될 수 있고, 또 다른 시작이 될 수도 있다고 생각하니, 반환점 근처의 팍팍함이 어느새 환희로 되살아나는 느낌이다.

링크에 링크!

*行百里者半九十(xíng bǎi lǐ zhě bàn jiǔshí) 백 리 길을 가는 사람은 구십 리를 반으로 잡는다. 일은 성공이 가까워질수록 더욱 어렵다.

**妇女能顶半边天(fùnǚ néng dǐng bànbiāntiān) 하늘의 반은 여성이 떠받칠 수 있다. 여자도 남자 못지않은 역할을 수행할 수 있다.

***半途而废(bàntú'érfèi) 일을 중도에 그만두다.

길을 걷는 것은
인생에 대한 가장 위대한 은유다

甲骨文	金文	小篆	楷书

한 노인이 시장에 나귀를 팔기 위해 손자와 함께 길을 나섰다. 나귀를 앞장세우고 손자 손을 잡고 가는데, 한 사람이 그걸 보고는 나귀가 있는데 타지도 않고 걸어간다며 핀잔을 주었다. 그래서 노인은 손자를 당나귀에 태웠다. 그러자 지나가는 사람이 노인은 걷는데 어린아이가 탔다며 또 한 마디 한다.

노인은 하는 수 없이 손자를 걷게 하고 자신이 나귀에 올랐다. 얼마 안 가서 또 한 사람이 어린애는 걷고 어른이 탔다며 손가락질이다. 이도 저도 안 되자 노인은 결국 긴 막대를 구해 나귀를 그 사이에 걸쳐 손자와 함께 어깨에 메고 걸었다. 그렇게 나귀를 메고 강을 건너다 그만 강물에 나귀를 떨어뜨리고 말았다.

오프라 윈프리(Oprah Winfrey, 1954~)의 말처럼 "길을 걷는 것은 인생에 대한 가장 위대한 은유"이다. 노인처럼 귀가 얇은 사람이 아니라고 해도 인생이란 길을 걷다보면 주변의 얘기, 남들의 시선에 걸음이 흔들릴 때가 많다. 단테(Durante, 1265~1321)의 《신곡(神曲)》에 나오는 "자기만의 길을 가라, 남들이 뭐라 하든 내버려두고(走自己的路，让别人说去吧*)"라는 말을 충고로 전하고 싶다.

달릴 주(走, zǒu)는 갑골문에서 보듯 마치 춤을 추듯 달리는 사람의 모양이다. 윗부분의 팔을 흔들며 달리는 사람의 형태인 요(夭)와, 아랫부분의 발바닥을 나타내는 지(止)가 결합되어 '달리다'는 뜻이 되었다.

당대 두보와 명대 동기창(董其昌, 1555~1636)은 "만 권의 책을 읽고 만 리의 길을 가라(读万卷书，行万里路**)"는 조언을 남겼다. 폭넓은 지식을 책에서 얻고, 그 지식을 현실에서 직접 경험을 통해 검증하라는 의미일 것이다.

우임금은 치수를 위해 중국 각지를 누볐고, 공자는 자신의 뜻을 실현할 곳을 찾아 천하를 주유했다. 사마천은 사료를 찾아 전국을 직접 두 발로 걸었고, 이시진(李时珍, 1518~1593)은 약초를 구하러 또 천하를 떠돌았다. 저마다의 절박한 이유로 두 발로 자기만의 길을 걸은 사람들이다. 그들의 걸음은 두레박이 되어 새로운 세상을 길어 올려주었다. 가슴에 사무치는 절박한 이유를 품었으니, 나귀 노인처럼 주변의 얘기와 시선에도 흔들리지 않았을 것이다.

니체는 "생각은 걷는 발의 뒤꿈치에서 나온다"고 했으니 팔을 춤추듯 흔들며 두 발을 번갈아 내딛어 보자. 그 발의 뒤꿈치에서 새로운 생각이 움터 자라고, 그 걸음이 두레박 되어 새로운 지혜를 길어 올려줄지도 모르니 말이다.

링크에 링크!

***走自己的路，让别人说去吧**(Zǒu zìjǐ de lù, ràng biérén shuō qù ba)。 다른 사람이 뭐라 하던 자기의 길을 가라.

****读万卷书，行万里路**(dú wàn juàn shū, xíng wàn lǐ lù) 만 권의 책을 읽고, 만 리의 길을 가다.

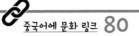

전쟁에서 귀를 많이 취한 것에서?

| 小篆 | 楷书 |

사마천의 《사기》 중 70권으로 된 열전 두 번째 이야기에 제나라의 두 재상 관중과 안영(晏嬰, BC578~500)이 등장한다. 관중은 친구 포숙아의 추천으로 환공(桓公)을 모시며 춘추시대 제나라의 전성기를 구가했고, 안영 역시 영공(靈公), 장공(庄公), 경공(景公) 3명의 군주를 모시는 동안 유연한 언변과 원칙을 실천하는 강직함으로 이름을 날렸다.

그런데 관중과 안영, 두 명재상에게도 공통된 골칫거리가 있었던지 《한비자》와 《안자춘추(晏子春秋)》에 비슷한 얘기가 전해지는데, 그 주인공은 바로 '쥐'다. 제 환공이 관중에게 나라를 다스리는데 뭐가 가장 걱정이냐고 묻자, 관중은 사당의 쥐가 가장 걱정이다(最患社鼠, zuì huàn shè shǔ)라고 답한다. 사당에 있는 쥐를 잡아야겠는데 불을 지르자니 사당이 탈 것 같고 물을 붓자니 흙벽이 무너져 내릴까 두려워 잡기가 쉽지 않다는 것이다. 여기서 쥐는 물론 권력에 빌붙어 아부를 일삼는 간신배(社鼠城狐*)요, 백성보다 자신의 사리사욕을 채우기 바쁜 부패한 정치인이다. 군주의 판단을 흐리는 쥐 같은 간신배가 주위에 들끓으면, 아무리 뛰어난 군주라도 정상적인 판단과 시야를 확보하기 어렵고, 아무리 명재상이라도 이를 극복하기 쉽지 않다.

가장 최(最, zuì)는 말할 왈(曰)과 취할 취(取)가 결합된 형태이다. 여기서 왈(曰)은 투구 모(冒)의 의미에서 온 것이고, 취할 취(取)는 귀 이(耳)와 오른손을 나타내는 우(又)가 합쳐진 것으로 전쟁에서 전적을 증명하기 위해 전사자의 귀를 칼로 잘라 취한 것에서 유래한 글자이다. 따라서 최(最)는 위험을 무릅쓰고 무언가를 실천해 귀를 취하는 것 같은 성과를 가장 많이 올린 것을 의미한다. 고대 정책이나 전쟁의 성과를 평가할 때 상등(上等)을 최(最)로 구분한 것에서 '가장, 최고, 으뜸'의 의미가 생겨난 것이다.

중국의 최고지도자 시진핑은 "호랑이든 파리든 다 때려잡겠다(打虎拍蠅**)"며 부정부패에 대해 칼을 들었다. 두 명재상의 골칫거리였던 생쥐가 호랑이와 파리로 바뀌었지만, 국가를 운영함에 여전히 부패문제의 폐해와 심각성이 크다는 현실 인식이 깔려 있다.

뭐든 세계 최고(世界之最, shìjiè zhī zuì)를 추구하는 중국! 세계에서 가장 많은 인구와 세계 최대 공장이자 시장인 중국이라는 이 넓은 곡간에서 작은 쥐를 찾아내기가 쉽지 않겠지만, 2,000년 넘게 중국 곡간을 좀먹어 온 쥐를 이번엔 제대로 잘 잡아낼 수 있을지 두고 볼 일이다.

링크에 링크!

* **社鼠城狐**(shèshǔ-chénghú) 임금 곁의 간신배. 오랫동안 권력에 기대어 악행을 일삼는 사람.

** **打虎拍蠅**(dǎhǔ-pāiyíng) 호랑이와 파리를 한 번에 잡다. '호랑이(老虎)'는 고위층 부패관리, '파리(苍蝇)'는 하층 부패관리를 뜻한다.

사전에는 없는,
중국인이 좋아하는 특수문자

甲骨文	金文	小篆	楷书

북송시대 문인 왕안석이 젊은 시절 과거를 보기 위해 당시 수도였던 임안(临安, 지금의 항저우)으로 가던 길이었다. 마가진(马家镇)이라는 마을을 지나는데 집 대문에 "주마등이 켜지니 말이 달리고, 등이 꺼지니 말도 걸음을 멈추네(走马灯，灯马走，灯熄马停步, zǒumǎdēng, dēng mǎ zǒu, dēng xī mǎ tíng bù)"라는 대련 문구가 붙어 있었다. 알고 보니 마씨 집안에서 이 상련(上联)과 가장 잘 어울리는 하련(下联)을 짓는 사람에게 딸을 시집보내기 위함이라고 한다.

왕안석은 과거 시험을 마치고, 주위를 둘러보다가 관청에 비호(飞虎) 깃발이 걸려 있는 걸 보고, 문득 대문에 붙은 글귀와 잘 어울리는 글귀가 떠올랐다. 과거를 마치고 돌아가는 길에 그 집에 들려 "비호의 깃발이 휘날리니 호랑이가 날고, 깃발을 접으니 호랑이도 몸을 숨기네(飞虎旗，旗虎飞，旗卷虎藏身, fēi hǔ qí, qí hǔ fēi, qí juǎn hǔ cáng shēn)"라는 글귀를 적으니, 그 집의 주인 마원외(马员外)가 왕안석을 사위로 맞이한다. 왕안석이 결혼하던 날, 마침 그가 과거에 급제했다는 소식이 전해지니 기쁜 일 두 가지가 겹쳐 찾아온(双喜临门*) 셈이었다.

왕안석은 이를 기념해 기쁠 희(喜) 두 개를 겹쳐 쓴 '희(囍)'를 써서 집안

곳곳에 붙였는데, 이후 결혼식과 같은 경사에 이 글자를 붙이는 풍습이 생겨났다. 왕안석이 고안해낸 '희(囍)'자는 비록 사전엔 등재되어 있지 않지만, 중국인의 경사에 언제나 초대되는 소중한 특수문자로 자리 잡고 있다.

중국인들은 결혼을 일생의 가장 큰일(終身大事**)로 여기는데, 결혼식 날 신랑 신부가 하객들에게 나눠주는 사탕을 喜糖(xǐtáng), 술은 喜酒(xǐjiǔ), 담배는 喜烟(xǐyān)이라고 부른다. 모두 일생의 기쁨을 함께 나누고, 행복을 기원하는 의미를 담고 있다.

기쁠 희(喜, xǐ)는 윗부분의 북 고(鼓)에서 오른쪽의 북채를 든 손 부분(支)이 빠진 형태와 아랫부분의 입 구(口)가 결합되었다. 가장 오래된 악기 중의 하나인 북을 여럿이 모여 치면서 제사나 주술 의식에서 입으로 기쁘게 노래한 것에서 '기쁘다'는 의미가 추론된 걸로 보인다.

행복해서 웃는 것이 아니라 웃으니 행복해진다는 말처럼 불안한 미래 일지라도 여럿이 함께 노래하며 적극적으로 맞이하면, 그로 인해 슬픔은 녹고 기쁨이 빚어질 것이다. 기쁨은 하늘에서 떨어지는 것(喜从天降***)이 아니라 스스로 가꾸고 만들어가는 것이리라.

링크에 링크!

*双喜临门(shuāngxǐ-línmén) 경사가 겹치다.

**终身大事(zhōngshēndàshì) 인생의 대사. 결혼을 가리킨다.

***喜从天降(xǐ cóng tiān jiàng) 기쁜 일이 생각지도 않게 갑자기 찾아들다.

중국 가훈 1위는?

難	難	难
小篆	楷书	简化

"세상에 어려운 일이 없고, 다만 하겠다는 마음가짐이 필요할 뿐이다(世上无难事，只怕有心人*)"라고 한다. 또 청나라 팽단숙(彭端淑, 1699~1779)은 《위학(为学)》에서 "계속해서 노력하면 어려운 것도 쉬워지고, 노력하지 않으면 쉬운 것도 어려워진다"고 말한다.

하지만 "집집마다 저마다 읽기 어려운 경전이 한 권씩은 있다(家家有本难念的经)"는 속담이 있을 정도로 세상엔 어려운 일이 많다. 중국 인터넷에 떠도는 '세상에서 가장 어려운 일 두 가지' 중 하나는 자신의 생각을 다른 사람의 머릿속에 넣는 일이고, 다른 하나는 다른 사람의 돈을 자신의 호주머니에 넣는 일이라고 한다. 첫 번째 일에 성공하면 선생님(老师, lǎoshī), 두 번째 일에 성공하면 사장님(老板, lǎobǎn), 이 두 가지에 모두 성공한 사람은 마누라님(老婆, lǎopo)이라고 한다는 우스개 이야기다.

어려울 난(難, nán)은 간략하게 그린 새의 상형인 추(隹)가 있는 걸로 보아 원래 어미 새를 구하기 위해 먼 바다를 힘겹게 날아가는 '지시조(支翅鸟)'를 나타내는 상형자였으나, 발음이 같다는 이유로 가차되어 '어렵다'는 뜻으로만 쓰이고 있다.

청대 괴짜 문인화가 정판교(郑板桥, 1693~1765)가 우연히 어수룩한 노인의 집에 머물게 되었는데, 큰 벼루 뒤에 글귀를 부탁하자 "어수룩한 노인과 어울리기 어렵다"는 의미로 '난득호도(难得糊涂**)'라고 썼다. 그런데 알고 보니 그 노인은 자신보다 훨씬 뛰어난 능력자였다. 정판교는 "총명하기도 어렵고, 어수룩하기도 어렵지만, 총명한 사람이 어수룩하기는 더 어렵다(聪明难，糊涂难，由聪明转入糊涂更难, cōngmíng nán hútu nán, yóu cōngmíng zhuǎn rù hútu gèng nán)"는 글귀를 더할 수밖에 없었다.

중국 가훈 1위로 뽑힐 만큼 많은 중국인들의 거실에 걸린 '난득호도'는 보는 사람마다 다양한 해석을 불러온다. 린위탕(林语堂, 1895~1976)은 총명한 중국인들이 유리한 고지를 선점하기 위해 어수룩한 척하는 것이라고 비판하기도 하지만, 대체로 자신을 너무 드러내지 말고 겸손하게 행동하라는 의미로 읽힌다.

남송의 유명한 시인 육유(陆游, 1125~1210)와 부인 당완(唐琬, 1128~1156)의 비극적 사랑이 담긴 사(词) 〈차두봉(钗头凤)〉에서 "내 마음 글로 쓰고 싶지만, 난간에 기대 혼잣말만 하게 되네. 어려워, 어려워, 너무 어려워(欲笺心事，独语斜阑。难！难！难！yù jiān xīn shì, dú yǔ xié lán. nán! nán! nán!)" 라고 노래하고 있는 것처럼 겸손하게 세상을 살아가는 것이, 일상을 덤덤하게 견뎌내는 것이, 자신을 지켜가고 꿈을 키우는 것이 모두 어렵고, 어렵고, 어려운 일이다.

링크에 링크!

*世上无难事，只怕有心人(Shìshàng wú nán shì, zhǐ pà yǒu xīn rén)。 하려는 마음이 있으면 어떤 곤란도 극복할 수 있음을 이르는 말.

**难得糊涂(nán dé hútu) 자신의 실력이나 총명함을 감추고 어수룩하게 행동하기 어렵다는 의미.

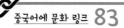

지지지지? 멈출 때를 알고 멈춰야 할 때 멈춰라!

金文	小篆	楷书

알 지(知, zhī)는 화살 시(矢)와 입 구(口)가 결합한 형태로, 화살이 과녁을 꿰뚫듯 어떤 상황을 판단하고 해결하여 말(口)할 수 있는 능력이 '앎'이라는 뜻을 담고 있다. 또 인지적인 '앎'에 시간(日)과 연륜이 더해지면 '지혜(智)'가 된다고 여겼다.

과녁처럼 우리 앞에 놓여 해결을 기다리는 복잡한 문제를 단번에 꿰뚫을 수 있는 '지식'은 무엇일까? 공자는 아는 것을 안다고 하고 모르는 것을 모른다고 하는 것이 곧 '앎'이라(知之为知之，不知为不知，是知也, zhī zhī wéi zhī zhī, bù zhī wéi bù zhī, shì zhī yě)고 하였다.

과거에는 아예 배움의 기회가 없거나 글을 읽지 못하는 사람들이 많아 부지(不知)에 대한 솔직한 자기 고백이 쉬웠다. 하지만 온갖 매체가 난무하는 현대에는 지식에 대한 접근이 쉬워져 오히려 '부지'에 대한 자기 고백이 어려워진 느낌이다.

"열 길 물속은 알아도 한 길 사람 속은 모른다"는 속담이 있고,《명심보감(明心宝鉴)》에도 용과 호랑이는 그려도 그 뼈는 그리기 어렵다고 하면서 사람과 그 얼굴은 알아도 그 마음은 알기 어렵다(知人知面不知心)고 했으니 사람의 마음을 헤아린다는 것은 분명 쉽지 않은 일인가 보다.

노자는 《도덕경》에서 "만족함을 알면 욕되지 않고, 그침을 알면 위태롭지 않다(知足不辱, 知止不殆, zhīzú bù rǔ, zhī zhǐ bú dài)"고 했다. "나는 오직 만족함을 안다"는 '오유지족(吾唯知足*)'의 경지를 이르는 말일 것이다.

'안다'는 것은 자칫 자기 과시나 교만에 빠지기 쉬운데 그것을 경계하는 말이 '지지(知止**)와 지지(止止***)'이다. 멈춰야 할 때를 알고 멈춰야 할 때 멈추라는 뜻이다. 지식을 쌓아가는 것이 어쩌면 언제 나아가고 언제 멈춰야 하는지에 대한 분별력과 통찰력을 갖기 위한 과정이 아닐까.

공자는 무언가를 아는 것이 그것을 좋아하고 즐기는 것보다는 낮은 수준(知之者不如好之者, 好之者不如乐知者)의 인식 단계라고 했다. 앎을 통해 인식의 범위를 넓히고 그것을 삶 속에서 자연스럽게 실천하며 즐기는 것이야말로 더 높은 차원으로 삶을 향유하는 길이 될 것이다. "아는 사람은 말하지 않고, 말하는 사람은 알지 못한다(知者不言, 言者不知, zhī zhě bù yán, yán zhě bù zhī)"는 노자의 말처럼 무한한 앎의 세계 앞에 늘 겸손한 자세를 견지하는 것은 더 말할 나위 없는 '기본'이다.

링크에 링크!

* **吾唯知足**(wú wéi zhī zú) 나는 오직 만족함을 안다. 네 글자에 모두 입 구(口)가 들어 있어 구(口)를 가운데 두고 한 글자처럼 쓰기도 한다.

** **知止**(zhī zhǐ) 《대학》, 《도덕경》에 나오는 말로 멈춰야 할 때를 알다는 뜻이다.

*** **止止**(zhǐ zhǐ) 《주역》 간괘(艮卦) 초일(初一)에서 "그칠 곳에 그치니 속이 밝아 허물이 없다(止于止, 内明无咎, zhǐ yú zhǐ, nèi míng wú jiù)"고 한 데서 나온 말로 '그칠 곳에 그치다'는 의미이다.

해야 할 것도, 해서 안 될 것도 없다!

甲骨文	金文	小篆	楷书

마흔일곱의 유비가 스물일곱 제갈공명을 세 번이나 찾아가는 삼고초려(三顧草廬, 중국어는 三顾茅庐*)는 인재를 초빙하기 위해 정성을 다하는 이야기로 유명하다. 유비에게 제갈공명을 추천한 사람은 서서(徐庶)인데 유비가 서서에게 직접 가서 데려오도록 하자, 그는 가서 만날 수는 있어도 오게 할 수는 없다고 했다. 결국 유비가 직접 몸을 굽혀 나설 수밖에 없었다. 제갈공명은 어리고 낮은 신분의 자신을 세 차례나 찾아온 유비에게 감동해 그의 군사(军师)가 되어 삼국 정립의 초석을 다진다.

옳을 가(可, kě)는 도낏자루 등에 쓰이는 막대기처럼 생긴 고무래 정(丁)과 구덩이 모양의 구(口)가 결합된 형태로 제사에 필요한 그릇을 고정시키거나 농작물을 심기 위해 판 구덩이가 알맞다는 데에서 '옳다'는 의미가 유추되었다. 입 구(口)가 소리부이면서 동시에 말로 뭔가를 '허락하다'는 뜻도 전달한다.

춘추시대 정(郑)나라 등석(邓析, BC545~501)은 그리스 소피스트에 견줄 만한 변론가였다. 그는 이것도 옳고 저것도 옳다는 식의 '양가론(两可论)'을 주장했다. 다음 일화가 《여씨춘추(吕氏春秋)》에 전해진다. 한 부자가 물에 빠져 죽었는데 어떤 사람이 그 시신을 건졌다. 유족들이 그 시신을 사려 하자 건진 사람이 너무 많은 돈을 요구했다. 유족은 등석을 찾아 해결책을 구하니 등석은 그 시신을 대체 누구한테 팔 수 있겠느냐며 가만히 있으면 값이 더 떨어질 것이라고 했다. 시간이 지나도 시신을 사러 오지 않자 이번엔 건진 사람이 등석을 찾아왔다. 그러자 등석은 당신이 아니면 누구에게서 시신을 살 수 있겠느냐며 가만히 기다리면 값이 더 오를 것이라고 했다. 전통 질서가 무너진 어지러운 시대가 등석과 같은 궤변론자를 탄생시킨 걸로 보인다.

공자는 《논어》〈미자(微子)〉에서 자신은 다른 사람(백이, 숙제)과 달라서 "가(可)한 것도 없고, 불가한 것도 없다"고 했다. 맹자는 이를 두고 빨리 떠나야 할 때에는 빨리 떠나고, 오래 있어야 할 때에는 오래 있고, 머물러야 할 때에는 머물고, 벼슬할 수 있을 때에는 벼슬하신 이가 공자라며, 이는 '무가무불가(无可无不可**)와 불기연이연(不期然而然***)'의 태도라고 평가했다. 어떤 정해진 형식이나 관습에 얽매이지 않고, 주어진 상황에 맞게 유연하게 대응하는 태도야말로 '해야 할 것도, 해서 안 될 것도 없는' 진정한 자유인만이 누리는 경지일 것이다. 유연한 사고, 개방적 태도와 자유로운 상상력이야말로 우리가 일생을 걸고 정진해 다듬어 모셔야 할 '제갈공명이자 공자'가 아닐까.

링크에 링크!

*三顾茅庐(sāngù-máolú) 삼고초려. 성심성의를 다하여 거듭 초빙하다.

**无可无不可(wú kě wú bù kě) 되는 것도 안 되는 것도 없다. 일정하게 정해진 규칙이 없이 어떻게 해도 된다.

***不期然而然(bù qīrán ér rán) 바라지 않았는데 그렇게 되다. 순리대로 일이 흘러가게 하여 자연스럽게 일을 이루다.

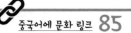

"밥은 먹고 다니냐?"

| 小篆 | 楷书 |

농경사회는 밥 먹는 것이 중요한 일이라 "식사하셨어요(你吃饭了吗, Nǐ chīfàn le ma)?" 묻는 것이 안부 인사다. 새로운 풀을 찾아 늘 다른 곳으로 이동하는 유목민은 만나면 "어디 가세요(你去哪儿, Nǐ qù nǎr)?" 인사하고, 물건을 파는 상인들은 말 걸기에 가장 부담 없는 화제인 "좋은 아침입니다(早上好, Zǎoshang hǎo)!"라는 날씨 인사법을 창안했다.

서양인에게 밥 먹었냐고 물으면 "남의 프라이버시를 왜 묻지?" 할 수도 있지만, 우리나라나 중국에서는 안부 인사로 흔히 사용된다. 영화 〈살인의 추억〉에서 보듯, '우리'라는 공동체 의식이 강한 한국 사회는 살인 용의자에게도 안부를 걱정해 "밥은 먹고 다니냐?" 하고 물을 정도다.

중국인은 사회적 교류에서 함께 밥 먹는 것을 중시한다. 그러나 "세상에 공짜 점심은 없다(天下没有白吃的午餐*)"고 다른 사람의 접대에 너무 쉽게 응하다 보면 그 사람을 대할 때 운신의 폭이 좁아질 수밖에 없다(吃人家的嘴软，拿人家的理短**).

먹을 흘(吃, chī)은 의미부 입(口)과 소리부 걸(乞)이 합쳐져 '먹다'는 뜻을 나타낸다. '다반사(茶饭事)'라는 말이 차를 마시고 밥을 먹는 것처럼 흔한 일을 의미하듯, 먹는 것이 워낙 일상적인 일이다 보니 '먹다'라는 말의 활용 폭이 매우 넓다.

'식초를 먹다(吃醋, chīcù)'는 말이 '질투하다'는 의미가 된 데에는 사연이 있다. 당 태종이 개국공신 방현령(房玄齡, 578~648)에게 미모의 첩을 하사하였는데 그 부인의 질투심으로 첩을 들일 수가 없었다. 태종이 이 사실을 알고 부인을 불러 첩을 받아들이던지 아니면 독약을 마시라고 명했다. 그러자 부인은 주저 없이 그 독약을 마셔버렸다. 당 태종은 부인을 시험하기 위해 독약 대신 식초를 넣었던 것인데 그녀의 의지를 꺾을 수 없음을 알고 포기했다.

좌절을 경험한 만큼 지혜가 늘어간다는 말을 "구덩이(실패)를 먹으면 지혜가 자란다(吃一塹, 長一智***)"고 표현한다. '두부를 먹다(吃豆腐, chī dòufu)'는 말도 여자를 '희롱한다'는 예사롭지 않은 의미다. 두부가게 여주인의 미모가 빼어나 남자들이 두부보다는 여주인을 몰래 보러 간 데에서 유래한다. '황제의 양식을 먹다(吃皇粮, chī huáng liáng)'는 말은 국가의 녹을 먹는 공무원을 가리키는데, 시대는 변해도 한번 굳어진 언어는 화석처럼 그 모양을 그대로 유지한 채 전해진다.

링크에 링크!

*天下没有白吃的午餐(tiānxià méiyǒu bái chī de wǔcān) 세상에 공짜 점심은 없다. (=天下没有免费的午餐, tiānxià méiyǒu miǎnfèi de wǔcān)

**吃人家的嘴软, 拿人家的理短(chī rénjia de zuǐ ruǎn, ná rénjia de lǐ duǎn) 대접을 받으면 할 말을 못하고, 뇌물을 받으면 사리를 못 따진다. 기름 먹인 가죽이 부드럽다.

***吃一塹, 长一智(chī yí qiàn, zhǎng yí zhì) 한 번 좌절을 겪고 나면 그만큼 지혜로워진다.

'밥'은 힘이 세다!

| 小篆 | 楷书 | 简化 |

한국인의 식탁에서 밥은 지배적 패권을 지닌다. 모든 요리가 밥을 먹기 위해 마련되고, 존재한다. 밥은 '요리'라는 수많은 신하를 거느린 황제다. 밥이 이름을 불러주었을 때 요리는 비로소 밥에게로 가서 꽃이 될 수 있다.

중국에서 요리를 주문하고 공깃밥도 함께 달라고 하면, 의아해하며 정말 함께인지 확인해 되묻을 때가 많다. 중국인들은 요리 자체를 밥처럼 생각하며 충분히 즐기고, 그래도 좀 부족하다 싶으면 마지막에 밥이나 면을 추가하는 정도다. 아니 밥이 어떻게 필수가 아닌 선택사항이란 말이야 하고 화가 난다.

엄마 뱃속에서부터 길들여지는 입맛은 가장 보수적인 문화 현상 중의 하나이다. 우리는 밥을 주식으로 하지만, 면이나 빵이 주식인 사람들도 많다. 중국에서도 쌀을 주식으로 하는 남방은 밥 하면 우리가 생각하는 쌀밥을 떠올리지만, 밀을 주식으로 하는 북방에서는 밥 하면 식사의 의미로 생각하는 경우가 많다.

밥 반(飯, fàn)은 의미부인 먹을 식(食)에 소리부인 되돌릴 반(反)이 결합된 형태이다. 식(食)은 뚜껑이 있는 그릇에 담긴 밥을 나타낸 상형인데,

두 번째 획까지가 뚜껑이고 세 번째 획은 밥에서 김이 나는 모양을 나타 낸다. 뚜껑이 있는 그릇에 놓인 좋은(良) 음식을 말한다. 반(反)은 절벽 (厂)을 손(又)을 뒤집어 잡으며 기어 올라감을 나타내다가 점차 '되돌리 다, 반대'의 의미가 생겨난 걸로 보인다. 그러니까 밥 반(飯)은 거울에 비 쳐진 사물이나 동작이 반대(反)의 모습으로 비쳐지듯이 두 사람이 마주 앉아 식사(食)하는 모습을 담고 있는 셈이다.

밥과 관련하여 한신의 '일반천금(一饭千金*)'이 유명하다. 한신이 어려 서 부모를 여의고 몹시 가난해 밥을 구걸하며 살았다. 낚시를 해서 허기 를 면했는데, 그런 한신을 가엾게 여긴 빨래터의 한 할머니가 밥을 주며 돌봐주었다. 한신은 나중에 초나라의 왕으로 금의환향하여 자신에게 밥 을 주었던 할머니를 찾아 금 천 냥으로 은혜를 갚았다.

두보도 〈위좌승에게 바치는 스물두 번째 시(奉贈韦左丞丈二十二韵)〉에서 "늘 은혜 갚을 생각을 갖고 있었는데 그 생각만 품은 채 대신의 곁을 떠 납니다(常拟报一饭, 况怀辞大臣, cháng nǐ bào yí fàn, kuàng huái cí dà chén)"라고 적고 있다. 불우한 자신의 30대를 돌봐 준 위좌승 위제(韦济, 687~754)의 곁을 떠나면서 한신의 고사를 인용한 것이다.

밥은 사소한 일상이면서 동시에 치명적인 일상이다. 밥은 우리 삶에서 도 여전히 지배적 패권을 쥐고 있는 듯하다. 누군가의 사소한 일상이 궁 금하면서도 행여 그 삶의 치명적인 것을 건드릴까 봐 조심스럽다. 그래 서 지나가는 말로 문득 생각난 듯 묻는다. "밥은 먹고 다니냐?"

링크에 링크!

＊**一饭千金**(yífàn-qiānjīn) 일반천금. 한 끼의 식사에 천금 같은 은혜가 들어 있다는 뜻으로, 조그만 은혜에 크게 보답함을 이르는 말.

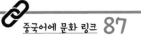

씻는다는 것은
자기 신념을 향한 의식?

甲骨文	小篆	楷书

고대 중국의 태평성대를 상징하는 왕 중에 요임금이 있다. 요임금에게는 단주(丹朱)라는 아들이 있었지만, 천하를 맡기기에 부족하다고 생각한 요임금은 왕위를 건네줄 만한 인물을 찾았다. 요임금은 허유(許由)에게 제위를 맡아 달라고 하지만, 허유는 거절하고 기산(箕山)으로 들어가 버렸다. 허유가 겸손하다고 생각한 요임금은 사람을 보내 제위를 못 맡겠다면 구주(九州)의 장이라도 맡아 달라고 제안했다.

정치에 뜻이 없던 허유는 자신이 못 들을 말을 들었다고 근처 영수(潁水)에 내려가 몹쓸 말로 더럽혀진 귀를 씻었다. 그 곁을 지나던 친구 소보(巢父)가 자초지종을 전해 듣고는 허유가 귀를 씻어 물이 더러워져 소에게도 물을 먹일 수 없게 되었다며 소를 몰고 상류로 올라갔다고 한다. 여기에서 유래한 말이 바로 '세이(洗耳)'이고, '기산지절(箕山之节), 영천세이(潁川洗耳), 세이공청(洗耳恭听*)' 같은 성어이다.

씻을 세(洗, xǐ)는 의미부인 물 수(氵)와 소리부인 먼저 선(先)이 결합된 형태이다. 소리부이긴 하지만, 선(先)이 사람의 발바닥을 형상화한 것이므로 엄밀히 말하면 제사에 앞서 물로 먼저 발에 묻은 오물을 씻는 것에서 '씻는다'는 의미가 생겨났다. '씻다'의 뜻을 가진 한자 중에 3,000년 전 갑골문에도 등장하는 목(沐, mù)은 머리와 얼굴을, 욕(浴, yù)은 몸 전체를 씻는다는 의미로 쓰였다.

중국에서 목욕은 제례나 종교적 의식에 앞서 예를 갖추는 중요한 행위로 여겨졌다. 《주례(周礼)》에 의하면 주나라 때부터 왕의 침실에 욕실이 갖춰져 있었다고 하며, 또 공자는 《논어》〈선진(先进)〉에서 제자들과의 대화에서 증석(曾晳, BC557~?)이 "늦봄에 봄옷이 이미 완성되었으면 관을 쓴 어른 5, 6명과 어린아이 6, 7명과 함께 기수에서 목욕하고 무우단에서 바람을 쐬고 시를 읊으며 돌아오겠습니다(暮春者, 春服既成, 冠者五六人, 童子六七人, 浴乎沂, 风乎舞雩, 咏而归, mù chūn zhě, chūn fú jì chéng, guān zhě wǔ liù rén, tóng zǐ liù qī rén, yù hū yí, fēng hū wǔ yú, yǒng ér guī)"라고 하자 자신도 그렇게 하고 싶다고 말한다. 목욕이 엄숙한 의식의 예를 표하는 동시에 인간이 누릴 수 있는 높은 경지의 즐거움으로 여겨졌다.

허유가 그랬던 것처럼 '씻는다'는 행위는 세속적 유혹에 흔들리지 않겠다는 자기 신념에 대한 의식이며, 홍진을 벗어나 자연과 벗하며 유유자적하겠다는 다짐이다.

중국은 대체로 물이 좋지 않다. 석회질이 많아 설거지를 해도 마르면 얼룩이 남아, 정수기 물로 다시 헹궈야 한다. 깨끗해지기 위해 황허에 뛰어 들어도, 황허 물이 더러워 깨끗해질 수 없는(跳进黄河也洗不清**) 셈이다.

*洗耳恭听(xǐ ěr-gōngtīng) 귀를 씻고 공손히 듣다. 온 마음을 다 기울여 공손히 듣다.

**跳进黄河也洗不清(tiào jìn Huáng Hé yě xǐ bu qīng) 황허에 뛰어 들어도 몸을 깨끗하게 씻지 못하다. 아무리 해도 누명을 벗지 못하다.

다리 잘려 꺼낸, 슬픈 '옥' 이야기

金文	小篆	楷书

춘추시대 초나라에 변화(卞和)라는 옥(玉, yù) 장인이 봉황이 내려앉는 형산(荊山)에서 옥 덩어리를 채취해 여왕(厉王)에게 바쳤다. 여왕이 옥공을 불러 감식하니 그냥 돌덩이라는 것이었다. 화가 난 여왕은 변화의 왼쪽 다리를 잘랐다. 여왕이 죽고 무왕이 왕위에 오르자 변화는 다시 그 옥을 헌상했다. 감정 결과는 역시 그냥 돌덩이에 불과하다는 것이었고, 변화는 오른쪽 다리마저 잘렸다. 무왕이 죽고 문왕이 왕위에 올랐다. 옥이든 돌덩이를 들고 통곡하는 변화의 사연을 알게 된 문왕은 사람을 시켜 도끼로 돌을 깨뜨리니 과연 진귀한 옥이 들어 있었다. 그 옥을 '변화의 옥'이라는 뜻으로 '화씨벽(和氏璧, héshìbì)'이라고 부르게 되었다.

세상에 보기 드문 화씨벽을 얻기 위해 진나라 소양왕은 15개의 성(城)과 바꾸고자 제안했을 정도다. 이때 조나라의 인상여(蔺相如, BC329~259)가 "성이 조나라에 들어오면 화씨벽을 진나라에 넘기고, 성을 얻지 못하면 벽을 완전하게 조나라로 가져오겠다(城入赵而璧留秦，城不入，臣请完璧归赵)"고 말한 것에서 '완벽(完璧, wánbì)'이라는 말이 생겨났다.

훗날 화씨벽을 손에 넣은 진시황이 화씨벽을 깎아 전국옥새(传国玉玺)를 만들게 하니 이사는 벌레와 새의 모양을 한 글씨체(虫鸟篆书, chóng niǎo zhuànshū)로 "하늘로부터 명을 받으니 장수하고 영원히 창성하리라(受命于天, 既壽永昌, shòumìng yú tiān, jì shòu yǒng chāng)"라고 새겼다. 전국옥새는 잃어버렸다 되찾기를 반복하며 1,000년 넘게 전해지며 흥미로운 얘깃거리를 많이 남겼다.

상징과 기호를 중시하는 고대 왕국에서 임금 왕(王)과 비슷하게 생긴 옥(玉)이 매우 귀한 대접을 받았다. 갑골문에 남은 옥자에 실로 꿰어진 모양이 있는 것으로 미뤄볼 때 임금 왕 옆에 있는 점은 옥에 달았던 장식의 흔적으로 보인다.

나눌 반(班, bān)은 돌덩이를 잘라 옥을 꺼내는 화씨벽 이야기를 연상시킨다. 쌍옥 각(珏)과 외날 칼(刀, 刂)로 구성된 글자로 한 덩어리의 옥을 칼로 나누어 놓은 상태, 즉 전체에서 나누어진 일부를 의미한다. 옥을 반으로 나누면 그 양쪽의 무늬가 같은 데에서 같은 구성원이 모인 '집단, 반'의 뜻으로 확대되었다.

춘추시대 노(魯)나라에 뛰어난 장인의 이름이 반(班)이어서 사람들은 그를 노반(魯班, BC507~444)이라고 불렀다. 중국 고대의 발명왕이라 칭할 만큼 손재주가 뛰어나, 나뭇잎이나 동물의 모양 등을 본떠 톱, 대패, 노, 끌, 우산 등 다양한 발명품을 만들었다. 목공의 신으로 추앙되는 노반 집 앞에서 도끼질을 한다(班門弄斧*)는 것은 곧 공자 앞에서 문자 쓰고, 번데기 앞에서 주름잡는다는 의미가 된다.

링크에 링크!

*班門弄斧(bānmén-nòngfǔ) 노나라의 명공(名工) 노반의 집 앞에서 도끼질하다. 전문가 앞에서 재주를 뽐내다.

엄마 빼고 다 가짜다?

| 小篆 | 楷书 |

거짓 가(假, jiǎ, jià)는 사람 인(亻), 바위산을 뜻하는 엄(厂), 두 손(又), 광물을 의미하는 두 점으로 구성되어 있다. 사람이 산에 가서 광물을 손으로 가져온다는 데에서 산에서 '빌리다'는 의미가 생겼으며, 그것은 진짜 대자연의 모습이 아닌 일부분에 국한된 모습이므로 '가짜'라는 의미도 파생되었다.

거짓이나 가짜는 그 자체로 끝나지 않고, 진실과 진품에 대한 신뢰를 흔들어 놓고 시장 전체를 혼란에 빠뜨린다(以假乱真*)는 측면에서 그 폐해가 심각하다. 중국에서는 가짜 술, 담배, 시계, 계란에 이르기까지 가짜가 없는 품목이 없을 정도여서 "엄마 빼고 다 가짜다"는 말이 생겨날 정도다. 이런 상황에서 신뢰는 자리 잡기 힘들고, 당연히 복잡한 확인과 점검의 과정을 거쳐야 하고, 이로 인한 사회적 비용도 증대될 수밖에 없다. 사회적 신뢰도가 낮은데도 불구하고 최근 중국에서 알리페이(支付宝, Zhīfùbǎo), 위챗 페이(微信支付, Wēixìn-zhīfù) 등의 전자상거래가 매우 활성화된 것은 이례적이고 아이러니한 연구 대상이다.

종이로 만든 가짜 꽃은 비에 젖는 것을 두려워하고(假花怕雨淋**), 흙으로 만든 부처는 내를 건널 수 없다. 가짜의 운명은 늘 엄준한 현실과 진실의 빗물과 강물을 두려워하며 불안에 떨어야 하는 운명이다.

가(假)는 '거짓, 가짜'의 의미 외에도 남의 권세를 빌어 위세를 누리는 호가호위(狐假虎威, hújiǎ-hǔwēi)의 예처럼 '빌리다'는 의미로도 널리 쓰인다. 춘추시대 진(晋)은 괵(虢)을 치기 위함이니 우(虞)에게 길을 빌려 달라고 하며 많은 재물을 제공하겠다고 했다. 우나라 왕은 지리적 형세를 생각하지 못하고 재물에 눈이 어두워 길을 빌려주었는데 진나라는 괵국을 정벌하고 돌아오는 길에 우나라까지 쉽게 멸망시켰다. 사이가 좋은 것처럼 꾸며 도리어 상대를 해치는 '가도멸괵(假道灭虢***)'과 입술이 없으면 이가 시리다는 '순망치한(唇亡齿寒****)'의 고사가 여기서 생겨난다.

장자는 "인간의 삶이 빌린 것이고, 누군가의 삶을 빌려서 태어난 것(生者, 假借也, 假之而生, shēng zhě, jiǎ jiè yě, jiǎ zhī ér shēng)"이라고 했다. 거대한 바위산에서 몇 조각의 돌을 채취해 오듯, 영원의 시간 속에서 짧은 순간, 작은 육신을 빌려 이 땅에 잠시 왔다는 것 아닐까.

링크에 링크!

* **以假乱真**(yǐjiǎ-luànzhēn) 가짜를 진짜인 것처럼 속여, 사람들이 진위를 구별하기 힘들게 하다. 속임수를 써서 진상을 은폐하다.

** **假花怕雨淋**(jiǎhuā pà yǔ lín) 가짜 꽃은 비에 젖는 걸 두려워한다. 가짜는 시련을 이겨내지 못하고, 오래 가지 못한다.

*** **假道灭虢**(jiǎdào-mièguó) 가도멸괵. 길을 빌리겠다고 하고 괵나라를 정벌하다. 그럴듯한 명분으로 상대를 속이다.

**** **唇亡齿寒**(chúnwáng-chǐhán) 순망치한. 입술이 없어지면 이가 시리다.

A: Nǐ yǒu shénme àihào?

你有什么爱好?

B: Wǒ xǐhuan yùndòng. Dǎ lánqiú a, tī zúqiú a, wǒ dōu xǐhuan, nǐ ne?

我喜欢运动。打⑨篮球⑨啊，踢足⑨球啊，我都喜欢，你呢?

A: Wǒ xǐhuan zuò cài, bú tài xǐhuan yùndòng, dànshì wǒ xiǎng xué pīngpāngqiú.

我喜欢做菜，不太⑨喜欢运动，但是我想⑨学乒乓球。

B: Shì ma? Wǒ huì dǎ pīngpāngqiú, yǒu jīhuì wǒ jiāo nǐ.

是吗? 我会⑨打乒乓球，有机会我教你。

A: Xièxie nǐ, wǒ huì zuò Hánguócài, yǐhòu wǒ zuò gěi nǐ chī.

谢谢你，我会做韩国菜，以⑨后我做给你吃。

B: Búyòng nàme kèqi.

不用⑨那么客气。

---

⑨ 爱 ài　　⑨ 打 dǎ　　⑨ 球 qiú　　⑨ 足 zú　　⑨ 太 tài

⑨ 想 xiǎng　⑨ 会 huì　　⑨ 以 yǐ　　⑨ 用 yòng

취미 관련 표현

旅行[99]
lǚxíng
여행하다

钓鱼[100]
diào yú
낚시하다

读书[101]
dúshū
독서하다

唱歌
chànggē
노래를 부르다

听音乐
tīng yīnyuè
음악을 듣다

看[102]**电**[103]**影**
kàn diànyǐng
영화를 보다

弹吉他
tán jítā
기타를 치다

[99] 行 háng, xíng   [100] 鱼 yú   [101] 书 shū   [102] 看 kàn
[103] 电 diàn

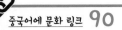

마음 없이
어떻게 사랑을 할 수 있나요?

小篆	楷书	简化

한자의 원래 형태인 정자체를 쓰는 타이완 사람들은 중국 대륙에서 간화자를 쓰는 것에 대해 조금은 못마땅해 하고, 스스로는 전통을 이어 간다는 상대적 자부심을 갖고 있다. 특히 사랑 애(愛)를 대륙에서는 '爱'라고 쓰는데 어떻게 마음(心)도 없이 사랑을 할 수 있겠느냐고 비꼰다.

영화 〈말할 수 없는 비밀(不能说的秘密)〉의 명장면 중 하나는 남녀 주인공이 각각 과거와 현재의 책상 위에 수정액으로 사랑을 확인하고 고백하는 장면이다. 시간을 초월한 '책상 카톡'의 대화는 "나 너 사랑해. 넌 나 사랑하니(我爱你, 你爱我吗, Wǒ ài nǐ, nǐ ài wǒ ma)?"였다. 그에 대한 대답을 쓰려는 순간 남자주인공의 수정액이 나오지 않자 책상에 콕콕 점으로 찍어서 하트 이모티콘(♡, 心形符号, xīnxíng-fúhào)을 보낸다. 중국 대륙의 시청자는 만약에 간화자로 썼다면 화이트가 없어 글을 못 쓰는 일은 없었을 거라고 비꼰다.

동서고금을 뛰어넘어 가장 이월적 가치를 지니는 주제 중 하나는 '사랑'일 것이다. 우리말 '사랑'이 그리운 사람에 대해 많은 생각을 한다는 의미의 '사량(思量)'에서 기원했다는 주장도 있었으나 여전히 논란거리로 남아 있다.

사랑 애(愛, ài)는 《설문해자》에 앉은 사람이 고개를 돌려 뒤를 바라보는 모습인 목멜 기(旡)에 마음 심(心)이 더해진 것으로 은혜를 행하는 것(行惠)으로 보고 있다. 머리를 돌려(旡, jì) 남을 생각하는 마음(心)으로 은혜를 베푸는 행동이 바로 사랑인 셈이다. 중국에서 가장 오래된 유의어 사전 《이아(尔雅)》에도 사랑을 '혜(惠)', 즉 은혜를 베푸는 마음으로 정의한다. 또 글자의 위에서부터 입을 벌린 사람 인(人)의 변형, 가운데 사람 인(人)의 변형, 마음 심(心), 천천히 걸을 쇠(夊)가 합쳐져 사람이 두근거리는 마음으로 천천히 사랑하는 사람에게 걸어가는 모습으로 해석하기도 한다.

공자는 《논어》〈안연〉에서 인(仁)은 곧 사람을 사랑하는 것이고, 또 누군가를 사랑하는 것은 곧 그 사람이 잘 살기를 바라는 마음이라고 하였다. 사랑의 개념이 예나 지금이나 변함없이 상대방에 대한 따뜻한 마음에서 비롯되는 것임을 보여준다.

중국어에 "때리는 것은 친함이고, 욕하는 것은 사랑이다(打是亲，骂是爱*)"는 말이 있다. 서로 격의 없이 가까운 사이나 사랑하는 사이면 때리고 욕하는 것이 별 허물이 되지 않을 것이다. 입은 칼처럼 사나와도, 마음은 두부처럼 부드럽게(刀子嘴，豆腐心**) 사랑하는 마음이 있다면 말이다.

링크에 링크!

***打是亲，骂是爱**(dǎ shì qīn, mà shì ài) 때리는 것은 친함이고, 욕하는 것은 사랑이다. 때리고 꾸짖는 것이 모두 사랑하기 때문이다. 귀한 자식 매 한 대 더 때린다.

****刀子嘴，豆腐心**(dāozi zuǐ, dòufu xīn) 말씨는 (칼처럼) 사나워도 마음은 (두부처럼) 부드럽다.

중국어에 문화 링크 91

소금장수를 때려죽이면
음식이 짤까? 싱거울까?

| 小篆 | 楷书 |

루쉰은 산문 〈페어플레이는 아직 이르다(论 "费厄泼赖" 应该缓行)〉에서 린위탕이 물에 빠진 개는 때리지 않는 것이 페어플레이(Fair play)라고 한 것에 대해 반박하며, 물에 빠진 개는 더 때려야 한다(打落水狗, dǎ luò shuǐ gǒu)고 주장한다. 서양 열강은 비열한 방법으로 중국을 공격하는데 중국은 도(道)를 논하며 당하고만 있는 당시 시대상에 대한 분노와 비판의 표현이다.

"군자는 입을 사용하지 손은 쓰지 않는다(君子动口不动手*)"는 말은 폭력적인 수단으로 굴복시키는 것보다 이치에 맞게 설득하는 것이 군자의 도리임을 일깨운다. 마찬가지로 말로 거꾸러뜨리는 것이 때려눕히는 것보다 낫다(打倒不如说倒, dǎdǎo bùrú shuōdǎo)고도 한다.

그러나 손으로 때리는 것에 대한 중국인들의 부정적인 인식과는 달리, 언어생활에서 때릴 '타(打)'는 많은 동작에 널리 사용한다. 전화도, 인사도, 농구도 때린다고 표현하고, 우산을 받쳐 드는 것도, 물건을 사는 것도, 하품을 하는 것도 모두 '때린다'로 표현한다. 음식이 매우 짠 것에 대해 말할 때도 "소금장수를 때려죽였다(打死卖盐的**)"라고 한다. 소금장수를 때려죽이고 공짜 소금을 왕창 넣었다는 뜻이다. 《현대한어사전(现代汉语辞典)》에 '打'는 24개의 동사 의미가 등재되어 있을 정도이다.

때릴 타(打, dǎ)는 손(手)으로 못(丁)을 치는 손동작을 나타내는 형태인데, 손에 나뭇가지를 들고 좋지 않은 기운을 때려 물리치는 주술 의식에서 그 뜻이 파생된 걸로 보인다.

사람마다 급소가 다르다. 어떤 곳은 아무리 맞아도 끄떡없는 곳이 있는가 하면, 어떤 곳은 한 방 맞았을 뿐인데 그대로 나가떨어지기도 한다. 중국어에 "뱀을 잡으려면 급소를 쳐야 한다(打蛇打七寸***)"는 말은 핵심을 잘 파악하라는 의미로 읽힌다.

아무리 아름다운 옥도 다듬지 않으면 그릇이 되지 못하고(玉不琢，不成器****), 아무리 좋은 쇠도 때리지 않으면 단단한 그릇이 되지 못하며(不打不成器). 사람도 때리지 않으면 인재가 되지 않는다(人不打不成才)는 말이 있다. 그래서인지 과거 서당에서는 회초리 체벌이 빠지지 않았다. 나무의 단단한 정도에 따라 싸리나무로 맞으면 5년, 물푸레나무는 3년, 박달나무는 1년 만에 과거 급제한다는 말이 있을 정도였다는데 "꽃으로도 때리지 말라"고 하는 요즘 시대엔 감히 꿈도 못 꾸는 얘기이다.

링크에 링크!

* **君子动口不动手**(jūnzǐ dòng kǒu bú dòng shǒu) 군자는 말로 하지 손을 쓰지 않는다.

** **打死卖盐的**(dǎ sǐ mài yán de) 소금 파는 사람을 때려죽이다. 음식이 짜다.

*** **打蛇打七寸**(dǎ shé dǎ qī cùn) 문제를 처리함에 있어서 정곡을 찔러야 한다.

**** **玉不琢，不成器**(yù bù zhuó, bù chéng qì) 옥도 다듬지 않으면 그릇이 되지 않는다.

중국어에 문화 링크 92

'작은 공'으로 '큰 공'을 움직이다!

| 小篆 | 楷书 |

온 국민이 하나 되어 월드컵 축구경기를 응원하는 것을 중국 친구들은 매우 부러워한다. 유독 축구에 약한 중국 대표팀이 번번이 지역 예선에서 탈락한 탓도 있겠지만, 워낙 인구가 많고 다양한 민족으로 구성되어 있다 보니, 하나의 이슈에 우리처럼 단합되기 힘든 것이 더 큰 이유로 보인다.

2.5g의 탁구공으로 냉전의 벽을 무너뜨리고 데탕트(Détente, 긴장 완화)를 가져온 '핑퐁외교(乒乓外交)'를 중국인들은 흔히 "작은 공으로 큰 공을 움직였다(小球转动大球*)"고 평가한다. 1971년, 일본 나고야에서 열린 세계탁구선수권대회에 참가한 미국 선수단을 중국으로 초청한 것을 계기로 1972년 닉슨(Nixon, 1913~1994)의 중국 방문, 1979년에는 미중 국교수립이 성사되었다. 스포츠 교류협력이 적대관계에 있는 진영 간의 화해협력에 얼마나 유용한 도구로 작동하는지를 여실히 보여준 사례이다.

공 구(球, qiú)는 의미부 구슬 옥(玉)과 소리부 구할 구(求)가 결합된 형태로, 원뜻은 '아름다운 구슬'을 이르는 말인데, 그 의미가 확대되어 구슬처럼 둥근 '공'도 지칭하게 되었다. 구슬 옥(玉)변으로 이뤄진 대다수의 글자는 모두 다양한 형태의 옥을 가리킨다. 구(求)는 '짐승 가죽으로 만든 털옷'의 상형인데, 전국시대부터 행해진 축국(蹴鞠, 고대 축구의 원형으로 FIFA가 공식 인정함)의 공은 처음에는 꿩의 깃털이 달린 형태에서 점차 동물의 오줌보나 가죽을 이용한 것으로 변모했다.

중국의 고궁이나 식당 입구에는 한 쌍의 돌사자가 놓여 있다. 왼쪽에 놓여 있는 수컷은 오른발로 구슬을 쥐고, 오른쪽의 암컷은 왼발로 아기 사자에게 젖을 먹이는 앙증맞은 모습을 하고 있다. 여기서 '구슬'은 전통놀이 용무(龙舞, lóng wǔ)나 사자춤에서 볼 수 있는 여의주처럼 어떤 목표나 소망하는 바를 나타낸다. 고궁이라면 왕의 권력이나 명예일 테고, 식당이라면 부(富)에 대한 소망일 것이다. 그래서 한 쌍의 돌사자는 권력, 명예, 부가 아기 사자를 통해 자자손손 이어지기를 바라는 의미를 담고 있다.

중국의 55개 소수민족 중, 약 1,500만 명으로 인구가 가장 많은 장족(壯族)에게는 높은 곳에서 여자가 수놓은 공을 던지면(抛绣球, pāoxiùqiú), 아래에서 그 공을 받은 남자가 그 여자와 결혼하는 전통 풍습이 있는데, 오늘날까지 계승되고 있다.

중국은 사회주의 시절 정부 산하기관의 업무가 명확하게 구분되지 않아 서로 책임을 떠넘기는 행태가 많았는데, 여기서 '공을 서로 차 떠넘기다(踢皮球**)'는 말이 생겼다. 눈덩이처럼 불어나는 부패 문제로 골머리를 앓는 중국 정부가 제도 개선과 시스템 정비에 많은 공을 들이고 있는 이유이다.

링크에 링크!

- *小球转动大球(xiǎoqiú zhuàndòng dàqiú) 작은 공으로 큰 공을 움직이다. 작은 일을 큰일의 지렛대로 활용하다.
- **踢皮球(tī píqiú) 책임을 전가하다.

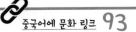

당신은 '발 좋은 사람'인가요?

| 金文 | 小篆 | 楷书 |

중국 고대 악습 중에 전족(纏足, chánzú)이 있다. 어렸을 때부터 여성의 발을 천으로 감싸서 크지 못하게 하고, 그렇게 기형적으로 작아진 발을 미의 기준으로 삼았다.

전족은 단순히 발을 얽어맨 것이 아니라, 여성을 남성의 소유물, 성적 노리개로 치부하며 여성이 누려야 할 모든 사회적 권리를 얽어맨 것이었다. 인간에게 발은 자유로운 움직임과 자기 의지를 실천하는 자유의 상징이다. 아시아계 미국 작가 렌세이 나미오카(Lensey Namioka, 1929~)가 쓴 《큰 발 중국 아가씨》는 전족을 거부하고 독립적인 인격체로서 개인의 존엄과 자유를 찾아 나선 한 소녀의 삶을 진솔하게 그려내고 있다.

발 족(足, zú)은 무릎의 둥근 슬개골을 표현한 구(口)와 발바닥 부분을 나타내는 지(止)가 합쳐진 상형자로 무릎 아랫부분의 다리를 나타냈다. 이후 사람의 다리뿐 아니라 사물을 떠받들고 있는 발과 '충실하다, 만족하다' 등의 의미도 파생되었다.

차를 즐겨 마시는 중국인들의 다반(茶盤) 위에는 거미가 새겨진 발 모양의 노리개가 자주 놓여 있는데, 발은 지족(知足, zhīzú)의 의미를 나타내고, 거미(蜘蛛, zhīzhū)의 발음이 '만족함을 안다'는 지족과 비슷하기 때문이다.

공자는 《논어》 〈옹야(雍也)〉에서 안회(颜回, BC521~481)의 안분지족(安分知足, ānfēn-zhīzú)에 대해 칭찬한다. "어질다, 안회여. 한 그릇 밥과 한 표주박 물을 마시며 누항에 사는 것을 사람들은 근심하며 견뎌내지 못하는데, 안회는 그 즐거움을 바꾸지 않으니, 어질도다, 안회여(贤哉, 回也, 一单食, 一瓢饮, 在陋巷, 人不堪其忧, 回也不改其乐, 贤哉, 回也)" 가난하지만 늘 만족하며 즐겁게 공부하는 안회의 모습을 보는 것 같다.

뱀 그림을 그리는데 발까지 그렸다는 '화사첨족(画蛇添足*)'은 《전국책(战国策)》에 나온다. 쓸데없는 것을 더해서 오히려 일을 그르친다는 의미다. 초나라 소양(昭阳)이 위나라를 공략하고 또 제나라를 공격하려 하자 제나라 진진(陈轸)이 소양을 설득하며 이미 최고 자리에 올랐으니, 제나라를 공격해 성공한다고 해도 화사첨족처럼 별 의미가 없지 않느냐고 비유적으로 표현하는 과정에서 유래되었다.

신영복(申荣福, 1941~2016) 교수는 "머리 좋은 사람이 마음 좋은 사람만 못하고, 마음 좋은 사람이 발 좋은 사람만 못하다"고 했다. 아는 것보다 느끼는 것, 느끼는 것보다는 실천이 중요하다는 의미다. "천릿길도 발 아래에서 시작된다(千里之行, 始于足下**)"고 하는데, 자유의 상징인 발을 움직여 앎을 실천해 가면 좋겠다. '발 좋은 사람'이 되기 위해.

링크에 링크!

*画蛇添足(huàshé-tiānzú) 화사첨족. 뱀을 그리는데 발을 그려 넣다. 쓸데없는 짓을 하여 도리어 일을 잘못되게 하다.

**千里之行, 始于足下(qiānlǐzhīxíng, shǐyúzúxià) 천릿길도 발 아래에서 시작된다.

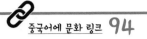
모든 언어의 형용사 앞엔 '이게' 발달한다?

| 小篆 | 楷书 |

353년 4월 22일 어느 봄날, 저장(浙江)성 사오싱(绍兴) 인근에 있는 난정(兰亭, Lántíng)이라는 정자에 41명의 문인들이 모였다. 그들은 흐르는 물에 술잔을 띄우고 술잔이 멈춰 선 곳에 있는 사람이 글을 한 편씩 지어 책을 엮었다. 그 책의 서문을 왕희지가 쓰는데, 바로 《난정집서(兰亭集序)》이다. 당 태종은 왕희지의 글씨를 보고 "더없이 아름답고 훌륭하다(尽善尽美*)"고 평했으며 왕희지는 서성(书圣)의 반열에 올랐다. 왕희지가 쓴 《난정집서》 원본은 당 태종의 무덤 순장품으로 소실되었고, 지금 전해지는 건 모사본이다.

난정에는 클 태(太)가 적힌 큰 비석이 있는데, 왕희지의 일곱 번째 아들 왕헌지(王献之, 344~386)에 관한 이야기가 전해온다. 왕헌지가 어렸을 때 붓글씨 연습을 하다가 하루는 자신이 정말 잘 썼다고 생각되는 글씨 '대(大)' 자를 쓴 것을 들고 가 아버지 왕희지에게 보여주었다. 칭찬을 기대했지만 아버지는 아들이 쓴 글씨를 보고는 말없이 점 하나만 더해 '태(太)'로 만들어 주었다. 아버지에게 칭찬을 받지 못한 왕헌지는 그 글씨를 다시 어머니에게 보여주었다. 어머니는 글씨를 자세히 보더니 다른 건 아직 부족한데 여기 이 점은 정말 잘 썼다고 칭찬해 주었다. 아버지가 써

준 바로 그 점이었다. 왕헌지는 자신의 붓글씨가 부족함을 깨닫고 더욱 분발해 아버지의 대를 잇는 서예가가 되었다. 사람들은 이 부자를 이왕(二王)이라 부른다.

클 태(太, tài)는 '크다'는 의미의 '大' 자에 점을 찍어 더 큼을 나타낸 지사자이다. 중국어에서는 '너무'의 의미로 주로 쓰인다. 언어는 눈앞에 펼쳐지는 무궁한 세계를 형용하기에 늘 부족한 도구다. 그래서 모든 언어는 공통적으로 형용사 앞에 '매우, 너무, 진짜'와 같은 부사가 발달한다.

약간 과장된 언어습관을 즐기는 중국인들은 습관적으로 '너무'라는 말을 형용사 앞에 붙여 말하는데 이에 해당하는 단어가 대단히 많다. 很(hěn), 真(zhēn), 非常(fēicháng), 挺(tǐng), 特別(tèbié), 实在(shízài), 十分(shífēn), 好(hǎo) 등이 있다.

언어마다 독특한 스타일과 맛이 있다. 중국어는 성조언어로서 날아다니는 무술영화같이 다이내믹하고 과장된 어투를 즐기면서도 동시에 각종 전례와 고사를 인용하여 진중한 행간의 의미를 전한다. 기름지고 느끼한 중국요리처럼 깔끔하게 떨어지는 의미 전달보다는 드러나지 않는, 두루뭉술하고 진한 맛을 추구한다.

링크에 링크!

*盡善盡美(jìnshàn-jìnměi) 더할 수 없이 훌륭하다.

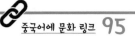

생각은 어디서 일어나나?
머리에서? 마음에서?

小篆	楷书

'보고 싶다'는 말을 중국어로 '생각난다(我想你*)'라고 표현한다. 누군가를 생각한다는 것을 그 누군가가 보고 싶어서 생기는 현상으로 이해하는 모양이다. '생각'이 머릿속 이성적인 사고 작용이 아니라 마음속 그리움이 만드는 화학 작용임을 말해주는 듯하다.

생각할 '상(想, xiǎng)'은 나무(木)와 눈(目), 그리고 마음(心)이 합쳐진 글자로 어린나무의 성장에 눈을 가까이 대고, 마음으로 자세히 살피며 생각하는 것을 나타낸다. 무언가를 생각한다는 것은 보고 싶거나, 하고 싶거나, 계획하는 것이므로 그런 뜻으로도 자연스럽게 의미가 확대되었다.

머리 혹은 마음속에 어떻게 자리 잡게 되었는지 알 수 없는 생각은 한번 들어와 앉으면 잘 나가려 하지 않는 속성을 지닌다. 머리에 들어와 박혀 떠나지 않는 생각을 '념(念, niàn)'이라고 하는데 '신념'이 바로 그 대표선수다.

이에 비해 '상(想)'은 순간적으로 떠오르는 이미지(相)의 조각으로, 눈앞에 펼쳐진 세계를 가장 최전선에서 인지하는 1차적 느낌이라고 볼 수 있다. 짧고 단편적이지만 우리가 가지고 있는 고정 관념, 편견 등의 프레임에 왜곡되지 않은, 어쩌면 가장 정직하고 진실한 인식이라고 볼 수 있다.

생각을 나타내는 한자 중에 '사(思, sī)와 려(慮, lǜ)'도 있다. '思'는 깊게 하나하나 전후의 사정과 이치를 따져 생각하는 것을, '慮'는 호랑이가 올라탄 듯 짓누르며 걱정을 끼치는 생각을 말한다. 머리통을 그린 정수리 신(囟)에 마음을 더한 것이 '思'이니 냉철한 이성적 분석의 의미가 강한 셈이고, 윗부분에 호랑이 호(虍)가 있는 '慮'는 머리에 호랑이처럼 무서운 근심을 얹고 있어 '걱정하다'는 의미가 더해졌다.

뇌 과학의 발달로 인간의 생각은 마음이 아닌 뇌에서 생겨난다는 것이 이미 밝혀졌다. 비현실적인 생각(想入非非**)인지도 모르지만, 1.5kg, 1,000여 개의 뉴런으로 구성된 뇌가 생각의 회로를 작동한다고 하더라도 여전히 마음이라는 정서적 작용 없이는 온전한 생각으로 내면화되지 못할 것 같다. '멍 때리기'가 뇌에 휴식을 주듯, 가끔 생각도 뇌에게 휴식을 주고 마음에게 맡기면 어떨까.

배가 고프면 우리 몸은 허기를 느끼고 '꼬르륵' 하고 음식물을 섭취하라는 신호를 보낸다. 그러나 생각은 아무리 허기가 지고 영양실조로 머리와 가슴이 텅텅 비어 죽게 생겨도 자각 기능이 없다. 게다가 자기 것이 아닌 것을 마치 자기 것인 양 무턱대고 들여놓기도 하고, 누구 것인지도 모르는 그 생각을 죽어라 고집하기도 한다. 내가 가지고 있는 생각이 나의 머리와 가슴으로 두 번 정제한, 진정 나의 것인지 성찰해 볼 필요가 있다.

링크에 링크!

* **我想你**(Wǒ xiǎng nǐ)。 난 네가 보고 싶어.
** **想入非非**(xiǎngrùfēifēi) 터무니없는 비현실적인 생각을 하다.

견우와 직녀가 헤어지며 하는 말은?

會	會	會	会
甲骨文	小篆	楷书	简化

당나라 유종원(柳宗元, 773~819)이 남긴 명문 중의 하나인 〈봉건론(封建論)〉에는 "원시 사회에서 스스로를 보호할 능력이 없는 인간이 집단을 이뤄 생활하게 되고, 그 집단을 이끄는 제후와 군대가 생겨나고, 그 제후들을 다스리는 천자(天子)가 출현하는데 천자는 장수나 제후보다 더 큰 덕으로써 백성을 편안하게 한 후에야 비로소 천하가 하나로 모일 수 있다"고 주장한다.

봉건 사회를 지나 민주와 법치가 자리 잡은 오늘날에도 유종원의 〈봉건론〉은 독립적인 인간이 왜 집단생활을 하는지, 그 집단을 이끄는 리더의 역할을 어떠해야 하는지를 돌아보게 하며 이월적 가치를 지닌다. 반면 동중서(董仲舒, BC179~104)는 '천인감응(天人感应)'을 주장하며 오행(五行)의 이치를 정치 영역으로 확대하여 나름대로 깊은 학문의 영역을 개척하지만, 많은 학자들로부터 비판받는데, 이 과정에서 '견강부회(牽强附会*)'라는 말이 생겨났다.

모일 회(會, huì)는 위는 뚜껑, 가운데는 그릇에 담긴 고깃덩어리, 아래는 축문이 담긴 그릇의 몸체가 하나로 합쳐진 글자이다. 고기를 걸어 놓고 제사를 지내기 위해 사람들이 모이는 것에서 '모이다'는 의미가 생겨났다. 또 사람이 모이는 것 자체가 갖는 힘이나 능력이 어떤 방향으로 흘러갈 것인지에 대해 예측하는 것에서 조동사적 의미로서 '할 수 있다'는 능력과 '할 것이다'라는 추측의 의미도 추가된 걸로 보인다. 제사에 걸어둔 고깃덩어리가 주로 '날고기'였기 때문에 '회'의 의미로 쓰였으나, '모이다'는 의미로 더 널리 쓰이자 본뜻을 보존하기 위해 '회(膾)' 자를 새로 만들었다.

모든 만남엔 이별이 정해져 있다는 '회자정리(会者定离**)'처럼 시간의 길고 짧음이 있을 뿐, 헤어짐이 전제되지 않는 만남은 없다. '윤회'라는 큰 동그라미를 다 볼 수 없는, 짧은 생을 사는 인간에게 '거자필반(去者必返, qùzhě-bìfǎn)'의 이치보다는 만나면 부득불 헤어짐이 찾아오기 마련이라는 말이 왠지 더 실감 나게 다가온다.

중국인들은 작별의 아쉬움을 달래며 흔히 훗날 또 만날 기회가 있을 것이라고 '후회유기(后会有期***)'라고 말한다. 견우와 직녀가 칠월 칠석에 만났다 헤어지면서도 이 말을 하지 않을까.

* **牵强附会**(qiānqiǎng-fùhuì) 견강부회. 억지 논리를 부리다.

** **会者定离**(huìzhě-dìnglí) 회자정리. 만나면 언젠가는 헤어지게 되어 있다.

*** **后会有期**(hòuhuì-yǒuqī) 다시 만날 때가 또 있다. 다음에 다시 만납시다.

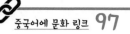

표주박으로 바다를 헤아리다

甲骨文	金文	小篆	楷书

인간이 평생을 걸고 무언가 거대한 일을 한다고 하지만, 그 일생의 대업조차도 거대한 바닷물 중의 한 항아리를 길어오는 정도에 불과한 일이다. 이를 표주박으로 바다를 헤아린다는 의미로 '이여측해(以蠡測海*)'라고 한다. 이를 줄인 '여측(蠡測)'은 중국 논문 제목에서 자주 볼 수 있는데 거대한 학문의 세계, 그 일단을 헤아렸을 뿐이라는 겸손이 묻어난다.

원래 이 말은 동방삭(東方朔, BC154~92)에 관한 이야기가 실린 《한서》에 나온다. 삼천 년 만에 한번 열매를 맺는다는 서왕모의 반도(蟠桃) 복숭아를 세 개나 훔쳐 먹은 동방삭은 삼천갑자(三千甲子), 1만 8천 년을 살았다고 한다. 동방삭이 뛰어난 능력과 지혜를 지녔음에도 시랑(侍郎)이라는 낮은 벼슬에 머물러 있자, 한 손님이 찾아와 전국시대 소진과 장의(张仪, ?~BC309)의 벼슬과 비교하며, 무슨 문제가 있는 것 아니냐고 비아냥거리자, 동방삭은 "대롱으로 하늘을 엿보고, 표주박으로 바닷물을 재며, 풀줄기로 종을 치는 격이니, 어찌 하늘의 뜻을 꿰뚫고, 바다의 이치를 알고, 종소리의 깊이를 알겠느냐"고 대답했다. 시대와 상황이 달라졌는데 편협하게 벼슬만 가지고 사람을 평가하지 말라는 뜻이자, 손님의 식견이 부족함을 일깨워주는 말이다. 여기서 표주박으로 바다를 잰다는 '이여측해'가 등장한다.

써 이(以, yǐ)는 사람이 도구를 사용해 뭔가를 한다는 의미를 나타낸다. 갑골문과 소전의 형태를 두고 그 도구의 모양이 입, 탯줄, 쟁기라는 각기 다른 견해가 있지만, 대체로 사람의 입에서 나오는 소리로써 의미를 전달하는 데에서 '~로써'의 뜻이 생긴 걸로 본다.

"구슬이 서 말이라도 꿰어야 보배라"는 속담이 있다. 구슬과 구슬 사이를 꿰는 것은 가느다란 실이다. 그 실이 없으면 구슬은 흩어지고 만다. '이(以)'는 구슬을 꿰는 실이자 도구이다. 비록 주연은 아니지만 중요한 개념들 사이에서 소중한 조연의 역할을 수행한다. 모든 개념이 '이(以)'라는 손잡이를 달아야 그 뜻을 더욱 명확히 전할 수 있다.

공자가 자신의 도는 하나의 이치로써 꿰뚫는다(一以貫之**)고 하자, 증자는 이를 '충서(忠恕)'라고 요약한다. 마음(心)을 돋보기로 빛을 모으듯 집중(中)하여 최선을 다하는 것이 충(忠)이고, 마음(心)을 다른 사람과 같이(如)하여 용서하는 것이 서(恕)이다.

송대 범성대(范成大, 1126~1193)가 쓴 〈악양루기(岳阳楼记)〉에 나오는 "세상의 물질로부터 기뻐하지 않으며, 자신 때문에 스스로 슬퍼하지 않는다(不以物喜，不以己悲, bù yǐ wù xǐ, bù yǐ jǐ bēi)"는 말처럼 '이(以)'는 어떤 환경에 놓이든 기뻐함도, 슬퍼함도 없이 그저 자신의 역할을 묵묵히 수행하는, 믿음직한 도구이다.

링크에 링크!

* **以蠡測海**(yǐlí-cèhǎi) 표주박으로 바닷물을 되다. 안목이 좁고, 견식이 짧고 얕다.

** **一以貫之**(yìyǐguànzhī) 하나의 이치로 모든 걸 꿰뚫는다. 방법이 처음부터 끝까지 한결같음을 이르는 말.

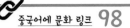

쓸모없음의 쓸모에 대하여

甲骨文	金文	小篆	楷书

도목수 석(石)이 제나라 땅을 지나다가 어마어마하게 큰 상수리나무를 보고 그냥 지나치자, 제자가 이렇게 크고 좋은 재목을 보고도 왜 그냥 가시느냐고 물었다. 그러자 석은 "몹쓸 나무다. 저 나무로 배를 만들면 가라앉고, 관을 짜면 바로 썩고, 그릇을 만들면 깨어지고, 기둥을 세우면 좀이 먹을 것이다. 쓸모가 없어서 오래 산 것일 뿐이다"라고 대답했다. 《장자》〈인간세(人间世)〉에 나오는 얘기다. 이것이 장자가 말하고자 하는 '쓸모없는 것들의 생존법'이자 '쓸모없음의 쓸모(无用之用*)'이다.

나무 중에서는 예부터 대나무가 쓸모가 많았던 모양이다. 쓸 용(用, yòng)은 속이 빈 대나무 통의 상형이다. 대나무는 쉽게 그릇을 만들 수 있고, 가늘게 잘라 광주리나 생활용품을 만들 수 있어 일상생활에 그 쓰임이 많아 '쓰다'는 의미가 파생되었다.

쓸모가 있고 없음의 문제를 인간에게 끌어들이면 왠지 삭막해진다. 소위 말하는 '스펙'을 쌓는 것이 그 쓸모를 위한 처절한 발버둥이라 생각하면 조금은 우울해진다. "창랑의 물이 맑으면 갓끈을 씻고, 물이 더러우면 발을 씻는다"고 한 굴원(屈原, BC340~278)의 말처럼 아무리 능력이 있다고 한들 더러운 창랑에 몸을 맡길 수는 없는 일이다. 그래서 공자는《논어》〈술이(述而)〉에서 "세상이 나를 알아 써주면 나가 행하고, 나를 버리면 내 도를 접고 숨는다"는 '용사행장(用舍行藏**)'을 설파한다.

자주 사용하는 기관은 발달하고, 사용하지 않는 기관은 퇴화한다는 라마르크(Lamarck, 1744~1829)의 '용불용설(用不用说)'은 진화생물학에서 획득형질이 유전되지 않는다는 점에서 오류로 판명되긴 했지만, 살다보면 자주 사용하는 능력이 특기나 장점이 된다는 점에 경험적으로 동의하게도 된다.

의심이 많은 조조였지만, 일단 자신이 지켜보다 믿고 고용하면 끝까지 그 신의를 저버리지 않았기 때문에 많은 인재를 얻었다. 이른바 "사람을 쓰면 의심하지 말고, 의심스러우면 쓰지 말라(用人不疑，疑人不用***)"는 인사 철학이다. 쓸모를 판단함에 신중하되, 판단을 내렸다면 신뢰해야 한다.

컵은 비어 있는 공간이 있어 그곳에 물을 담고 마실 수 있다. 비어 있는 공간을 가득 채우면 컵은 그 기능을 상실한다. 걸을 때 발을 딛는 땅만을 쓸모 있다고 여겨 그곳만을 남기고 나머지 흙을 다 헐어내면 우리는 더 이상 그 남은 절벽 같은 땅만을 밟고 걸어갈 수 없게 되는 이치다. 쓸모없음도 쓸모가 있다.

***无用之用**(wúyòng zhī yòng) 쓸모없음의 쓸모.

*****用舍行藏**(yòngshě-xíngcáng) 사람을 썼으면 의심하지 말고, 의심스러운 사람은 쓰지 말라.

******用人不疑，疑人不用**(yòngrén-bù yí, yírén-bùyòng) 일단 임용을 하였으면 의심하지 말고, 의심스럽다면 쓰지를 말라.

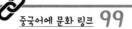

"행동이 말을 이긴다!"

甲骨文	金文	小篆	楷书

중국의 명문 칭화대학 교정에는 "행동이 말을 이긴다(行胜于言*)"는 문구가 새겨진 비석이 있다. 베이징대학의 교풍이 미명호(未名湖, 이름 없는 호수)에서 보듯 발전의 가능성을 규정하지 않으며 무언가에 얽매이지 않는 '자유정신'을 강조한다면, 칭화대학은 공허한 말보다는 부단한 노력과 '실천'을 중시하는 교풍을 지닌 셈이다.

갈 행(行, xíng)은 네거리를 그린 상형자이다. 분석의 편의상 조금씩 걸을 척(彳)과 자축거릴 촉(亍)의 결합으로 보기도 한다. 갑골문, 금문의 '行'은 우리가 약도를 그릴 때의 네거리(중국어는 十字路로 표현) 모습을 꼭 닮았다. 네거리는 사람들의 왕래가 잦은 곳이어서 '가다, 행하다'의 의미로 확대되었다. 또 '行'은 '항'으로 읽기도 하는데 사람들로 붐비는 네거리에 물건을 사고파는 곳도 많아 '가게'라는 뜻도 생기고, 함께 길을 가는 '줄, 항렬'의 의미도 생겨났을 것으로 추정된다. 주로 명사일 때는 '항'으로, 동사일 때는 '행'으로 읽는다.

나그네가 되어 어딘가로 떠나는 것이 여행(旅行, lǚxíng)이다. 삶이 여행이고(人生就像一场旅行**), 우리는 저마다 그 길 위의 행자(行者)다. 늘 새로운 풀을 찾아 떠도는 유목민, 노마드(nomad)이다. 왼발과 오른발을 움직여 새로운 풍경을 만나고, 그 풍경에서 저마다의 위안을 얻는다.

삶은 그렇게 한 걸음 한 걸음의 발걸음으로 이룩된다. 모든 실천의 시작은 늘 두 발 아래에 있다. 공자는 《논어》〈위정〉에서 "먼저 행동하고 말은 그 행동을 뒤따라야 한다(先行其言，而后从之***)"고 했다. 머리를 경유해 마음을 움직인 생각도 결국 발이 움직여 하나의 행(行)함으로 완성되어야 의미가 생긴다. 그 행함이 있어야 그 뒤를 잇는 말도 더욱 힘을 발휘할 수 있는 것이다. 작은 것부터 '행함'으로 '말'을 대신해 보는 것은 어떨까. 행동이 말을 이기니까.

*行胜于言(xíng shèng yú yán) 행동이 말보다 중요하다.

**人生就像一场旅行(Rénshēng jiùxiàng yì chǎng lǚxíng)。 인생은 여행이다.

***先行其言，而后从之(xiānxíng-qíyán, érhòu-cóngzhī) 군자는 말하기 전에 행동하고, 그 후 자신의 행동에 맞춰 말을 한다.

해마다 '물고기'가 있으라!

甲骨文	小篆	楷书	简化

중국인들은 새해가 되면 "해마다 물고기가 있으라"는 의미의 '년년유어(年年有鱼*)' 덕담을 주고받는다. 물고기 어(鱼, yú)의 발음이 '여유롭다'는 뜻의 여(餘, yú)와 같기 때문에 한 해가 여유롭기를 기원하는 것이다. 또 중국인은 손님 접대 식사에서 생선요리를 주문하는데 성찬을 준비하고도 아직 자신에게 여유가 있음을 과시하고, 상대방에게도 늘 여유 있길 바라는 의미다.

물고기 '어(鱼)'는 갑골문에서 보듯 물고기의 입과 몸통, 지느러미와 비늘을 표현한 상형자인데 꼬리지느러미를 불 화(火)로 표현했다가 '灬'으로, 간화자에서 가로획으로 변했다. '어(鱼)'와 '로(鲁)'를 구분 못 할 정도의 무식함을 '어로불변(鱼鲁不辨**)'이라고 한 것으로 보아 아주 쉽게 인식된 글자였던 것으로 보인다.

항저우 시후 화항관어(花港观鱼)에는 청나라 강희제(康熙帝, 1654~1722)가 쓴 비문이 유명하다. 일종의 언어유희인데, 불심이 깊었던 강희제는 물고기 '鱼'의 아래 점 네 개(灬)가 불이니 물고기가 불 위에서 뜨겁겠다며 물 위에서 노닐게 하겠다는 의미로 점을 세 개만 찍어 놓은 것이다.

쑤저우(苏州)의 리우위안(留院)에는 장자와 혜시(惠施)의 대화에서 나온

"그대는 물고기가 아닌데, 어찌 물고기의 즐거움을 아는가(子非鱼, 安知
鱼之乐, zǐ fēi yú, ān zhī yú zhī lè)"라는 글귀가 적혀 있다.

어느 날 장자가 호숫가 다리 아래에 물고기가 노니는 것을 보고 저것
이 물고기의 즐거움이라고 하자 혜시는 그대는 물고기가 아닌데 어찌 물
고기가 즐거운지 아느냐고 반문한다. 그러자 장자는 그대는 내가 아닌데
어찌 내가 물고기의 즐거움을 모른다는 것을 아느냐고 한다. 이에 혜시
는 내가 그대가 아니어서 그대를 모르는 것처럼 그대 또한 물고기가 아
니니 물고기의 즐거움을 모르는 것 아니냐고 한다. 이에 장자는 혜시가
처음에 물고기의 즐거움을 아는가 하고 물은 것이 이미 장자가 물고기의
즐거움을 안다는 것을 전제하지 않았느냐고 논쟁을 마무리한다.

물고기가 물에서 노니는 것이 즐거움인지 아닌지 알 수 없고, 또 장자와
혜시의 논쟁에서 누가 이겼는지 판가름하기도 쉽지 않지만 물고기가 물
을 떠날 수 없고, 물고기와 물은 서로 의지하는 밀접한 관계(鱼水相依***)
로 살아가는 것은 분명하다. 고대에는 냉장 시설이 없어 신선한 생선이
드물어서 드물 '선(鲜)'에도 물고기가 들어 있다. 물고기는 장자와 혜시의
논쟁에서 보듯 여유와 풍류의 매개체로 묵객의 사랑을 받아왔다.

링크에 링크!

*年年有鱼(niánnián yǒu yú) 해마다 여유로움이 있길 기원하는 말.

**鱼鲁不辨(yú lǔ bú biàn) 어로불변. 어(鱼)와 로(鲁)를 구별하지 못하
다. 낫 놓고 기역자도 모른다.

***鱼水相依(yúshuǐ-xiāngyī) 매우 친밀한 관계를 이르는 말.

"공자님 이사 간다"는 무슨 뜻?

甲骨文	小篆	楷书	简化

중국 4대 발명품은 종이, 나침반, 화약, 인쇄술인데, 두 가지는 책과 관련이 있다. 중국인은 뛰어난 기록정신과 문자 숭배, 서적 중시 전통이 어우러져 풍부한 기록물을 남겨 놓았다.

한자 '책(册, cè)'은 죽간의 모습을 그대로 보여준다. 그 죽간을 가죽끈으로 묶는데 공자가 《주역》을 여러 번 읽어 그 끈이 세 번이나 끊어졌다 하여 '위편삼절(韦编三绝*)' 고사가 생겨났다.

책 서(書)는 붓(聿)과 아래의 그릇에 담긴 먹을 찍어 글을 쓰는 모습을 나타낸다. '서(书)'의 발음이 'shū'인데 '(경기에서)지다(输, shū)'와 발음이 같아서 "공자님이 이사 간다(孔夫子搬家)"고 하면 뒤에 자연스럽게 "온통 책이다(净是书**)"라는 말이 이어지므로 시합에서 졌다고 할 때 중국인들은 "공자님이 이사 간다"고 표현한다.

주자(朱子, 1130~1200)가 선정한 유교 필독서인 사서(四书)는 《논어》, 《맹자》, 《중용》, 《대학》을 가리킨다. 중국 문화를 가장 잘 대표할 수 있는 한 권의 책을 묻는 인터넷 설문 조사에 중국인들은 사서삼경을 비롯해 사마천의 《사기》, 《홍루몽(红楼梦)》, 이백과 두보의 시집, 루쉰의 소설 등을 꼽았다.

진시황은 기원전 213년 사상의 통일을 위해 분서갱유(焚书坑儒***)를 단행하는데 이때 불태운 책은 모두 죽간 형태의 것이고, 춘추전국시대 이미 책이 큰 사회적 영향력을 지녔음을 알 수 있다. 《시경》, 《서경》 등의 책을 통해 진시황을 비방하던 학자 460명을 산 채로 땅에 묻었다.

진시황의 공과에 대한 평가는 다양하지만 화폐, 도량형, 문자, 사상 등 강력한 통일 정책은 중국이 유럽처럼 여러 국가로 분화하는 것을 막았다고 평가된다. "수레는 궤도를 같게, 글은 같은 문자로 한다(车同轨, 书同文)"는 정책이 없었다면 중국도 유럽처럼 독어, 불어, 스페인어 등 다양한 언어로 분화됐을 것이다. 전국시대의 다양한 금문(金文)을 진시황은 소전으로 통일하였으며 그 과정에서 분서를 단행했다고 볼 수 있다.

분서 이후 한 무제(武帝, BC156~87)는 옛 책들을 모으기 시작하는데 민간에는 다행히 불태우지 않은 책들이 남아 있었다. 공자의 후손이 노벽(鲁壁)에 책을 숨겨 놓은 것이나 복생(伏生, BC260~161)이 구술(口述)로 사라질 뻔한 《서경》을 불완전하게나마 되살린 이야기는 중국인들이 책에 대해 얼마나 경외심을 지니고 있었는지를 잘 보여준다.

구양수(欧阳修, 1007~1072)는 장서 만 권, 집고록 천 권, 거문고, 바둑판, 술 주전자와 자신을 합쳐 '육일거사(六一居士, liù yī jūshì)'라 했으니 책을 분신으로 여긴 고대 지식인의 면모를 잘 보여준다.

링크에 링크!

* **韦编三绝**(wéibiān-sānjué) 위편삼절. 책을 열심히 읽다.

** **孔夫子搬家, 净是书**(Kǒngfūzǐ bānjiā, jìng shì shū)。 공자가 이사 가는데, 온통 책뿐이다. (시합에서) 지다.

*** **焚书坑儒**(fénshū-kēngrú) 분서갱유.

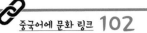

'보이지 않는 고릴라', 당신은 예외일까?

영화 〈아바타〉에서 나시족은 사랑을 고백할 때 "나는 당신을 봅니다 (I see you)"라고 말한다. '본다'는 것에 그 사람에 대한 관심과 사랑이 담기기 때문일 것이다. 《어린 왕자(小王子)》에도 "사랑은 마주 보는 것이 아니라 함께 같은 곳을 바라보는 것(爱情不在于相互凝视，而在于共同往外朝一个方向看, àiqíng bù zài yú xiānghù níngshì, ér zài yú gòngtóng wǎng wài cháo yí ge fāngxiàng kàn)"이라고 한다. 사랑은 서로가 따뜻하게 바라보는 것을 포함하고, 함께 같은 곳을 바라보는 것에 내재한다.

'본다'는 말은 보는 태도, 위치, 방법에 따라 매우 다양한 한자가 쓰인다. 그중 볼 간(看, kàn)은 손(手)을 눈(目) 위에 올려놓고 '먼 곳을 본다'는 의미이다. 올려다보는 것은 첨(瞻, zhān)이고, 내려다보는 것은 감(瞰, kàn)이다. 주의 깊게 보는 것은 관(观, guān)이고, 아득히 먼 곳을 바라보는 것은 조(眺, tiào)이며, 두루 둘러보는 것은 람(览, lǎn)이다. 이 밖에도 见(jiàn), 望(wàng), 视(shì), 瞧(qiáo), 盯(dīng), 赏(shǎng), 瞅(chǒu) 등 다수가 있다.

어떻게 보든 뭔가를 보려면 먼저 마음이 있어야 한다. 영화 〈감시자들〉에는 주의력 착각, 부주의맹시(不注意盲视)라는 용어가 나온다. 사람은 자기가 보려고 하는 것만 보려는 버릇이 있어 주의하지 않은 것에 대해서는 마치 맹인처럼 보지 못하게 된다는 뜻이다. '보이지 않는 고릴라' 실험도 우리의 눈이 얼마나 미혹되기 쉬운지를 잘 보여준다. 영상을 보기 전에 흰옷 입은 사람이 농구공을 몇 번 패스하는가를 세도록 하면 눈은 그것을 헤아리느라고 사람들 사이를 유유히 지나가는 그 큰 고릴라를 보지 못하게 되니 말이다. 그리스 신화에 나오는 눈이 100개 달린 아거스(Argus)처럼 눈앞 현실을 하나도 놓치지 않고 보아내기란 결코 쉬운 일이 아니다.

눈은 보이지 않지만 마음은 무언가 하려는 의지로 가득한 사람을 '맹목불맹심(盲目不盲心, mángmù bù máng xīn)'이라고 한다. 우리는 최소한 세상을 볼 수 있는 정상적인 눈을 가졌으면서 마음이 움직이지 않아 아무것도 보지 못하는 일은 없도록 노력해야 할 것이다.

사자성어는 한국과 중국이 함께 공유하는 것이 많은데, 어떤 것은 약간 다르게 활용되기도 한다. 수박 겉핥기식으로 한다고 할 때 우리는 주마간산(走馬看山)이라고 하는데 중국어에서는 달리는 말에서 꽃을 본다(走马观花*, 走马看花)라고 한다. 괄목상대(刮目相对)도 중국어에서는 괄목상간(刮目相看**)이라고 말한다. '보다'라는 말에 해당하는 한자가 많아서 생기는 현상으로 보인다.

링크에 링크!

*走马观花(zǒumǎ-guānhuā) 주마간산. 대충대충 보고 지나가다.

**刮目相看(guāmù-xiāngkàn) 괄목상대. 눈을 비비고 상대편을 보다. 남의 학식이나 재주가 놀랄 만큼 부쩍 늚을 이르는 말.

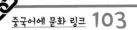

'날 일'에 한 획 더해 만들 수 있는 한자는?

甲骨文	小篆	楷书	简化

1749년 벤저민 프랭클린(Benjamin Franklin, 1706~1790)이 피뢰침을 개발하며 번개와 우레로 인한 피해가 아주 간단하게 해결되었지만, 과거에는 번개로 인한 화재가 아주 심각한 재앙이었다. 대표적인 곳이 대부분 목재로 축조된 자금성(紫禁城)인데 1420년 완공된 이래 24번이나 번개 때문에 화재가 발생했다. 화재 진압을 위해 자금성 곳곳에 설치한 청동으로 만든 방화수통이 마치 파라볼라 안테나처럼 둥그렇게 생겨 번개를 끌어와 오히려 피해를 키웠다고 하니 참 아이러니하다. 자금성의 처마에 계급장처럼 달린 동물들은 해태를 비롯하여 모두 불을 잡아먹는 신화 속 동물들인데 번개로 인한 화재를 막아달라는 기원이 담겨 있다.

원래 번개를 상형한 글자는 갑골문에 'S' 자 형태로 보이는 '신(申)' 자였는데, 이 글자가 간지나 성, 지명 등에 더 많이 사용되자 본뜻을 보존하기 위해 비 우(雨)를 위에 더해서 번개 전(電, diàn)을 만들었다. 보통 비가 오면서 번개가 치는 것에 착안한 것이다. 번개와 손을 잡고 다니는 우레 뢰(雷)는 申 자에 소리를 나타내는 입 구(口)를 위아래 더했다가 4개의 구(口)가 있는 형태의 밭 전(畾)으로 바뀌었다.

중국 젊은이들 사이에 "날 일(日)에 한 획을 더해서 만들 수 있는 한자에는 어떤 것이 있을까?" 하고 상대에게 물어 어떤 글자를 먼저 말하느냐에 따라 상대방이 자신을 어떻게 생각하는지를 재미로 알아보는 일종의 심리테스트가 유행한 적이 있었다. 우리나라 한자에는 백(白), 목(目), 전(田), 갑(甲), 유(由), 신(申), 단(旦)이 있는데 간화자를 쓰는 중국에는 오래될 구(旧, 舊)와 전기 전(电, 電)이 더 있다. 제일 먼저 흰 백(白)을 떠올렸다면 질문한 사람을 사랑하는 사람으로 여기는 것이고, 눈 목(目)을 생각했다면 싫어하는 사람으로 여긴다는 것이라고 하는데 어떤 근거가 있어 보이지는 않는다.

컴퓨터, 엘리베이터, 포크레인 등을 중국어로 표현할 때 전기 '전(电)' 자를 사용해 소화해낸다. 나름대로 '언어 주권'을 지키려는 노력이 엿보인다. 컴퓨터는 전기 뇌(电脑, diànnǎo)이고 엘리베이터는 전기 사다리(电梯, diàntī), 포크레인은 전기 삽(电铲, diànchǎn)이다. 어떤 방식이 더 좋다고 단언하기는 어렵지만 영어를 사용하는 것이 더 세련되고 세계화를 추구하는 듯한 느낌을 준다는 이유로 공공기관들조차 앞다퉈 영어 이니셜을 기업명으로 내세우는 세태가 '언어 주권'이란 말을 염두에 두기는 한 것인지 안타까울 뿐이다.

 **제9장** **교통수단과 길 묻기**

A: Qǐngwèn, cóng zhèr dào Tiān'ān Mén zěnme qù hǎo ne?

请㉔问，从㉕这儿到㉖天安门㉗怎么去好呢?

B: Zuò dìtiě ba! Zuò dìtiě yòu kuài yòu fāngbiàn.

坐㉘地㉙铁吧! 坐地铁又快又方㉚便。

A: Yào duō cháng shíjiān?

要多长㉛时㉜间?

B: Bàn ge xiǎoshí zuǒyòu.

半个小时左右㉝。

A: Dìtiězhàn zěnme zǒu?

地铁站怎么走?

B: Yìzhí zǒu, dào shízì lùkǒu wǎng zuǒ guǎi jiù xíng le.

一直走，到十字路㉞口往左㉟拐就㊱行了。

A: Xièxie nín.

谢谢您。

B: Bú kèqi.

不客气。

㉔ 请 qǐng	㉕ 从 cóng	㉖ 到 dào	㉗ 门 mén	㉘ 坐 zuò
㉙ 地 de, dì	㉚ 方 fāng	㉛ 长 cháng, zhǎng		㉜ 时 shí
㉝ 右 yòu	㉞ 路 lù	㉟ 左 zuǒ	㊱ 就 jiù	

문화 링크

请 从 到 门 坐 地
方 长 时 右 路 左
就 公 车 出

교통수단 표현

坐
zuò

公⑰ 交车⑱
gōngjiāochē

出⑲ 租汽车
chūzū qìchē

船
chuán

汽车
qìchē

火车
huǒchē

飞机
fēijī

⑰ 公 gōng　　⑱ 车 chē　　⑲ 出 chū

"나를 위해 귀 좀 기울여 주시게!"

小篆	楷书	简化
請	請	请

전국시대 조(趙)나라의 가난한 선비 출신 인상여는 '완벽(完璧)'이란 고사로 유명하다. 인상여가 진(秦)나라와의 담판에서 화씨벽을 무사히 지켜내자 조나라 왕은 그의 지혜와 용기에 감동해 인상여에게 높은 벼슬을 주었다. 그러나 조나라 노장 염파(廉頗)는 그것이 늘 못마땅하여 인상여에 불만이 많았고, 인상여는 그런 염장군을 보면 자리를 피하곤 했다.

어느 날, 인상여의 하인이 왜 당당히 맞서지 않고 자리를 피하냐고 묻자 인상여는 "진나라가 조나라를 침범하지 못하는 것은 나와 염파 장군이 있기 때문이다. 우리 둘이서 싸운다면 진나라만 좋아할 일이 아니겠느냐? 내가 늘 염장군을 피하는 것은 국가의 안위를 먼저 생각하고, 개인적인 감정은 뒤로 미뤄놓기 때문이다"라고 답했다. 이 말을 전해 들은 염파는 그동안 자신의 옹졸한 태도가 너무 부끄러워 스스로 윗도리를 벗고 가시를 짊어지고 인상여를 찾아가 죄를 빌었다. 여기에서 유래한 성어가 바로 '부형청죄(負荊请罪*)'이다.

청할 청(請, qǐng)은 의미부 말씀 언(言)과 소리부 푸를 청(青)으로 이뤄진 형성자이다. 말씀 언(言)은 말을 뜻하는 추상적 부호와 내민 혀, 그리고 입(口)이 합쳐진 모양이고, 푸를 청(青)은 풀(屮)이 땅(一)을 뚫고 돋아난 형태인 생(生)과 붉은 빛을 띠는 광석의 총칭인 단(丹)의 결합으로 푸른색이 나는 광석(ヽ)을 의미한다. '푸르다'는 것은 곧 어리고 젊다는 의미인데, 바로 청(請)의 뜻이 원래 젊은 사람이 윗사람을 알현하고, 자기의 뜻을 말한다는 것이며, 자신의 뜻을 말하기 때문에 '청하다'는 의미도 생겨난 걸로 보인다.

중국사의 유일한 여황제인 측천무후(則天武后, 624~705) 시절, 주흥(周興, ?~691)이 반란을 모의한다는 첩보를 입수한 측천무후는 내준신(来俊臣, 651~697)에게 사건을 맡겼다. 내준신은 주흥을 식사에 초대해 죄를 고백하지 않는 죄수 때문에 골치가 아프다고 하자, 주흥은 사방에서 불을 지핀 뜨거운 항아리에 죄수를 넣고 심문하면 된다고 자신이 고안해낸 방법을 알려주었다. 이에 내준신은 주흥에게 반란죄를 물어 "그대가 항아리 속으로 들어가시오(请君入瓮**)"라고 하여 주흥의 자백을 받아냈다. 주흥은 자기가 놓은 덫에 스스로 걸린, 자업자득(自业自得, 중국어 표현은 自作自受***)의 신세가 된 셈이다.

이백은 〈장진주(将进酒)〉에서 "그대에게 한 곡조 노래를 불러주려네, 그대 나를 위해 귀를 좀 기울여주시게나(与君歌一曲, 请君为我侧耳听)"라고 읊고 있다. 술을 권하는 풍류의 노래이면서도 정중하고 멋들어지게 상대방의 경청을 구하는 품위가 느껴지는 말이다.

링크에 링크!

*负荆请罪(fùjīng-qǐngzuì) 스스로 형장(刑杖)을 짊어지고 처벌을 요청하다. 잘못을 인정하고 정중히 사과하다.

**请君入瓮(qǐngjūn-rùwèng) 자기가 놓은 덫에 자기가 걸려들다.

***自作自受(zìzuò-zìshòu) 자업자득이다. 제가 놓은 덫에 걸리다.

남자에게도 삼종지도가 있다 ?

金文	小篆	楷书	简化
𣤣	𠈌	從	从

공자가 아홉 굽이가 있는 구슬에 실을 꿰려고 하는데 아무리해도 꿸 수가 없었다. 그래서 옆에 있던 뽕을 따는 여인에게 물으니 "곰곰이 잘 생각해보라(密尔思之, 思之密尔, mì ěr sī zhī, sī zhī mì ěr)"고만 한다. 공자는 '밀(密)'이라는 말에서 '꿀(蜜)'이라는 힌트를 얻어 개미허리에 실을 묶고 구슬 구멍에 꿀을 발라서 개미를 구슬의 구멍으로 통과하게 하여 구슬을 꿸 수 있었다. 이를 '공자천주(孔子穿珠, Kǒngzǐ chuān zhū)'라고 한다. 여인의 조언에 따라, 개미허리에 묶은 실을 따라 구슬을 꿴 이야기다. 주변에 있는 작은 것에서도 배움을 구하며 깨달음을 얻은 공자는 나이 일흔에는 마음이 가는 대로 행해도 법을 넘지 않는(从心所欲*不踰矩) 경지에 이르렀다.

한유는 〈사설〉에서 "의혹되면서도 스승을 따르지 않는다면 그 의혹된 것은 끝내 풀리지 않는다(惑而不从师, 其为惑也, 终不解矣, huò ér bù cóng shī, qí wéi huò yě, zhōng bù jiě yǐ)"고 했다. 사람이 누군가를 믿고 따른다는 것을 가장 잘 구현한 한자가 바로 '따를 종(從)'일 것이다.

따를 종(從, cóng)은 네거리의 상형으로 발걸음을 나타내는 걸을 척(彳), 나란히 선 두 개의 사람 인(人), 발 지(止)가 결합된 형태로, 한 사람이 다른 사람의 발자취를 좇아서 따라 걸어감을 의미한다. 중국어에서는 '~부터'의 의미로 주로 쓰인다.

과거 유교적 전통 사회에서 여성에게 삼종지도(三从之道)라는 규범이 있었다. 즉, 어려서는 아버지를, 시집가서는 남편을, 남편이 죽으면 아들의 뜻을 따라야 한다는 것이다. 그런데 최근 가정 내에서 여성의 목소리가 커지면서 '신(新) 삼종지도'가 생겨나 회자된다. 남자가 어려서는 어머니의 말을, 결혼해서는 아내의 말을, 늙어서는 딸의 말을 잘 따라야 한다는 것이다. 남녀의 사회적 역할이 봉건적 주종(主从) 관계를 벗어난 지는 이미 오래이다. 사회적으로 여전히 남성 우위의 기울어진 운동장이 존재하지만, 가정 내에서는 여성의 지위가 점점 높아지는 듯하다.

노자는 《도덕경》에서 "도(道)를 믿고 따르는 사람은 이미 도와 하나가 된 것이다(从事于道者, 同于道, cóng shì yú dào zhě, tóng yú dào)"라고 한다. 무언가를 믿고 따르는 그 자체가 이미 그 무엇과 동일화의 길에 들어선 것이라는 의미이다. 좋은 롤 모델을 정하고, 그를 따르는 과정은 분명 긍정적인 효과를 가져다줄 것이다.

주나라 때의 역사서 《국어(国语)》에는 "선을 따르는 것은 산을 오르는 일처럼 어렵고, 악을 따르는 것은 산이 무너지는 것 같다(从善如登, 从恶如崩, cóng shàn rú dēng, cóng è rú bēng)"고 했다. 산을 오르는 일처럼 어렵더라도 향기가 나는 사람의 발자국을 따라간다면, 그 향기가 내 몸 어딘가에 스며들지 않을까.

링크에 링크!

* **从心所欲**(cóngxīnsuǒyù) 자기 뜻대로 하다. 하고 싶은 대로 하다는 뜻으로 여기에서 종심(从心)은 나이 70세를 나타낸다.
[15세: 志学(zhì xué), 30세: 而立(ér lì), 40세: 不惑(búhuò), 50세: 知天命(zhī tiānmìng), 60세: 耳顺(ěrshùn)]

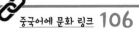

"황허에 가기 전까진 포기하지 않겠다!"

金文	小篆	楷书

2014년 발생한 세월호 참사를 돌아보면 우리 사회가 어느 지경까지 곪았는지 정말 참담하기 그지없다. 배가 강 복판에 이르러서야 물이 새는 것을 막아 보려 해도 때는 이미 늦은 법(船到江心补漏迟, chuán dào jiāng xīn bǔ lòu chí)이다. 근본으로 돌아가(归根到底*) 우리 사회 전반에 물이 새는 곳을 점검하고, 정비하는 계기로 삼아야 할 것이다.

이를 도(到, dào)는 의미부 이를 지(至)에 소리부 칼 도(刂)가 결합된 형태다. 지(至)는 거꾸로 놓인 화살(矢)이 땅(一) 같은 목표물에 도달하는 것에서 의미가 생겨났다. 금문의 형태를 보면 도(刀) 대신 사람 인(人)이 있는 것으로 보아 화살이 아닌 사람이 어떤 곳에 도착함을 가리키는 말로 쓰였음을 알 수 있다.

출석을 부를 때 중국에서는 '是(네)'라는 대답 대신 '왔어요'에 해당하는 '도(到, dào)'를 사용한다. 타이완에서는 '여기 있어요'의 의미로 '유(有, yǒu)'를 주로 사용한다. "호랑이도 제 말 하면 온다"를 중국어에서는 "조조도 제 말 하면 온다(说到曹操，曹操就到**)"로 표현한다.

책을 읽을 때 세 가지가 그 책에 이르러야 한다(读书三到, dúshū sān dào). 즉 먼저 눈, 입, 마음이 다다르도록 해야 한다는 것인데, 최근 낭송이 재조명되며 인기를 끄는 것도 이 같은 이유 때문이 아닐까.

'정신일도, 하사불성(精神一到, 何事不成)'은 원래 주자가 지은 《주자어류(朱子语类)》에 처음 등장하는데, "정신을 온전히 집중한다면 못할 일이 없다"는 의미로 우리나라에서도 널리 회자된다.

시스템이나 사회적 환경은 등한시한 채 개인의 정신과 도덕성만을 강조하는 것에 동의하기 힘들지만, 그래도 목표를 위해 정신을 가다듬는 것은 여전히 소중하다. "황허에 이르지 않으면 마음이 죽지 않는다(不到黄河, 心不死***)"는 말이 있는데, 자신이 설정한 목표를 이루기 전까지는 결코 포기하지 않겠다는 결연한 의지를 보여주는 경구이다.

"수레가 산에 이르면 반드시 길이 생기게 마련이다(车到山前必有路****)"라고 한다. 세월호 참사와 같은 국가적 재난이든, 자연재해든 모든 일은 비록 난관에 부딪혀도 결국엔 극복할 방도가 있는 법이다. 다만 용기 있는 도전, 현실을 직시하는 정직함, 많은 사람들의 지혜를 모으는 소통의 힘이 선행되어야 한다.

링크에 링크!

*归根到底(guīgēn-dàodǐ) 근본으로 돌아가다.

**说曹操, 曹操就到(shuō Cáo Cāo, Cáo Cāo jiù dào) 조조 얘기를 하는데 조조가 나타나다. 호랑이도 제 말 하면 온다.

***不到黄河, 心不死(bú dào Huáng Hé xīn bù sǐ) 황허에 가지 않으면 결코 그 마음이 죽지 않는다. 처음 목표한 바를 이루기 전까지는 결코 포기하지 않는다.

****车到山前必有路(chē dào shān qián bì yǒu lù) 일정한 단계까지 노력하면 결국은 해결책이 있게 마련이다.

"나와 서공 중에
누가 더 잘생겼소?"

門	門	門	门
甲骨文	小篆	楷书	简化

전국시대 제(齐)나라에 추기(邹忌, BC385~319)라는 키 크고 잘생긴 관리가 있었다. 그 친구 서공(徐公, 잘생긴 남자의 대명사로 城北徐公*이란 성어의 주인공) 역시 멋진 외모로 늘 사람들의 시선을 사로잡았다. 어느 날 추기는 거울을 보다가 아내에게 "나와 서공을 비교하면 누가 더 잘생긴 것 같소?" 하고 물었다. 아내는 주저 없이 남편이 더 낫다고 대답했다. 추기가 또 첩에게 물으니 첩 또한 서공보다 몇 배나 잘생겼다는 대답이다. 얼마 후 부탁을 하러 온 친구에게 같은 질문을 하자 친구 역시 추기가 훨씬 잘생겼다고 치켜세웠다.

추기는 스스로 거울을 보다가 문득 서공보다 자신이 더 잘생겼다고 한 사람들에 대해 생각해 보았다. 아내는 자신을 사랑하기 때문에, 첩은 자신이 두려워, 친구는 뭔가 부탁이 있어서 그렇게 대답했다는 걸 깨달았다. 추기는 작은 관리인 자신도 이런데 왕은 얼마나 주위에 이런 찬미와 칭찬의 미사여구에 둘러싸였을까 싶어 위왕(威王)을 찾아가 자신의 경험을 들려주었다. 추기의 말을 듣고 크게 감명을 받은 위왕은 누구든 정당한 일로 간언하는 사람이 있으면 상을 주겠노라고 선포했다. 이후 궁궐은 간언하려는 사람들로 마치 시장 바닥을 방불케 했다. 여기서 생겨난 말이 바로 '문전성시(门前成市, 중국어 표현은 门庭若市**)'이다. 1년 동안 간언하는 사람들이 문전성시를 이루는 동안 제나라는 잘못된 관행을 바로잡고, 강대국으로 성장할 수 있었다.

문 문(門, mén)은 두 짝으로 된 문의 상형이다. 통나무로 대를 세우고 양쪽으로 여닫는 문짝을 설치했는데, 문짝이 한 쪽으로만 된 호(戶)보다 넓고 안정돼 보인다. 위엄 있는 관가나 부잣집에서나 달 수 있었다. 이 문 안에 해 일(日), 달 월(月), 귀 이(耳) 등 100여 개의 한자를 더해 다양한 의미를 만들어낸다. 문 문(門)은 누구든 들여서 새로운 글자를 만들어주는, 넉넉한 품에 마음씨가 좋다.

고대 사회 문은 신분에 따라 철저히 출입이 구분되고 그 크기와 개수 또한 달랐다. 자금성의 다섯 개 대문 중 가장 큰 가운데는 황제와 황후, 그리고 전시(殿试)의 장원 합격자만이 들어갈 수 있었으며, 동쪽은 문관, 서쪽은 무관(东文西武)이 출입했다. 관리 등용 시험인 과거(科举) 합격자 중에서는 석차에 따라 홀수는 동쪽, 짝수는 서쪽 문으로 드나들었다.

도연명은 〈귀거래사〉에서 "문은 달렸으되 늘 잠겨 있다(门虽设而常关, mén suī shè ér cháng guān)"는 말로 세상을 등지고 자연에 묻혀 사는 자신을 표현한다. 이런 도인의 경지가 아니라면 문은 '사람이 들고나는 바이다(人所出入也, rén suǒ chūrù yě)'라고 한 《옥편》의 정의처럼, 늘 자유롭게 열린 소통의 통로여야 한다. 잠겨 있는 문은 더 이상 문이 아닌 '벽'일 뿐이다.

링크에 링크!

* **城北徐公**(chéngběi-Xúgōng) 미남자. 잘생긴 남자를 이르는 말.
** **门庭若市**(méntíng-ruòshì) 현관과 정원이 시장을 이룬 듯이 시끌벅적하다. 문전성시를 이루다.

"붉은 의자에 앉다"는 무슨 뜻일까요?

小篆	楷书

고대인들은 땅바닥에 자리를 깔고 앉았는데(席地而坐*) 양 무릎을 땅에 대고 엉덩이를 발꿈치 위에 올려놓는 자세였다. 강가에 수렵이나 채취한 성과물을 놓고 앉으면, 최고 지도자가 으뜸의 자리에 앉아 수확물을 분배하는데, 그 자리가 바로 '주석(主席, zhǔxí)'이고, 지금도 중국 최고 지도자를 칭하는 말로 사용된다.

한나라 이전까지만 해도 '좌(坐)'는 무릎을 꿇고 앉거나(跪, guì), 가부좌 자세(跏趺, jiāfū) 혹은 쪼그리거나(蹲, dūn) 다리를 앞으로 뻗고 웅크리는(箕踞, jījù) 것을 이르는 말이었다. 공자의 직계 후손들이 살던 공부(孔俯)에는 '차의판(搓衣板, cuō yī bǎn)'이라는 빨래판 모양의 돌이 있는데, 잘못이 있는 가족 구성원을 그곳에 꿇어앉게 해 체벌하는 장소로도 사용되었다.

중국 친구를 초대해 한국식당에 갈 때는 되도록 바닥에 앉는 곳은 피하는 것이 좋다. 입식 문화에 익숙한 대다수 중국인은 바닥에 양반다리로 앉는 걸 매우 힘들어한다. 식사 초대가 자칫 체벌처럼 여겨질 수도 있으니 주의해야 한다.

중국인이 초대한 식사자리에 가게 되면 앉는 자리에 신경을 써야 한다.

자리를 마련한 사람이 안쪽 중앙에 앉고 그를 중심으로 바로 그 오른쪽이 VIP석이고, 그 왼쪽은 두 번째 지위의 손님이 앉는 원칙이 있기 때문이다. 고래로 어디에 앉느냐 하는 것이 지위와 격식을 따지는 의식의 일부로 여겨져 온 까닭이다.

앉을 좌(坐, zuò)는 두 사람이 제단처럼 쌓은 흙을 중심으로 마주 앉아 제사를 지내는 모습이다. 과거 농경사회에서 만물을 생산해내는 위대한 '흙(土)'에 대한 경배를 나타낸다. 중국어에서는 '앉다'라는 뜻 외에 교통수단을 '타다'는 의미로 쓰인다.

커트라인에 걸려 합격한 경우에 '문 닫고 들어왔다'고 하는데, 중국어에서 '붉은 의자에 앉는다(坐红椅子**)'는 과거시험에서 꼴찌로 합격했다는 의미이다. 급제자 명단을 발표할 때 마지막 합격자 이름 아래에 붉은 선으로 구획을 지었기에 생겨난 말이다.

송나라 범공칭(范公称, 1126~1158)의 《과정록(过庭录)》에 나오는 '명락손산(名落孙山***)' 이야기가 떠오른다. 손산(孙山)이 고향 사람과 함께 향시(乡试)에 응시해 턱걸이로 겨우 합격해 고향에 먼저 돌아오자 온 마을 사람들이 축하했다. 그런데 함께 시험을 본 친구의 아버지가 자식의 합격 소식을 물었다. 손산은 익살스럽게 "합격자 명단의 맨 마지막이 저 손산이고, 어르신의 아드님은 손산 밖에 있었습니다"라고 대답했다.

링크에 링크!

*席地而坐(xí dì ér zuò) 자리가 깔려 있는 땅바닥에 앉다.

**坐红椅子(zuò hóng yǐzi) 시험에서 꼴찌로 합격하다.

***名落孙山(míng luò Sūn Shān) 이름이 과거에 맨 꼴찌로 합격한 손산의 뒤에 있다. 불합격하다의 완곡한 표현.

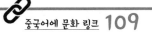

중국은 더 이상
땅이 넓은 나라가 아니다?

金文	小篆	楷书

    노벨문학상을 수상한 펄벅(Pearl S. Buck, 1892~1973)의 《대지(大地)》에는 주인공 왕룽(王龙)이 아내 아란(阿兰)과 함께 가뭄, 기근과 사투를 벌이면서도 힘겹게 땅을 일구며 살아가는 모습이 잘 그려져 있다. 왕룽은 기근으로 먹을 것이 없자 흙을 죽처럼 끓여 아이들에게 먹이는데 이를 관음보살 흙이라 한다. 땅을 팔라고 하는 작은아버지에게 왕룽은 소리친다.

    "조금씩 조금씩 흙을 파내어 밭을 몽땅 다 아이들에게 먹이겠소, 그들이 죽으면 나는 아이들을 그 땅에다 묻겠소. 나하고 아내하고 늙으신 우리 아버지, 우리 아버지까지도 우리에게 삶을 준 이 땅에서 죽겠소."

    늙은 왕룽은 죽음을 앞두고도 "우리는 땅에서 왔고 우리는 그 땅으로 돌아가야만 해" 하고, 땅을 팔면 집안이 망한다며 자식들에게도 절대 땅을 팔지 말라고 한다. 중국 농민을 형상화한 왕룽이 땅에 대해 보이는 끝없는 신뢰는 그의 삶을 지탱하는 힘이다. 또한 중국 농민이 땅에 대해 갖는 보편적인 생각이다. 혁명이 일어나 세상이 바뀌고 군벌이 난립해 도적이 판을 쳐도 땅은 늘 그 자리에서 변함없이 주인을 기다린다. 어느 누구도 훔쳐 갈 수 없는, 언제든 돌아가 기댈 수 있는 삶의 버팀목이자 안식처다. 우리가 왔고, 발 딛고 섰고, 또 언젠가 돌아가야 할 곳이다.

땅 지(地, dì, de)는 흙덩어리의 상형인 토(土)와 여성의 생식기나 뱀의 상형이라는 어조사 야(也)가 결합된 형태이다. 금문에서는 땅 지(地)의 고자(古字)인 지(墜)의 모양인데, 뱀이나 짐승이 기어 다니는 언덕이나 흙을 나타낸 걸로 보인다. 여기서는 어조사 야(也)를 여성의 생식기로 보기도 하는데, 이는 대지가 갖는 생명력의 근원으로서의 모성 이미지와 잘 어울리는 느낌이다.

땅 지(地)에는 땅의 의미 이외에도 처해 있는 '입장, 처지'의 의미도 있는데, 역지사지(易地思之, 중국어 표현은 易地而处*)가 그 예이다. 역지사지는 우리나라에서만 사용하는 멋진 사자성어다. 《맹자》〈이루 하〉에 나오는 "안회는 치수를 담당한 우임금이나 곡식을 관장한 후직(后稷)과 입장을 바꾸어도 역시 그렇게 했을 것이다(禹、稷、顔子, 易地則皆然, Yǔ、Jì、Yánzǐ, yìdì zé jiērán)"에서 처지를 바꾼다는 '역지'를 빌려오고, 《중용》에서 나오는 "신중하게 그것을 생각하라"는 신사지(慎思之, shèn sī zhī)에서 '사지'를 합쳐 새로운 의미를 만들어 낸 걸로 보인다.

중국을 한 마디로 흔히 "땅이 넓고 물자가 풍부하다(地大物博**)"고 표현한다. 그런데 중국 친구에게 이 말을 했더니 언제 적 얘기냐며 웃는다. 물론 큰 영토와 많은 자원을 보유한 것은 사실이지만, 14억에 육박하는 인구로 나누면 1인당 영토와 자원이 모두 세계 100위권 밖이라며 중국은 이제 '지소물박(地小物薄)'이란다. 현실을 직시했다고 해야 할지, 많은 인구를 핑계로 지나친 엄살이라고 해야 할지 난감해진다.

링크에 링크!

***易地而处**(yì dì ér chǔ) 다른 사람의 처지에서 생각해보다.

**** **地大物博**(dìdà-wùbó) 땅이 넓고 생산물이 풍부하다.

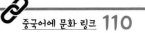

한자에 동그라미가 없는 이유

甲骨文	金文	小篆	楷书

상형 문자에서 기원한 한자에는 동그라미가 없다. 세상에는 분명 둥근 사물이 많고, 상형 문자라면 그것을 보고 그렸을 텐데 왜 한자에 동그라미가 사라졌을까. 둥글 원(圓), 동그라미 권(圈)조차도 명실상부하지 못하게도 그 모양이 모두 네모 안에 갇혀 있다.

한자의 초기 형태인 갑골문이나 금문까지만 해도 동그라미가 많이 남아 있었으나, 춘추전국시대를 통일한 진나라의 재상 이사가 문자 통일을 추진하며 한자에 대한 대대적인 단순화, 규격화 작업을 단행하여 직사각형의 틀 안에 한자를 가뒀다. 이 과정에서 동그라미는 모두 사라지고 네모난 방괴자(方块字, fāngkuàizì)의 체계를 잡은 걸로 보인다. 이렇게 만들어진 글자체를 소전이라고 하는데, 이후에 출현하는 예서(隶书), 해서(楷书), 행서(行书)에서는 방형의 경향이 더욱 심화되어 동그라미는 한자에서 설 자리를 완전히 잃고 말았다.

모 방(方, fāng)은 아우를 병(幷)의 윗부분과 배 주(舟)의 아랫부분이 결합된 형태로 본뜻은 두 척의 배가 나란히 '나아가다'는 의미였으며, 여기에서 두 배가 합쳐진 모양이 네모처럼 보여 '모서리'의 의미가 생겨난 걸로 보인다. '방향, 방법'은 나아가다는 의미가 여전히 남아 있고, '지방(地

方)'이란 말은 모서리의 의미로 쓰이고 있다.

강력한 통치체제를 위해 자유분방한 그림 형태의 한자가 방괴자로 각이 잡힌 것처럼 네모는 권력의 위엄을 극대화하기 용이한 형태다. 모든 궁궐이 네모난 것도, 또 권위적 질서를 강조하는 군대에서 속옷도 각을 잡는 이유도 이와 관련된 게 아닐까. 조직의 권위를 나타내는 인장이 네모난 형태인 반면 개인의 도장은 둥근 형태인 것도 네모가 가지는 상징적 위엄 때문이다.

고대인들은 하늘은 둥글고 땅은 네모나다는 '천원지방(天圓地方*)' 사상이 있었다. 하늘에 제사를 지내던 톈탄(天坛) 공원의 구조가 땅을 나타내는 남쪽은 네모나고, 하늘을 상징하는 북쪽은 둥근 형태로 설계된 것도 같은 이치다. 천자(天子)가 다스리는 땅이 네모난 것은 그 질서 체계를 강조하기에 적합하다. 명나라 때 정화(郑和, 1371~1434)의 대항해가 천자에게 위험하게 여겨져 폐기된 것도 어쩌면 그 네모난 질서 체계 밖의 정보가 많아지는 것에 대한 두려움 때문이 아니었을까.

과거 학창시절 상장 문구가 늘 "품행이 방정하고"로 시작했던 기억이 난다.《한서》의 '방정지사(方正之士**)'에서 유래한 이 말은 제사상의 밤톨처럼 반듯하고 바른 이미지는 떠오르지만, 미래사회가 요구하는 창의적인 인재상에는 어울리지 않는 느낌이다. 모가 난 네모는 구르지는 못하지만, 조금만 모서리를 다듬으면 전혀 불가능한 일은 아닐 것이다. 원래 모서리엔 '나아가다'는 유전자도 내재되어 있으니 말이다.

링크에 링크!

*天圓地方(tiānyuán-dìfāng) 하늘은 둥글고, 땅은 네모나다.

**方正之士(fāngzhèng zhī shì) 품행이 반듯하고 정직한 사람.

긴 것을 향한 중국인의 욕망

甲骨文	小篆	楷书	简化

국내에서 영화로도 제작된 위화의 소설 《허삼관매혈기》에 보면 "거시기 털은 눈썹보다 늦게 나지만, 눈썹보다 길게 자란다(屌毛出得比眉毛晚, 长得倒是比眉毛长)"는 구절이 있다. 겉으로 드러나는 인간의 이성보다 인간의 잠재적 욕망은 비록 형성 시기는 늦지만 이성보다 더 길고 왕성하게 인간을 지배한다는 의미일 것이다.

중국에는 긴 것이 참 많다. 인간이 남긴 가장 긴 건축물인 만리장성(万里长城, Wàn Lǐ Chángchéng)이 있고, 6,300km로 중국에서 가장 길고 세계적으로도 세 번째인 창장(长江)이 있다. 또 베이징 이허위안에는 728m로 기네스북에 오른 가장 긴 복도 장랑(长廊, Chángláng)이 있고, 홍콩에는 800m나 되는 세계 최장의 에스컬레이터도 있다. 또 믿어지지 않는 장수(长寿, chángshòu) 기록도 있다. 청나라 때 기공양생가(气功养生家)인 이경원(李庆远)은 강희 16년에 태어나 민국 22년(1677~1933)까지 무려 256년을 살아 최장수 기네스 기록을 가지고 있다.

긴 장(長, cháng, zhǎng)은 풀어 헤친 머리를 나타내는 윗부분과 사람을 나타내는 아랫부분이 결합된 형태로, 머리를 산발한 노인의 상형이다. 머리카락을 자르는 걸 금기시 한 고대 중국인들은 상투를 틀었는데, 나이 들어 머리가 빠지면 성근 머리를 묶을 수 없어 하는 수 없이 머리를 늘어뜨려야 했다. 이런 노인의 머리카락 모습에서 '길다, 어른'의 의미가 생겨난 걸로 보인다. '길다'의 의미는 cháng, '성장하다, 생기다'의 의미는 zhǎng으로 읽는다.

마흔여섯에 두보가 쓴 〈춘망(春望)〉의 마지막 구절 "하얗게 센 머리 빗을수록 더욱 짧아지니 비녀를 감당하지 못하겠네(白头搔更短, 浑欲不胜簪, báitóu sāo gèng duǎn, hún yù bú shèng zān)"에 이런 서글픈 광경이 잘 묘사되어 있다.

또 어떤 생명체가 길어지는 것이 곧 자라고 성장하는 것일 테니 긴 장(长)은 자연스럽게 이런 의미도 함께 지니게 되었다. 어느 콩나물가게에 붙은 대련 중에 "장장장장장장장(长长长长长长长, cháng zhǎng cháng zhǎng cháng cháng zhǎng), 장장장장장장장(长长长长长长长, zhǎng cháng zhǎng cháng zhǎng zhǎng cháng)"이 있는데, 이는 가게의 콩나물이 길게 길게 자라서, 가게가 오래 오래 번창하라는 의미를 담고 있다.

"강한 것이 살아남는 것이 아니라, 살아남는 것이 강한 것이다"라는 말이 있다. 길게 이어진다는 것은 강한 생명력과 또 그것을 지탱해 줄 풍부한 에너지가 내재될 때 비로소 가능하다. 토끼의 꼬리가 길 수 없듯(兔子的尾巴长不了*), 근간을 이루는 밑천이 없으면 모든 일은 금방 바닥이 드러나고 만다. 중국인들이 갖는 길고 오래 지속됨에 대한 욕망이 자신의 명예와 부가 자자손손 이어지길 바라는 제사 문화로 뿌리 내려 이어지는 것 아닐까.

링크에 링크!

*兔子的尾巴长不了(tùzi de wěiba cháng bu liǎo) 토끼 꼬리는 길 수 없다. 무엇이 오래 유지되거나 존재할 수 없음을 비유해 이르는 말.

시간은 공간으로 인식된다!

小篆	楷书	简化

담양 소쇄원(瀟洒園)에는 비 내린 후 맑은 하늘에 뜬 달처럼 세속에 물들지 않는 선비의 기상을 나타내는 '제월당(霽月堂)'이라는 정자가 있다. 보름달이 뜨면 이곳에서 술자리가 벌어지기도 하는데 달이 동쪽 언덕에 떠오르면 연회가 시작된다. 시계가 없으니 끝나는 시간은 그 달이 머리 위를 지나 남서쪽 대나무 숲에 올 때까지로 정해두었다. 달의 공간적 이동으로 시간의 흐름을 표시한 것이다. 막대기 그림자의 공간 이동으로 시간을 측량하는 해시계의 원리 또한 시간을 공간으로 인식한 산물이다.

황진이(黃眞伊, 1506?~1567?)의 시조에도 "동짓날 밤 허리를 베어 이불 속에 두었다가 임 오시는 날에 펴겠다"고 노래한다. 시간을 추상적인 관념이 아닌 공간적 길이로 여기고, 그것을 베어내어 임을 만나는 곳에 꿰어 매는, 시간을 자유자재로 재단하는 것을 볼 수 있는데, 이 또한 시간을 공간으로 인식하는 사유의 흔적이 아닐까.

때 시(時, shí)는 의미부 해 일(日)과 소리부 모실 시(寺)가 합쳐진 글자이다. 시(寺, 모실 시, 절 사)는 출발 지점을 나타내는 '一'과 목적지를 향해 가는 발의 상형인 지(止)가 지(之)로 바뀌고, 다시 팔꿈치 주(寸)가 결합된 것으로, 발로 걸어서 어떤 곳을 향해 '나가다, 모시다'의 뜻으로 쓰이다가 손님을 모시는 '관청, 절'의 의미로 확대되어 쓰였다. '시(時)'는 곧 해가 나아가는 운행을 시간의 개념으로 설정한 글자라고 할 수 있다.

과거 전통사회에서는 십이지로 시간을 나타냈는데, 하루 24시간을 2시간 단위로 시간을 인식했음을 알 수 있다. 좀 더 세밀한 시간 표현을 위해 시간을 1시간 단위로 나타내게 되었는데 이를 중국어로 작은 시간, 즉 '소시(小时, xiǎoshí)'라고 표현한다.

중국 영화 〈초한지-천하대전〉에서 항우가 유방을 공격하기 전에 회왕(怀王)을 먼저 죽이자고 하자 범증(范增, BC277~204)은 명분이 없다며 반대한다. 그러자 항우는 홍문연(鸿门宴)에서 유방을 살해하려고 할 때는 회왕을 죽이라고 하더니 왜 지금은 죽이면 안 되느냐고 묻는다. 그러자 범증은 "그때는 그때고, 지금은 지금이다(此一时, 彼一时*)"는 말로 상황이 달라졌다고 하지만, 장량(张良, BC250~186)의 반간계(反间计)에 빠진 항우는 범증이 자신을 배신했다고 판단하고 결국 범증을 내친다. 그때부터 항우의 운명도 급격한 종국을 향해 치닫고 만다.

때가 되어야 꽃이 피는 법인데 항우는 그 때를 만나지 못한 모양이다. 사면초가(四面楚歌**)에 놓인 항우는 스스로 〈해하가(垓下歌)〉에서 "때가 불리하니 오추마도 나아가지 않는구나(时不利兮骓不逝, shí bú lì xī zōu bú shì)"라고 노래하고 있으니 말이다.

링크에 링크!

***此一时, 彼一时**(cǐ yì shí, bǐ yì shí) 그때는 그때고 지금은 지금이다. 이전과 현재는 사정이 다르다.

**四面楚歌(sìmiàn-chǔgē) 사면초가. 사방이 적에게 포위되어 고립되고 위급한 곤경에 처하다.

당신의 자리 오른쪽엔
무슨 말이 있나요?

| 金文 | 小篆 | 楷书 |

"다른 사람의 단점을 말하지 말고, 자신의 장점은 말하지 말라. 은혜를 베푼 것은 다시 생각하지 말고, 다른 사람의 은혜를 받은 것은 절대 잊지 말라. (중략) 겉으로 어둡고 빛이 없는 물건은 그 안에 빛을 내재하고 있음이다. 부드럽고 연약한 것이 생명의 모습이니, 노자처럼 굳세고 강함을 경계하라. (중략) 말을 삼가고, 먹는 것은 절제하며, 만족함을 알면 불상사를 막을 수 있다. 이것을 늘 지키고 실천하면 그 향기가 사방에 넘칠 것이다.(无道人之短，无说己之长。施人慎勿念，受施慎勿忘。Wú dào rén zhī duǎn, wú shuō jǐ zhī cháng. Shī rén shèn wù niàn, shòu shī shèn wù wàng. (중략) 在涅贵不淄，暧暧内含光。柔弱生之徒，老氏诫刚强。Zài niè guì bù zī, ài ài nèi hán guāng. Róu ruò shēng zhī tú, lǎo shì jiè gāng qiáng. (중략) 慎言节饮食，知足胜不祥。行之苟有恒，久久自芬芳。 Shèn yán jié yǐn shí, zhī zú shèng bù xiáng. Xíng zhī gǒu yǒu héng, jiǔ jiǔ zì fēn fāng.)"

후한(后汉)의 서예가이자 학자였던 최원(崔瑗, 77~142)이 지은 100자, 20구의 시이다. 최원은 이를 자신의 자리 오른쪽에 새겨 놓고 일생의 지침으로 삼는다는 의미로 '좌우명(座右铭, zuòyòumíng)'이라 했다. 《소명문선(昭明文选)》에 나오는 좌우명의 유래이다.

오른쪽을 나타내는 영어 'right'에 '옳다'는 의미가 있는 것처럼, 중국어의 오른쪽을 뜻하는 우(右) 또한 '지위가 귀하고 높다'는 의미를 지닌다. 예를 들어 우척(右戚)은 황제와 왕손 귀족을, 우성(右姓)은 권문세가를, 우객(右客)은 귀한 손님을 나타낸다.

언어학적으로, 전통 질서에서 오른쪽은 늘 높은 지위를 차지해 왔지만, 신중국 건립 이후 사회주의 중국에서 우파는 늘 타도의 대상이었으며, 주도권을 빼앗긴 채 정치적 약세를 면치 못했다. 최근 민영기업가의 공산당 입당이 허용되고 인민대표에 갑부들이 대거 포진하며 우파의 약진이 눈에 띄지만 좀 더 지켜볼 일이다.

오른 우(右, yòu)는 오른손의 상형인 또 우(又)와 신을 부르는 축문을 나타내는 입 구(口)가 결합된 형태의 회의자로, 손과 입으로 '돕다'가 본뜻이다. '오른쪽'이란 의미로 주로 쓰이자 '돕다'는 의미를 보존하기 위해 '우(佑)'가 새로 만들어졌다.

깍지나 팔짱을 꼈을 때, 오른쪽 엄지나 팔뚝이 위로 올라오면 좌뇌, 왼쪽 엄지나 팔뚝이 위로 올라오면 우뇌가 발달한 사람이라고 한다. 우리 몸과 뇌가 서로 좌우가 엇갈려 연결되어 있듯, 좌우의 상징적 의미는 서로 다를지라도, 그 기능은 상호보완적일 수밖에 없다.

좌회전 깜빡이를 켜고, 오른쪽으로 급선회하는 중국이라는 열차는 지금도 사회주의와 자본주의 경계를 달리는 중이다. 정치적 상부구조는 좌파 사회주의를, 경제적 하부 토대는 우파 시장경제체제를 표방한다. 좌우가 엇갈려 연결된 뇌처럼 좌우가 상호보완적일 수밖에 없기에.

중국어에 문화 링크 114

걸어가는 사람 많으면
그것이 '길'이 된다

金文	小篆	楷书

영화 〈타이베이 카페 스토리(第36个故事)〉를 보면 학비로 대학을 진학하겠느냐 아니면 세계여행을 하겠느냐는 질문에 대한 다양한 반응들이 나온다. 대학에서 지식을 쌓은 후 세계여행을 가는 것이 좋다는 의견도 있고, 또 여행을 통해 더 실질적인 것을 배워야 한다는 의견도 있다. 만 권의 책을 읽으며 선현의 지혜를 습득하고(读万券书, dú wàn quàn shū), 또 만 리의 길에서 다양한 경험을 얻는 것(行万里路, xíng wàn lǐ lù)은 선택의 문제 아닌, 둘 모두 삶의 필수 요건일 것이다.

루쉰은 그의 소설 《고향(故乡)》의 마지막 부분에서 "희망은 본래 있어도 되고, 없어도 되는 것이다. 이것은 땅 위의 길과 같다. 사실 땅에는 원래 길이 없었는데 걸어가는 사람이 많아지면 그것이 곧 길이 된다(希望是本无所谓有，无所谓无的。这正如地上的路；其实地上本没有路，走的人多了，也便成了路)"고 했다. 원래 없던 길이 다니는 사람이 많아지면 생겨나는 것처럼, 희망이라는 것도 그것을 꿈꾸는 사람이 많아지면 자연스럽게 생겨나 결국 이뤄지게 된다는 의미이다.

길 로(路, lù)는 거꾸로 그린 발 모양의 지(止)와 움집의 상형인 각(各)이 합쳐진 형태로, 신이 제사를 지내는 축문에 응답하여 아득한 하늘로부터 내려와 이르는 '길'을 의미하게 된 것으로 보인다. 왼쪽의 발 족(足)은 승리하고 돌아옴을, 오른쪽의 각각 각(各)은 출정해 나감을 나타내는데 모두 '길'의 의미를 내포하고 있다.

흔히 인생 여정을 '길'에 비유하곤 한다. 좋든 싫든 반드시 지나가야 하는 길(必经之路*)도 있고, 수많은 갈림길 앞에서 삶의 목표를 잃어버리기도(岐路亡羊**) 한다. 갈림길이라는 선택의 순간들이 합쳐져 하나의 인생길을 이루게 된다. 누군가는 평탄한 길을 가기도 하고, 또 누군가는 험난한 길을 헤쳐가기도 한다. 로버트 프로스트(Robert Frost, 1874~1963)의 시 〈가지 않은 길(The Road Not Taken, 未选择的路)〉처럼 가지 않은 길에 대한 미련은 어떤 길을 가든 남게 마련이다. 또 길은 저마다 다양해도 살아가는 이치는 사람마다 비슷한 법(路有千条，理只一条***)인지도 모르겠다.

"길이 멀면 말의 힘을 알고 날이 오래면 사람의 마음을 본다(路遥知马力，日久见人心****)"고 한다. 자신의 페이스를 지키며 길을 걷다 보면, 시간이 지나 진심을 알아주는 사람도 만날 수 있지 않을까.

링크에 링크!

* **必经之路**(bì jīng zhī lù) 반드시 거쳐야 할 길 또는 과정.

** **岐路亡羊**(qílù-wángyáng) 갈림길에서 양을 잃어버리다. 일이 복잡하고 변화가 많아 방향을 잡기 어렵다.

*** **路有千条，理只一条**(lù yǒu qiān tiáo, lǐ zhǐ yì tiáo) 길은 천 갈래여도 이치는 하나다. 방법은 영민해야 하지만 사리는 밝아야 한다.

**** **路遥知马力，日久见人心**(lù yáo zhī mǎ lì, rì jiǔ jiàn rén xīn) 길이 멀어야 말의 힘을 알 수 있고, 세월이 오래 지나야 사람의 마음을 알 수가 있다.

앞으로 양말 신을 때 '왼쪽'부터!

| 金文 | 小篆 | 楷书 |

양반사회 조선에서 좌청룡, 우백호(左青龙, 右白虎) 오행 사상에 따라 동쪽에 문반, 서쪽에 무반이 늘어서면, 왕이 봤을 때 좌측에 선 좌의정이 우의정보다 서열상 위였다. 동서, 상하, 전후, 좌우라는 말의 순서에서 보듯, 왼쪽이 먼저였다. 왼쪽이 해가 뜨는 동쪽이니 양(阳)이고, 해가 지는 오른쪽은 음(阴)이다.

왼 좌(左, zuǒ)는 금문에서 보듯, 왼손을 본뜬 좌(屮)와 곡척, 돌도끼 등 도구의 상형인 공(工)이 결합된 형태로, 원뜻은 '도구를 들고 일을 돕다'인데 주로 왼쪽의 의미로 쓰이자, '돕다'는 뜻을 보존하기 위해 좌(佐)를 새로 만들었다.

우연의 일치인지 왼쪽은 동서양 언어에서 모두 부정적이고 소극적인 의미로 쓰인다. 왼쪽을 나타내는 영어 left, 불어 gauche, 이태리어 sinistro도 모두 '약하고 힘없고, 서툴고 비뚤어지고, 불길한'의 의미가 내포되어 있다. 낮은 직위로 자리를 옮긴다는 좌천(左迁, zuǒqiān)이나 정통이 아닌 이단을 이르는 말인 '좌도방문(左道旁门*)', 문명화되지 않은 오랑캐나 소수민족의 산발과 왼쪽 옷섶을 가리키는 '피발좌임(披发左衽**)' 등이 그 예이다.

하지만, 좌(左)의 공(工)이 숨어 있는 신을 찾을 때 사용되던 주술도구라는 해석 때문인지 몰라도, 동양 사회에서 왼쪽은 신성시되는, 인간이 어찌할 수 없는 영역을 담당하는, 소망과 기원이 깃드는 곳으로 여겨졌다. 무당(巫堂)의 무(巫)에도 주술 도구 공(工)이 들어 있는데, 무당이 춤을 출 때 반드시 왼손, 왼발부터 시작한다. 아이가 태어나 금줄을 칠 때도 오른 새끼가 아닌 왼 새끼를 꼬아서 아들이면 고추, 딸이면 숯을 끼워 놓았다. 고대인들은 버선을 신을 때 왼쪽부터 신고, 돌부리에 걸려 넘어져도 왼발이 걸리면 그리 싫어하지 않았다고 하니, 왼쪽이 왠지 좋은 기운을 가져다줄 거라는 믿음이 강했던 모양이다.

옛날 계약을 맺을 때 '권(券)'이라는 대나무 표찰을 두 쪽으로 나눠 계약을 보증했는데, 계약 불이행 시 채권자가 지니고 있던 왼쪽 표찰을 증거로 상환을 촉구하는 것을 '가조좌권(可操左券***)'이라 하는데, 이는 왼쪽이 갖는 비록 약하지만 결정적인 한 방을 날릴 수 있는 위력을 보여준다.

새가 좌우의 날개로 날 듯, 어느 한쪽이 없으면 다른 한쪽도 그 의미를 상실한다. 왼손을 많이 사용하면 우뇌가 발달하는 우리 몸의 디자인처럼 좌는 우를 활성화하고, 우는 좌를 깨운다. 좌우는 구분되면서도 늘 하나로 연결되어 작동하는 변증이다.

링크에 링크!

* **左道旁门**(zuǒdào-pángmén) 정통이 아닌 종파. 사도(邪道). 이단. 부정당한 방법. 올바르지 않은 수법.

** **披发左衽**(pīfà-zuǒrèn) 머리를 산발하고 옷섶을 왼쪽으로 여민 차림새.

*** **可操左券**(kěcāo-zuǒquàn) 왼쪽 표찰을 증거로 상환을 촉구하다. 확실한 증거를 잡고 있다.

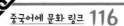

당송팔대가 소순이
취업준비생에게 해주는 충고

小篆	楷书

대학 졸업을 앞둔 젊은이들의 최대 고민은 아마도 취업(就业)일 것이다. 높은 취업의 문턱 앞에서 불안해하는 젊은이들에게 소식, 소철 두 아들과 함께 당송팔대가에 이름을 올린 소순(苏洵, 1009~1066)은 〈상전추밀서(上田枢密书)〉에서 이렇게 충고한다. "하늘이 우리에게 어떤 자질을 부여한 까닭은 반드시 어딘가에 우리를 쓸 곳이 있기 때문이라(夫其所以与我者, 必有以用我也)"고. 그리고 "하늘이 내게 준 자질과 그 뜻을 버리지 않고, 모욕하지도 않았는데도 사람들이 나를 쓰지 않는다면 그것은 나를 쓰지 않은 사람들의 잘못이라(不弃不袭而人不我用, 不我用之罪也)"고 말이다. 이백이 〈장진주〉에서 "하늘이 내게 재능을 준 것은 반드시 쓰일 곳이 있기 때문이다(天生我材必有用)"라고 한 구절이 떠오른다. 스스로 최선을 다하되 자존감을 갖고 당당히 취업의 문을 두드리라는 의미로 읽힌다.

소순은 또 "천하의 학자 중에 누군들 성인의 영역으로 나가고 싶지 않겠느냐"면서, 모두 좋은 직장을 원하지만, 일축이취(一蹴而就*)할 수는 없다고도 말한다. 당장 성과가 없음에 좌절하지 말고 꾸준한 자기 정진에 힘쓸 것을 당부하는 것 같다.

나갈 취(就, jiù)는 서울 경(京)과 더욱 우(尤)가 결합된 형태이다. 서울

경(京)은 위에서부터 지붕, 방, 세 개의 말뚝을 나타내며 높게 대를 쌓은 집의 상형이다. 더욱 우(尤)는 손의 상형인 우(又)에 윗부분에 상처의 흉터 같은 점 주(丶)를 더해 다른 손가락과 다르다는 의미다. 이들이 합쳐진 취(就)는 높고 다른 곳으로 '나아가다', 새로운 것을 손으로 잡아 특별하게 '이루다'는 뜻이 되었다. 중국어에서는 '곧, 바로'의 의미로 주로 쓰인다.

"어리고 못난 소자는 총명하지 못하지만 / 날로 나아가 달로 자라서 배움에 빛을 이루리니 / 맡을 일에 저를 도와 덕행을 보여주오(维予小子不聪敬止, wéi yú xiǎo zǐ bù cōng jìng zhǐ / 日就月将学有缉熙于光明, rì jiù yuè jiāng xué yǒu jī xī yú guāng míng / 佛时仔肩示我显德行, fó shí zǐ jiān shì wǒ xiǎn dé xíng)"

'일취월장(日就月将**)'이란 성어가 생겨난 《시경》에 나오는 주나라 2대왕 성왕에 관한 얘기다. 3,000년 전의 노래라고 믿기지 않을 정도로, 자신의 부족함을 인정하는 겸허한 마음과 주변 사람들과 소통하며 협력을 구하는 진솔한 자세가 돋보인다. 스스로 자신의 적성과 소질을 돌아보며 끊임없는 노력으로 자신의 잠재력을 계발해 간다면 취업의 높은 문턱도 반드시 넘어설 수 있을 것이다. 그 열릴 것 같지 않는 문 앞을 서성이지 않고 직장을 구한 사람은 세상에 아무도 없다.

링크에 링크!

* **一蹴而就**(yícù'érjiù) 단번에 성공하다. 일이 쉬워 단번에 이루다.(소순이 쓴 원문에는 '一蹴而造'로 되어 있는데 성어에서는 의미가 같은 '一蹴而就'를 쓴다.)

** **日就月将**(rìjiù-yuèjiāng) 일취월장. 나날이 발전하다.

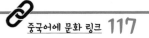

배고픈 건 참아도
배 아픈 건 못 참는다

甲骨文	金文	小篆	楷书

'공화국'으로 번역되는 '리퍼블릭(republic)'은 주권을 가진 국민이 자신의 대표를 직간접으로 뽑고, 그 대표가 국민을 지배하는 국가형태를 말한다. 중국(The people's Republic of China)도 공화국이다. 모든 현대 국가는 국민의 삶을 윤택하게 하는 공공성 확대를 표방한다.

허신은 《설문해자》에서 공평할 공(公, gōng)을 '평등하게 나누는 것'이라고 정의하고 있다. 평등하게 나누는 '공(公)'이야말로 공산(共产)하여 공평하게 분배하는 유토피아적 이데올로기이며, 중국지도부가 강조되는 허세(和谐, 조화로운 발전)사회와도 맥이 통한다. 중국공산당이 자신들의 모태로 여기는 쑨원도 "큰 도가 행해지면 천하는 공정해진다(大道之行也，天下为公*)"는 《예기》의 말을 인용하여 '천하위공'을 대동 세계와 같은 삼민주의(三民主义, sānmín zhǔyì)의 최종 목표로 제시한 바 있다.

공평할 공(公)은 나누는 의미의 팔(八)과 입 모양의 상형인 사사로울 사(私)의 본자인 사(厶)가 합쳐진 형태로, 사유물을 공평하게 나누는 것에서 그 의미가 생겨난 것으로 보인다. 공(公)은 사(私)와 상반되는 것이니 사사로움을 파괴하는 것, 곧 공정무사(公正无私)한 것을 말한다. 《한비자》에도 "자기 이익만 추구하는 것을 '사(私)'라 하고, 이와 반대되는 것을 '공

(公)'이라 한다(自环者谓之私，背私谓之公)"고 규정한다.

중국에서도 '철밥통(铁饭碗**)'으로 통하는 공무원이 선망의 직업이라 공무원시험의 경쟁률이 천문학적인 숫자를 기록하곤 한다. 보통 한 해 1만 명 모집에 150만 명이 참가해 평균 150대 1, 심한 경우는 1,000대 1의 경쟁이 펼쳐진다. 공무원이 안정적이기도 하지만 정보를 선점하여 돈을 버는 데도 유리하기 때문이다. 사회주의 시절에는 인민보다 상좌에 앉아 권위를 행사했고, 최근까지도 인민보다는 자신의 이익을 쫓다 부패 문제를 일으키는 모습을 언론에서 자주 본다. 송대 불교 서적인《오등회원(五灯会元)》에 "관아에 기소하면 아홉 마리의 소 중 한 마리도 건질 수 없다(一字入公门，九牛曳不出***)"는 말이 실린 것으로 보아 공무원의 제 잇속 차리기가 오랜 전통으로 내려오는 모양이다.

"배고픈 건 참아도 배 아픈 건 못 참는다"고 한다. 1인 지배체제를 강화한 시진핑 주석은 공정한 사회를 만들기 위해 강력하게 부패 척결을 외치고 있다. 공(公)을 실현하는 것은 그 사사로움 앞에 흔들리는 사람을 붙잡아줄 사회 시스템을 정비하는 일이 아닐까.

링크에 링크!

***天下为公**(tiānxià wéi gōng)　천하는 공적을 위한 것이지 사유물이 아니다. 세상은 국민이 공유하는 것이다.

***铁饭碗**(tiěfànwǎn)　철 밥그릇. 평생 직업(공무원이나 국영 기업체 직장을 가리킨다).

****一字入公门，九牛曳不出**(yí zì rù gōng mén, jiǔ niú yè bu chū) 관아에 기소하면 아홉 마리 소 중 한 마리도 건질 수 없다. 공적으로 처리하면 손해다.

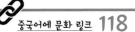

마차 왕국에서 자동차 왕국으로!

	車	車	车
甲骨文	小篆	楷书	简化

2009년 이미 미국을 제치고 세계 최대의 자동차 시장으로 부상한 중국은 매년 10% 이상의 성장세를 보이며 세계 자동차 시장을 주도하고 있다. 각국의 기업들이 중국인들이 선호하는 디자인으로 자동차 모형을 바꾸고 있다는 얘기까지 들려온다.

중국은 2017년 자동차 생산량 2,902만 대, 판매량 2,888만 대로 각각 2.9%, 2.8% 증가하며 9년 연속 세계 1위를 차지했다. 최근에는 전기차 시장을 선도하며 2040년까지 세계 최대의 전기차 시장이 될 전망이다. 2018년 4월 중국 정부는 하이난(海南)을 중국 자유무역항으로 개발하는 일환으로 2035년까지 모든 화석연료차를 없애고 전기차만 운행할 예정이라고 발표했다.

1978년 개혁개방 이후 중외합자로 외국의 선진 기술을 흉내 내는 수준에서 이제는 세계 자동차 시장을 선도하는 놀라운 발전을 보여주고 있다. 중국 어느 도시를 가나 도로는 왕래하는 차량의 흐름이 끊이지 않고 (车水马龙*), 교통정체는 일상이 된 지 오래다. 중국 하면 떠오르던 자전거도 이제 아련한 추억이 되고 있다.

수레 차 또는 거(车, chē)는 수레의 모습을 위에서 부감한 형태의 상형자이다. 갑골문에는 바퀴, 축, 수레, 끌채(轮 lún, 轴 zhóu, 舆 yú, 辕 yuán)의 형태가 선명하지만, 문자의 간소화로 점차 바퀴는 사라지고 앞뒤에 소나 말의 멍에를 연결하는 끌채와 차체만 남아 있는 형태로 변했다.

중국 전설에 따르면, 황제(黃帝)가 처음 소가 끄는 가마를 만들고, 약 4,000년 전 하나라 때 계중(奚仲)이 말이 끄는 마차를 만들었다고 한다. 중국 각지에서 발굴되는 마갱(马坑)이나 시안(西安)의 병마용(兵马俑 bīngmǎyǒng)에서 보듯 은(殷), 주(周)를 거치며 마차 한 대당 말의 수가 증가하는데 기동력을 높이기 위함이었다. 군사 군(军)에 차(车)가 들어 있는 걸 보면, 춘추전국시대 마차가 중요한 군사 무기였음을 알 수 있다.

주나라 때 네 필의 말이 끄는 수레를 일승(一乘)이라 했는데, 흔히 왕은 천승(千乘), 황제는 만승(万乘)의 마차를 거느렸다고 한다. 마차 한 대당 100명의 호위 병사를 감안하면 왕은 10만, 황제는 100만의 군대를 보유 했다는 말이다. 당시에는 단단한 박달나무로 마차 바퀴를 만들었는데 그 수요가 얼마나 거대했을지 상상조차 쉽지 않다.

중국 지방 도시에선 아직도 우마차와 최신 세단이 나란히 달리는 것을 어렵사리 목격할 수 있다. 4,000년을 넘나드는 전근대와 근대의 카오스 속에서 중국은 서서히 과거 화려했던 마차 왕국, 자전거 왕국에서 슬슬 자동차 왕국으로 비상하고 있다.

링크에 링크!

*车水马龙(chēshuǐ-mǎlóng) 왕래하는 수레는 흐르는 물과 같고, 오가 는 말은 꿈틀거리는 용과 같다. 거마 또는 차량의 왕래가 끊이지 않다.

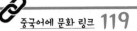

세상을 향해 나아간다는 것

甲骨文	金文	小篆	楷书

  '출세(出世)'라는 말은 뜻이 많다. 태어나다는 의미에서 사회적으로 성공하다는 뜻뿐만 아니라 불가에서는 수도를 마치고 중생을 구제하기 위해 세상에 나오는 것을 의미하기도 한다.

  그것이 어떤 의미든, 모든 출세는 쉽지 않다. 하나의 세계를 깨뜨리지 않으면 다른 세계로 나아가는 것이 불가능하다. 계란 속의 병아리가 껍질을 깨고 나오기 위해 껍질 안을 쪼는 것을 줄(啐), 어미닭이 그 소리를 듣고 밖에서 계란을 쪼는 것을 탁(啄)이라 하여 그것이 동시에 이뤄져야, 줄탁동시(啐啄同时*)해야 비로소 새로운 세계가 열려 출세할 수 있다. 사회적 성공도, 불가의 출세도 여건이 충분히 무르익어야 가능한, 지난한 일이다.

  날 출(出, chū)은 갑골문에서 보듯 움집(凵) 형태의 거주지에서 발바닥의 상형인 지(止)가 결합된 형태로, 사람이 동굴 밖으로 발을 내딛어 '나가다'는 것에서 의미가 생겨난 걸로 보인다.

  동굴이라는 안전한 세계를 박차고 온갖 위험이 도사리고 있는 바깥세상으로 나아가는 것은 두려운 일이자, 또 새로운 기회의 세계를 만나는 위대한 도전이다. 문을 걸어 잠그고 두문불출(杜门不出**)하며 동굴을 고집해서는 새로운 세계를 만날 수도, 발전할 수도 없다. '전도, 발전성'

을 나타내는 말인 '추시(出息, chūxi)'도 나아가서 번성하라는 의미로 이와 같은 이치가 담겨 있는 것이 아닐까.

세상에 나아가는 것에도 전략이 필요하다. 비록 진흙에서 나왔으나 더러움에 물들지 않는(出淤泥而不染, chū yūní ér bù rǎn) 연꽃처럼 진흙의 자양분을 충분히 흡수하되, 그 세계에 매몰되는 것은 경계해야 한다.

《손자병법》은 또 "방비가 없는 곳으로, 생각하지 못하는 때에 공격하라(攻其无备，出其不意***)"고 세상에 나서는 전략적 시간과 공간에 대해 충고해준다. 자신만의 개성과 노하우를 가지고 아무도 넘보지 않은 영역에, 예상하지 못한 시점에 세상을 향해 당당히 나서라는 것이다. 강태공처럼 바늘이 없는 낚싯대를 드리우고 여건이 무르익어 자신의 능력을 충분히 펼칠 때를 기다리는 것도 나름의 전략이 될 수 있을 것이다.

푸른 물감이 쪽빛에서 나왔지만(青出于蓝****) 쪽빛보다 더 푸른색이 되기 위해서는 원래 살던 동굴을 박차고 나오는 결단과 자신의 색을 한층 새롭게 디자인하여 업그레이드하는 능력이 필요하다. 동굴의 안주를 거부하고 끊임없이 세상을 향해 나아가는 것, 그것이 곧 '출세' 아닌가.

링크에 링크!

*啐啄同时(cuìzhuó-tóngshí) 줄탁동시. 알에서 깨어나기 위해서 어미 닭이 밖에서, 병아리가 안에서 쪼며 서로 힘이 합쳐져야 한다.

**杜门不出(dùmén-bùchū) 두문불출. 문을 닫고 외부와 왕래하지 않다.

***攻其无备，出其不意(gōng qí wú bèi, chū qí bú yì) 준비되지 않은 곳을 불의에 방심한 틈을 타서 공격하다.

****青出于蓝(qīng chū yú lán) 청출어람. 쪽 풀에서 나온 푸른색이 쪽빛보다 푸르다. 스승보다 제자가 더 뛰어남을 이르는 말.

제10장 물건 사기

A: Nín yào mǎi shénme?

您要⑫买什么?

B: Wǒ xiǎng mǎi yí jiàn yīfu.

我想买一件⑫衣⑫服。

A: Wǒmen shāngchǎng de yīfu xiànzài dǎ bā zhé, nín xiān kànkan ba.

我们商⑫场的衣服现在打八折,您先⑫看看吧。

B: Hǎo de. Nà jiàn báisè de duōshao qián?

好的。那件白⑫色⑫的多少钱⑫?

A: Wǔbǎi kuài qián.

五百块钱。

B: Tài guì le, piányi yìdiǎnr ba.

太贵了,便宜一点儿吧。

A: Zuì dī sānbǎi bā gěi nǐ.

最低三百八给你。

B: Kěyǐ shì yíxià ma?

可以试一下吗?

A: Kěyǐ. (잠시 후) Bú dà yě bù xiǎo, zhèng héshì. Hái yào bié de ma?

可以。(잠시 후) 不大也不小,正⑫合⑫适。
还要别⑬的吗?

B: Bú yào le, xièxie.

不要了,谢谢。

양사 표현

- 一本⑬ 词典 yì běn cídiǎn
- 一朵 花⑬ yì duǒ huā
- 一张 桌子 yì zhāng zhuōzi
- 一双 鞋 yì shuāng xié

- 一把⑬ 伞 yì bǎ sǎn
- 一条 裤子 yì tiáo kùzi
- 一杯 咖啡 yì bēi kāfēi

중국의 화폐

元	yuán	块	kuài
角	jiǎo	毛⑬	máo
分	fēn	分	fēn
⇩		⇩	
문어		구어	

1元 = 10角 = 100分
yì yuán = shí jiǎo = yìbǎi fēn

超300 款产品

买一送一

- 하나 사면 하나 더: 买一送⑬一 mǎi yī sòng yī

⑫⓪ 要 yāo, yào	⑫① 件 jiàn	⑫② 衣 yī	⑫③ 商 shāng
⑫④ 先 xiān	⑫⑤ 白 bái	⑫⑥ 色 sè	⑫⑦ 钱 qián
⑫⑧ 正 zhēng, zhèng	⑫⑨ 合 hé	⑬⓪ 别 bié	⑬① 本 běn
⑬② 把 bǎ	⑬③ 花 huā	⑬④ 毛 máo	⑬⑤ 送 sòng

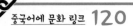

허리를 감싼 두 개의 손?

| 金文 | 小篆 | 楷书 |

이백은 어렸을 때 총명했지만, 공부하는 것을 싫어했다. 이백의 부모님은 좋은 스승이 계신 산으로 이백을 보냈는데 이백은 며칠도 못 버티고 산을 내려왔다. 내려오는 길에 냇가에 한 할머니가 뭔가를 갈고 있는 것을 본 이백은 할머니에게 이유를 물었다. 할머니는 바늘을 만들기 위해 절굿공이를 갈고 있다고 했다. 이백이 할머니에게 무슨 농담을 그렇게 하냐고 하자 할머니는 오히려 정색하며 오랜 정성을 다하면 절굿공이를 갈아 바늘을 만들 수 있다(只要功夫深，铁杵磨成针*)고 일러주었다. 할머니 말을 듣고 이백은 크게 깨달아 열심히 공부했고, 훗날 유명한 시인이 되었다.

뭔가 원하는 바를 하려고 하는 마음이 있다는 것, 그것이 지닌 힘이 얼마나 위대한가를 잘 보여주는 이야기다. 구할 요(要, yào, yāo)는 여인(女)의 허리를 감싸고 있는 두 손의 상형자로 보는 것이 일반적이다. 본뜻은 '허리'인데, 두 손과 머리가 덮을 아(襾), 서녘 서(西)의 형태로 변했고, '요구하다, 중요하다'의 의미로 통용되며 허리를 나타내는 한자 '요(腰)'가 새롭게 만들어졌다. 중국어에서는 조동사로 '~하려고 하다, ~해야 한다'의 의미까지 추가되어 쓰인다.

옛날 중국 용저우(永州) 지방에 폭우로 강물이 넘쳐 배가 뒤집혔다. 사람들이 헤엄을 쳐서 강을 건너는데 한 사람이 뒤처져 따라오지 못했다. 돌아보니 그는 마을에서 수영을 가장 잘하는 사람이었다. 의아해서 사람들이 왜 그러냐고 묻자 그가 대답하기를 허리에 돈 천 냥을 둘러맸는데 그게 무거워서 그렇다고 했다. 친구들은 목숨이 중요하니 그깟 천 냥 빨리 풀어버리라고 했지만 그는 결국 돈을 허리에 찬 채 물에 빠져 죽고 말았다. 돈을 목숨보다 귀하게 여기는(要钱不要命**) 세태를 풍자한 우화이다.

1971년 9월 13일, 마오쩌둥의 공식 후계자였던 린뱌오(林彪, 1907~1971)가 쿠데타에 실패한 후 소련으로 망명하던 중 몽골 상공에서 비행기가 추락하여 사망했다. 린뱌오의 도주 사실을 보고받은 마오쩌둥은 담담하게 "비는 내리려 하고, 어머니는 시집가려고 하는구나. 내버려둬라(天要下雨，娘要嫁人，由他去, tiān yào xiàyǔ, niáng yào jiàrén, yóu tā qù)"라고 했다. 하늘이 이미 정한 일을 인간이 어찌 거역할 수 있겠느냐는 의미이다. 마오쩌둥의 말은 원래 일찍 남편을 잃고 홀로 자식을 키운 어머니가 자식에게 빨래를 하게 하고 빨래가 마르면 개가(改嫁, gǎijià)하지 않고, 안 마르면 개가하겠다고 했는데, 하늘에서 비가 내리는 것을 두고 했던 말에서 유래한 것이다.

링크에 링크!

* **只要功夫深，铁杵磨成针**(zhǐyào gōngfu shēn, tiěchǔ móchéng zhēn) 공을 들여 열심히 노력하면 절굿공이도 갈아서 바늘을 만들 수 있다.

** **要钱不要命**(yào qián bú yào mìng) 돈을 목숨보다 중요하게 여기다.

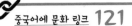

예술의 경지로
소를 잡는 어느 백정 이야기

小篆	楷书

중국인들이 소중하게 생각하는 물건은 시대에 따라 달랐다. 1978년 개혁개방 당시만 하더라도 '세 가지의 소중한 물건(三大件, sān dà jiàn)'은 시계, 자전거, 재봉틀이었다. 개혁개방 이후 컬러 TV, 냉장고, 세탁기로 바뀌었다가, 2000년대 이후에는 '3M'이라는 유행어를 만들며 마이 카, 마이 홈, 마이 폰으로 변했다. 빠르게 발전하는 중국의 모습과 급성장하는 중국인의 구매력을 느낄 수 있다.

과거 전통사회에는 생활에 꼭 필요한 일곱 가지 물건(开门七件事*)으로 땔감, 쌀, 기름, 소금, 장, 식초, 차(茶)를 꼽았으며, 1980년대까지도 이 물품들은 정부가 적극 나서서 가격을 관리하였다.

물건이나 사건을 나타내는 건(件, jiàn)은 사람(人)과 소(牛)가 나란히 선 모습이다. 소 곁에 선 사람은 소 잡는 일을 담당했던 백정(白丁)일 것이다. 커다란 소를 부위별로 하나하나 나누어 '분해하다'는 의미에서 점차 그렇게 '나누어진 조각, 부품, 물건' 등을 나타내게 되었다.

《장자》〈양생주(养生主)〉에 소개된 최고의 백정, 포정(庖丁)이야기는 비록 도살을 소재로 하고 있긴 하지만, 삶 속에서 자신에게 주어진 과업을 어떻게 도(道)의 경지로 끌어올릴 수 있는가를 잘 보여준다.

문혜군(文惠君)이 포정에게 소를 잡게 하는데 그 솜씨가 정말 기가 막히는, 예술의 경지 자체였다. 포정의 칼이 소 몸의 결을 따라 움직이는데 동작은 우아하여 춤을 추는 것 같고, 소리는 사각사각 음악처럼 아름답게 들렸다. 소는 도의 경지에 이른 칼날에 분해되고도 자신이 죽은지를 모를 지경이었다. 포정의 솜씨를 나타내는 '포정해우(庖丁解牛**)'는 생활의 달인들이 보여주는 놀랍고 신기한 기술을 이를 때 사용된다.

포정은 소 몸을 눈으로 보지 않고도 이미 마음으로 꿰뚫고 있기 때문에 칼날이 뼈를 건드리는 법이 단 한 차례도 없었다. 그래서 19년 동안 칼 한 자루로 수천 마리의 소를 잡았는데도 마치 숫돌에서 막 칼을 간 것처럼 시퍼렇게 날이 서 있었다고 한다.

중국어는 사물을 셀 때 단위를 나타내는 말인 양사(量词)가 발달된 것이 특징인데 '件'은 옷, 사건, 선물 등을 세는 단위로 널리 쓰인다. '일지매(一枝梅)'는 청나라 초 소설《환희원가(欢喜冤家)》에 나오는 의적이다. 일지매가 마치 이름을 나타내는 고유명사처럼 불리지만, 사실은 재물을 훔치고 남기고 간 '한 가지의 매화'를 나타내는 말이다. 중국어는 어떤 사물을 바로 지칭하지 않고 수사와 양사를 앞에 붙여서 쓰는데 '일지매'를 떠올리면 쉽게 이해할 수 있다. 한 벌의 옷을 '一件衣服(yí jiàn yīfu)', 한 가지 일을 '一件事情(yí jiàn shìqing)'이라고 표현하는 것처럼.

* **开门七件事**(kāimén qī jiàn shì) 매일 사용하는 7가지 물건이나 매일 겪는 7가지의 문제를 이르는 말.

** **庖丁解牛**(Páo Dīng-jiěniú) 백정 포정이 소를 잡다. 사물의 객관적인 규율을 꿰뚫고 나면 일을 자유자재로 할 수 있다.

누추한 옷을 부끄러워 말라!

甲骨文	金文	小篆	楷书

문명(文明)의 문(文)이 원래는 무늬를 나타내는 문(纹)을 의미했는데, 인류가 남긴 문명의 무늬를 외향적으로 가장 잘 보여주는 것이 바로 옷이다. 공자는 본질적인 바탕이 겉차림에 비해 지나치면 세련되지 못하고, 외면적인 치장이 본질을 넘어서면 형식적인 것이 되니, "본질과 외면의 치장을 적절하게 해야 군자다울 수 있다(质胜文则野，文胜质则史。文质彬彬，然后君子)"고 《논어》 〈옹야〉에서 일러준다. 옷을 치장의 일부로만 생각해 지나치게 겉멋을 추구하는 사람들에게 유효한 충고다.

베이징 저우커우뎬(周口店) 산정동인(山顶洞人) 유적에서 옷을 만드는 데 사용한 뼈바늘 골침(骨针)이 출토되는 것을 보면, 인류가 나뭇잎이나 짐승의 털가죽으로 옷을 지어 입은 것이 1만 5천 년 전으로 추정된다. 흔히 '옷이 날개다(人靠衣装，马靠鞍*)'라고 하는데, 이즈음엔 새의 깃털이나 짐승의 털가죽을 몸에 두르고 다녔을 테니 정말 날개처럼 보였을 것이다. 추위나 더위, 때론 사냥이나 전쟁에서 몸을 보호하거나 신분, 지위, 계급 등을 나타내는 문화적 상징으로 옷은 인류 문명과 함께 해 왔다.

패션(fashion)이란 말은 의식주 등 다양한 유행, 흐름을 나타내는 말인데 눈에 보이는 것이 주로 옷이다 보니, 의류업계가 이 말을 독차지한 셈이다. 옷은 그 옷을 입는 사람의 보수 혹은 진보적 성향을 반영하기도 한다.

옷 의(衣, yī)는 사람이 옷을 걸치고 있는 모양의 상형자이다. 위의 첫 획이 빳빳하게 세운 옷깃, 양쪽으로 뻗은 것이 옷소매, 위아래로 교차하는 것이 옷자락이다. 옷 의(衣)는 빳빳하게 깃을 세운 상의를, 하의는 치마 상(裳)을 썼다. 밖에서 입는 긴 옷은 포(袍)라 하고, 원래 '복종하다'는 뜻의 복(服)은 몸에 따라 입는다는 의미에서 서서히 '옷'의 의미가 생겨났다.

중국의 의복 변천사를 보면, 예와 멋을 강조하여 다소 치렁치렁한 중원의 의복이 활동에 용이한 북방 의복을 수용하며 발전했다. 17세기 청나라 만주족의 전통복장이던 치파오(旗袍, qípáo)가 유행하며 베트남의 아오자이에도 영향을 미치고, 대표적인 차이나 드레스로 오늘날까지 전해지는 것도 이런 맥락으로 보인다.

공자는 《논어》〈자한(子罕)〉에서 제자 자로에 대해 "다 떨어진 솜옷을 입고 여우 담비 털옷을 입은 사람과 함께 있어도 부끄러워하지 않을 사람"이라고 칭찬했으며, 안중근(安重根, 1879~1910) 의사는 사형선고를 받고 1910년 뤼순(旅順) 감옥에서 《논어》의 구절을 인용하여 "누추한 옷과 궂은 음식을 부끄러워하는 자와는 함께 의논할 수 없다"는 유묵을 남겼다.

옷이 다만 추위를 막는 의취폐한(衣取蔽寒**)의 시대는 이미 지났다고 하나, 너무 지나치게 옷에 연연할 필요는 없다. 사람이 옷을 입는 것이지 옷이 사람을 입는 것은 아니지 않은가.

링크에 링크!

*人靠衣装，马靠鞍(rén kào yīzhuāng, mǎ kào ān) 사람은 옷에 따라, 말은 안장에 따라 달라 보인다. 옷이 날개다.

**衣取蔽寒(yīqǔ-bìhán) 옷은 추위를 막기 위해 입는다.

상나라 사람에서
장사하는 사람이 된 '상인'

甲骨文	金文	小篆	楷书

우리에게 잘 알려진 '동북공정'처럼 중국 고대사를 연구하는 프로젝트 중에 '하상주단대공정(夏商周斷代工程, XiàShāngZhōu duàndài gōngchéng)'이 있다. 이에 따르면 상(商, Shāng)은 기원전 1,600년경에 건국되어 기원전 1,046년까지 약 550년간 지속되었다. 하나라 마지막 왕인 걸(桀)과 함께 폭군의 대명사 '주(紂)왕'이 목야전투에서 주 무(武)왕에게 패배하면서 14대 31명의 왕이 재위한 상나라는 막을 내렸다.

상나라는 은(殷)나라로도 불리는데 허난(河南)성 안양(安阳)에서 발굴된 은허(殷墟) 때문이다. 상나라는 특이하게 수도를 최소 여덟 차례 이상 옮겨 다녔다. 도읍을 여러 차례 옮기다 보니 상나라 사람들은 자연스럽게 각 지역의 특산물에 대한 정보가 많아지고, 또 그것을 이용해 물물교환이나 장사를 하며 생업을 이어가는 사람들도 많이 생겨났다. 그래서 '상나라 사람'이 곧 '장사하는 사람'으로 인식되기 시작했다는 추측이다.

상인(商人)이란 말이 '상나라 사람'을 지칭하는 고유명사였다가 '장사하는 사람'이라는 일반명사로 전환된 데에는 마지막 왕이었던 폭군 주왕의 악행도 한몫했다. 주왕은 무희 달기(妲己, BC1,562~1,046)와 방탕한 주지육림(酒池肉林*)의 날을 보내고, 숯불을 피워 달군 구리 기둥 위에 기름을 바르고 죄인에게 맨발로 그 위를 걸어가게 하는, 잔인한 포락지형(炮烙之刑**)의 폭정을 일삼았다.

은나라의 실패를 거울삼아야 한다는 '은감(殷鑒, yīnjiàn)'이라는 말이 《시경》에 남아 있을 정도다. 봉건제도를 실시한 주나라는 극악힌 과오가 많은 상나라 백성에게는 분봉을 해주지 않았다. 봉토를 지급받지 못한 상나라 사람들은 전통적인 가내수공업을 통한 면직물 생산이나 장사를 통해 생계를 꾸려갈 수밖에 없었다.

폭군 주왕의 악행에 미운 털 박힌 상나라 사람들의 불가피한 선택이 상인이었으며, '사농공상(士農工商, shì nóng gōng shāng)'이라는 말에서 볼 수 있듯이 전통 봉건 사회에서 상인의 지위는 매우 낮았다. 송대 이후 급성장한 상인 계급도 막강한 전통질서를 바꾸는 데는 역부족이었다. '상인'에 대한 인식의 변화는 더딘 근대화로 인한 혹독한 후과를 경험한 후에야 뒤늦게 시작되었다.

중국어로 '셩이(生意, shēngyì)'는 '인생의 의미'를 뜻하는 형이상학적인 말이 아닌, '장사'라는 뜻이다. 장사를 해서 경제적 부를 쌓아가는 것이 인생의 의미가 아니냐고 주장하는 것 같다. 상인의 후예인 중국인은 모두 상인이고, 그 장사의 DNA가 면면히 전해져 흐르고 있는 것은 아닐까.

링크에 링크!

*酒池肉林(jiǔchí-ròulín) 주지육림. 술이 못을 이루고 고기가 숲을 이루다.

**炮烙之刑(páoluò zhī xíng) 포락지형. 중국 은나라 주왕이 쓰던 뜨겁게 달군 쇠로 살을 지지는 형벌.

둔한 새가 먼저 난다

甲骨文	金文	小篆	楷书

사람은 누구나 두 마리의 개를 키운다. 한 마리는 '선입견'이고, 다른 한 마리는 '편견'이다. 선입견과 편견, 물론 이 두 마리의 개는 견(犬)이 아닌 견(见)이지만, 그냥 지나치기엔 뭔가 뼈 있는 얘기기도 하다.

인간은 태어나면서부터 생각을 갖고 태어나는 것은 아니다. 그렇다고 그 생각을 끊임없이 새롭게 교체하지도 않는다. 생각은 일단 한번 둥지를 틀면 좀처럼 나가지 않는 특성이 있다. 특히 의식의 여백을 선점한 생각은 고집스런 기득권을 행사하며 생각의 주인처럼 군림한다. 이것이 바로 두 마리의 개가 아닐까.

한 10대 황제 애제(哀帝, BC25~1)는 동현(董贤, BC22~1)과의 동성애로 유명하다. 잠자는 동현을 깨울 수 없어 팔베개를 해주던 소매를 잘랐다는 '단수(断袖, duànxiù)'는 지금도 동성애를 나타내는 말로 남아 있다. 《한서》에 따르면, 애제가 제후인 식부궁(息夫躬)이 제안한 흉노 정벌을 위한 출병에 대해 승상 왕가(王嘉)와 의논할 때 왕가는 애제에게 "폐하께선 옛 교훈을 거듭 숙고하시되, 먼저 들으신 식부궁의 말을 위주로 하지 마시옵소서" 하고 간언한다. 여기에서 나온 '선입지어(先人之语, xiān rù zhī yǔ)'에서 선입견(先人见)이란 말이 생겼으니, 선입견은 먼저 들은 말이나, 먼저 가졌던 생각도 잘 숙고해야 한다는 뜻에서 비롯되었다.

먼저 선(先, xiān)은 위쪽에 발바닥을 형상화해 발을 나타내는 지(止)와 아래쪽에 사람 인(人)이 합쳐진 형태로, 발걸음이 다른 사람보다 앞서 있어서 '먼저'의 의미가 생겨난 걸로 보인다.

인구가 많아 경쟁도 심한 중국에서는 남보다 앞서 행동하는 '창선 (抢先*)'이 중요한 가치로 여겨진다. 중국인들이 좋아하는 헤켈(Hegel, 1770~1831)의 명언 중에 "제일 먼저 미인을 꽃에 비유한 사람은 천재, 두 번째로 따라 한 사람은 범재(凡才), 세 번째로 따라 한 사람은 바보다"가 있다. 중국인들은 무한경쟁에서 살아남기 위해 좋은 품질보다 때론 시장을 선점하는 것이 더 중요하다고 믿는다. 그래야 소비자의 의식에 강한 인상을 남겨 생존 확률이 높아진다는 논리다. 장기나 바둑 같은 게임에서 선을 점하는 것은 공세의 우선권을 가져 유리하다는 이치인데, 선구자적 '퍼스트 펭귄(first penguin)'의 용기는 높게 평가해야겠지만, 다양한 시장 상황에서 이 논리가 그대로 적용될 수 있을지는 의문이다.

"둔한 새가 먼저 난다(笨鸟先飞**)"고 한다. 어리석은 새처럼 먼저 생각의 가지를 박차고 날아 올라보는 것은 어떨까. 앞서가기 위해서가 아니라, 새로운 가지에서 새로운 각도로 숲을 보기 위해 말이다. 그리고 두 마리의 개와의 작별을 위해서라도.

*抢先(qiǎngxiān) 앞을 다투다. 남보다 앞서서 행동하다.

**笨鸟先飞(bènniǎo-xiānfēi) 둔한 새가 먼저 난다. 능력이 모자란 사람이 남에게 뒤질까 봐 먼저 행동을 개시하다.

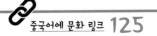

방을 비우면, 하얀 여백 드러나리니

| 甲骨文 | 金文 | 小篆 | 楷书 |

읍참마속(泣斩马谡, 중국어 표현은 挥泪斩马谡*)의 주인공 마속(马谡, 190~228)은 마량(马良, 187~222)의 동생이다. 마량은 또 제갈공명과 절친한 사이였으니, 친구의 동생을 군율을 어겼다고 참해야 했던 제갈공명의 심정은 그야말로 복잡했을 것이다. 읍참마속엔 군기를 되잡기 위해 사적인 인간관계를 떨친, 대승적 결단의 고뇌가 서려 있다.

마속, 마량 형제는 모두 다섯인데 하나같이 재주가 뛰어났다. 그중에서도 맏이인 마량의 재주가 가장 출중했는데, 그의 눈썹이 태어날 때부터 하얀색이 섞여 백미(白眉, báiméi)로 불렸고, 가장 뛰어나다는 의미가 여기에서 생겨났다.

흰 백(白, bái)은 밝은 해(日)에서 빛이 나오는 모양을 나타내는 것으로, 빛의 밝음에서 '희다, 맑다, 깨끗하다'의 의미가 생겨났다. 빛을 모두 반사하는 흰색의 성질에서 '헛되이, 공연히' 등의 뜻도 유추된 걸로 보인다.

흰색은 색깔로서의 의미뿐 아니라 방위로서 서쪽을 나타낸다. 해가 지는 서쪽은 죽음의 상징이기 때문에 중국인들은 장례식장에 갈 때 흰색 옷을 입는다. 또 축의금은 빨간 봉투, 조의금은 흰 봉투로 각각 구분해 사용한다. 편백(扁柏), 측백(側柏)나무는 나뭇잎이 서쪽으로 주로 기울어 이름에 흰 백(白)이 포함되어 있다.

1917년 신문화운동 당시 문인들은 어려운 팔고문(八股文, bāgǔwén) 대신 일상생활에서 사용하는 쉬운 구어체로 글을 쓰자는 백화(白话, báihuà)운동을 함께 전개했다. '하얀 말 운동'인 셈인데, 이리저리 꼬아 어렵게 색을 덧씌운 글이 아닌, 형식과 격식의 치장을 벗은 쉬운 말의 글쓰기를 주창했던 셈이다.

그러나 당시 백화운동을 주창한 문인들의 글을 보면, 여전히 어려운 팔고문의 흔적이 다수 발견된다. 온갖 색으로 치장된 당시 문인들의 글이 일순간에 하얗게 탈색되지 못했던 것이다. 한번 물들인 천에서 색을 빼기 어렵 듯 한번 물든 언어와 관념의 세계 또한 다시 백지상태로 되돌리기 쉽지 않았을 것이다.

무언가를 채우는 것도 어렵지만, 비우는 것은 더 어렵다. 자기만의 색을 갖기도 어렵지만, 그 색을 없애고 원래의 백지상태로 돌아가기는 더욱 어렵다. 장자가 제시한 해법은 방을 비워야 여백이 생기고 빛이 들어와 환하다는 '허실생백(虛室生白**)'이다.

늘 뭔가를 채우기에 바쁘고, 더 큰 방을 구하기에 골몰하는 현대인의 생각에 뒤통수를 후려치는 듯한 장자의 일갈이다. 흰색은 비록 존재감이 잘 드러나지 않는 색상이지만, 역시 간단하지가 않다. 모두 비워야 도달할 수 있는 높은 경지이기 때문이다.

링크에 링크!

*挥泪斩马谡(huī lèi zhǎn Mǎ Sù) 읍참마속. 눈물을 머금고 마속의 목을 베다. 사랑하는 신하를 법대로 처단하여 질서를 바로잡는다.

**虛室生白(xūshì-shēngbái) 방을 비우면 빛이 그 틈새로 들어와 환하다. 무념무상으로 진리에 도달하다.

성행위 본떠 만든 글자,
그 안에 숨은 욕망

小篆	楷书

젊은 여인이 집이 너무 가난해서 나귀 한 마리와 교환되어 양조장 주인인 늙은 문둥이에게 팔려 시집을 간다. 가마에 실려 가는 도중에 웃통을 벗은 건장한 가마꾼이 그녀를 납치해 한쪽 팔에 턱 걸치고는 수수밭으로 들어간다. 가마꾼은 수숫대를 짓이겨 둥글게 침대처럼 만들고 젊은 여인을 큰 대(大) 자로 누인다. 그리고 자신은 그 곁에 무릎을 꿇고(卩) 앉는다.

2012년 노벨문학상을 받은 모옌(莫言, 1955~) 원작, 장이머우(张艺谋, 1951~) 감독의 1987년 데뷔작 영화 〈붉은 수수밭(红高粱, Hóng gāoliáng)〉의 한 장면이다. 장이머우는 왜 이런 장면을 연출한 것일까. 대지가 왕성한 생명력으로 울창한 수숫대를 키워내듯, 인간이 갖는 원초적인 욕망을 '색(色)'이라는 글자로 풀어내려 했던 것이다. 원래 팔을 벌린 사람(人)의 모습인 큰 대 자 형상과 무릎을 꿇은 사람을 나타내는 절(卩)이 위아래로 합쳐지면 바로 색(色)이 되는 것을 영상으로 멋지게 구현해낸 것이다. 수천 년에 달하는 한 글자의 생성원리를 영화의 한 컷으로 만들어내는 그 아이디어와 영상미가 참으로 놀랍고 기발하다.

빛 색(色, sè)은 소전에서 보듯, 무릎 꿇은 여자를 뒤에서 올라탄 모양으로 '성행위'의 형상을 표현한 것으로 보인다. 허신의 《설문해자》에는 '얼굴색(顔色, yánsè)'으로 풀이하고 있는데, 대체로 성적 흥분으로 얼굴색이 변한 것에서 그 의미가 파생된 걸로 보인다.

리안(李安, 1954~) 감독의 영화 〈색, 계(色, 戒)〉는 인간 내면의 욕망과 그것을 이성적으로 경계하려는, 프로이드식 이드, 에고, 슈퍼에고를 상징적으로 그려낸다. 어쩌면 인간은 원시적인 욕망을 추구하는 이드와 사회화를 통한 자기 검열과 경계의 슈퍼에고 사이를 끊임없이 오가는, 즉 〈색, 계〉의 중간에 놓인 '쉼표(,)'인지도 모르겠다.

나라가 기울어질 만큼 빼어난 미모를 '경국지색(倾国之色, qīng guó zhī sè)'이라고 한다. 그러나 이 말은 한 나라를 망하게 한 것이 꼭 한 여인의 잘못 때문이라는 뉘앙스를 풍긴다. 아니나 다를까 왕조 말기에는 한결같이 경국지색의 악녀들이 등장하는데, 하의 말희(妹喜), 은의 달기(妲己), 주의 포사(褒姒), 춘추시대 진(晉)의 여희(驪姬)가 바로 그들이다. 색을 밝혀 정사를 멀리하고, 다른 정사에만 탐닉한 왕의 잘못을 아름다운 색을 지닌 여인의 탓으로 돌리는 것은 모든 권력을 지녔던 위정자의 너무 무책임한 자기변명처럼 들린다.

색은 모든 만물이 갖는 저마다의 욕망이고, 그 욕망의 발현이 곧 하나의 빛깔로 나타나는 것은 아닐까? 그래서 그 빛깔은 저마다 하나의 의미로 거듭난다. 결실을 맺어야 하는 꽃의 욕망이 화려한 빛깔로 벌을 유혹하는 것처럼 저마다의 욕망은 저마다의 의미를 품고 빛깔을 내뿜는다. 중국인들에게 붉음은 나쁜 기운을 물리치고 복을 불러오며, 노랑은 중심을 차지한 선택받은 사람을, 흰색은 죽음, 녹색은 자연을 나타내는 것처럼 말이다.

돈이면 귀신도 부릴 수 있다?

錢	錢	钱
小篆	楷书	简化

우리 사회에서도 "부자 되세요(恭喜发财)!"라는 말이 유행한 적이 있지만, 중국은 오래전부터 이 말이 새해 인사로 널리 쓰여 왔다. 경제적 실리와 교역에 밝은 중국에 사회주의 체제가 들어선 것이 아이러니할 정도로 중국인들은 돈을 좋아하고, 돈에 대한 얘기도 거부감 없이 꺼내는 편이다. 자본주의의 황금만능주의를 비웃기라도 하듯, 돈이면 귀신에게 맷돌질을 시킬 수 있다(有钱能使鬼推磨*)거나, 돈이면 신과도 통할 수 있다(钱可通神**)는 말이 속담과 성어로 굳어져 회자된다.

화폐(货币)라는 말에서 알 수 있듯이, 역사적으로 처음엔 조개껍질(贝), 베(巾) 등이 돈으로 통용되다가 점차 쇠, 종이로 대체되었다. 춘추전국시대에는 포폐(布币), 도화(刀货), 의비전(蚁鼻钱), 환전(环钱) 등 각기 다른 재질과 모양의 돈이 유통되다가, 진시황이 통일 후 청동으로 하늘을 상징하는 둥근 형태에, 가운데 땅을 나타내는 네모 구멍이 있는 반량전(半两钱)으로 일원화하였다. 한대에는 오수전(五铢钱)이 발행되어 위진남북조, 수나라 때까지 약 900년이나 쓰였다. 송대에는 교자(交子)라는 세계 최초의 지폐가 출현했다. 중국인들이 교자(饺子, 만두)를 만들 때 양쪽 끝을 둥글게 붙여서 금 모양으로 만드는 것이 바로 이 때문이다. 명대와 청대에는 은이 대량으로 유입되어 화폐로 쓰이며 지금도 은행(银行), 수은대(收银台, 계산대) 등의 용어로 남아 있다.

현재 중국에 유통되는 중국 지폐에는 1위안에서 100위안까지 모두 마오쩌둥이 도안되어 있는데 중국인들은 그래서 돈을 '머둥둥(么洞洞)'이라고 희화하기도 한다. 자본주의의 상징인 화폐에 혁명의식을 강화하겠다는 취지로 모두 마오쩌둥을 도안한 발상이 재미있다. 최근 중국의 한 재력가가 100위안짜리 지폐 3,344장(우리 돈 5,600만 원)으로 만든 꽃다발로 여자 친구에게 프러포즈를 한 것이 세간의 화제가 되기도 하였다.

돈 전(錢, qián)은 쇠 금(金)과 두 자루 창의 상형인 해칠 잔(戔)이 결합되었다. 잔(戔)은 창처럼 다듬은 얇은 쇳덩이다. 화폐의 초기 형태는 농기구, 무기에서 비롯되었다. 돈이란 의미의 전(錢)도 원래는 삽(鈒)과 같은 농기구의 일종이었을 것으로 추정된다.

중국이 자본주의적 요소들을 끌어들여 발전하자 중국인들이 드디어 돈을 보고 눈을 뜨기 시작했다(见钱眼开***)고 풍자한다. 돈을 목숨처럼 여기며, 앞으로 나아가는 것(往前走, wǎng qián zǒu)이 곧 돈을 향해 가는 것(往钱走, wǎng qián zǒu)이라는 지나친 황금만능주의의 우는 범하지 않길 바란다.

- *有钱能使鬼推磨(yǒu qián néng shǐ guǐ tuī mò) 돈이 있으면 귀신에게 맷돌질을 시킬 수도 있다.

- **钱可通神(qiánkě-tōngshén) 돈만 있으면 귀신과도 통할 수 있다. 황금만능주의.

- ***见钱眼开(jiànqián-yǎnkāi) 돈을 보고는 눈을 아주 크게 뜨다. 돈을 보고 욕심을 내다.

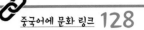

시간을 새로 바로잡으니, 나의 시간에 따르라!

甲骨文	金文	小篆	楷书

진시황의 이름은 영정(嬴政)이다. 천하를 다스리는 것은 사람을 바르게 하는 것이라는 '정자정야(政者正也)'가 떠오르는 이름이다. 그런데 황제나 조상의 이름자를 피하는 피휘의 관습 때문에 진시황 시절에 정월(正月)을 못 쓰게 했고, 단월(端月), 원월(元月), 인월(寅月)을 사용했다. 중국어에서 정월의 '정(正)' 발음은 원래 4성이 아닌, 1성이다. 영정의 '정(政, zhèng)'이 4성이기 때문에 달리 부른 것에서 유래한 걸로 보인다.

재미있는 것은 왕조가 바뀔 때마다 역법(历法)도, 정월로 삼은 달도 바뀐다는 사실이다. 하나라는 1월을 정월로 했으나, 이후 은나라는 12월을, 주나라는 11월을, 진나라는 10월을 1년의 시작인 정월로 삼았다. 현재처럼 1월이 다시 정월로 정착된 것은 한 무제 때부터다. 천하를 정복한 황제가 시간을 '바로잡았다'는 의미에서 정월(正月)이란 개념이 생겨난 것이다. 백성들에게 내가 새로 시간을 바로잡았으니, 이제부터 '나의 시간에 따르라'는 황제의 상징적 통치 기술에 실로 완벽한 아우라가 느껴진다.

바를 정(正, zhēng, zhèng)은 갑골문에서 보듯, 공격할 목표인 성(城)을 표시하는 네모(口)와 그곳을 향해 가는 발(止)이 합쳐진 글자로, 원래는 똑 바로, 바르게 가서 잘못을 '바로잡다, 정벌하다'가 본뜻이다. 여기서 파생된 '바르다'는 의미로 더 널리 쓰이자 본뜻을 보전하기 위해 칠 정(征)을 새로 만들었다. "남을 바르게 하려면 먼저 자신을 바르게 해야 한다(正人先正己*)"는 용례처럼, 고대에는 '바로잡다'는 뜻으로 주로 쓰였다.

바른 인성이 이미 중요한 경쟁력인 것처럼, '바르다'는 것은 그 자체만으로도 큰 힘을 발휘한다. 《손자병법》에 "바르게 깃발을 휘날리는 적, 질서 정연하게 진을 펼친 적은 공격하지 말라(勿邀正正之旗, 勿击堂堂之陈)"고 한다. 여기에서 '정정당당(正正堂堂**)'이란 말이 유래되었다. 스스로 치켜든 기치가 바르고 당당하다면 어떤 것도 두려울 것이 없을 것이고, 어떤 적도 함부로 쉽게 공격해오지 못할 것이다.

마이클 샌델(Michael Sandel, 1953~)의 《정의란 무엇인가》가 신드롬에 가까운 열풍을 몰고 온 적이 있었다. 우리 사회가 그만큼 정의로움에 목말라하고, 차별과 부정(不正)이 만연한, 부정부당(不正不当)한 사회라는 반증일 것이다.

공자는 《논어》〈향당(乡党)〉에서 '석부정, 부좌(席不正, 不坐)', 즉 반듯하지 않은 자리에는 앉지 않는다고 했다. 비뚤어진 자리에 몸을 맡기면 그 삶 또한 왜곡되기 쉽기 때문이다. 황제가 정월을 새롭게 하며 천하의 시간을 바로잡듯, 자신이 몸담은 자리부터 먼저 바로잡아야 한다. 그리고 깃발을 바르게 펴고, 당당한 걸음으로 '정정당당' 나아갈 일이다.

링크에 링크!

＊**正人先正己**(zhèng rén xiān zhèng jǐ) 남을 고치기 전에 먼저 자신을 고쳐야 한다.

＊＊**正正堂堂**(zhèngzhèng-tángtáng) 정정당당하다.

조조가 우유에 '합(合)' 자를 쓴 까닭은?

☷	☷	☷	合
甲骨文	金文	小篆	楷书

魏나라 조조에게 당시에는 귀했던 우유가 진상되어 왔다. 조조는 차마 혼자 마실 수 없어서 한 입 조금 마시고는 우유병에 '합(合)' 자를 써서 옆에 있던 신하에게 건네주었다. 그걸 받아 든 신하들은 우유를 한 모금씩 돌려가며 조금씩 맛볼 수 있었다. '合' 자가 사람 인(人), 한 일(一), 입 구(口)가 모여 된 글자여서 '사람마다 한 모금씩'이라는 의미인 걸 알아차린 것이다. 조조도, 그 신하들도 자주 이런 종류의 언어유희를 즐겼던 모양이다.

맹자는 일찍이 중국의 역사를 일치일란(一治一乱*)으로 예언한 바 있다. 분열과 통일을 반복하는 중국사를 소설 《삼국지연의》에서는 "합해진 지 오래되면 나눠지고, 나눠진 지 오래되면 반드시 다시 합해진다(分久必合，合久必分**)"는 말로 간명하게 정리한다.

역사적 경험을 통해 분열이 가져오는 혼란의 참상을 누구보다 잘 아는 중국인들은 그래서 중국공산당의 일당독재나 다소간의 비민주적인 통치방식에도 비교적 관대하게 수용하는 편이다. 사회 전반적으로 '합(合)'의 가치에 동의하고 암묵적인 지지를 보내기 때문이다.

합할 '합(合, hé)'은 갑골문에서 보듯 솥의 위 뚜껑과 아랫부분 용기가 하나로 알맞게 합해짐을 나타낸다. 여기에서 '닫다, 합하다, 알맞다'는 의미가 생겨났다. 현재 중국은 여러 개의 솥뚜껑이 '중국(中国)'이라는 하나의 이름으로 잘 합(合)해져 있는 역사 시기를 맞이한 셈이다.

56개의 민족을 '중화(中华)'라는 이름으로 하나로 묶고, 한족의 역사뿐만 아니라 이민족의 역사도 큰 틀에서 중국 역사로 편입하는 '합(合)의 드라이브'를 강하게 걸고 있다. 대다수의 중국인들은 약속이나 한 듯이 '합(合) 이데올로기'에 일치된 견해(不谋而合***)를 보인다.

장이머우 감독의 〈영웅(英雄)〉에서 충분한 능력을 갖춘 전설의 자객 형가(荆轲, ?~BC227)가 천하의 안정과 통일을 위해 진시황의 시해를 포기하고 스스로 죽음을 선택하는 것처럼 티베트와 위구르의 소수를 제외하면 대다수의 소수민족들도 대체로 '하나의 중국'을 지지하고 있다.

발전의 성과를 한 입씩 골고루 나눠 먹는 것이 어쩌면 '합(合)'을 유지하는 가장 효과적인 방법일 것이다. 소수민족의 독립 등 분열을 예방하기 위해 발전 공약과 각종 혜택으로 회유하고 있지만, 소득 불균형과 문화적 차이를 완전히 극복하진 못하고 있으며 불안요소는 상존한다. '합구필분(合久必分)'의 역사적 경험으로 비춰 봐도 합(合)의 상태인 지금의 '하나의 중국'이 언제까지 지속될지 아무도 장담할 수는 없다.

링크에 링크!

* **一治一乱**(yízhì-yíluàn) 통일과 분열 시기를 번갈아 반복하다.

** **分久必合, 合久必分**(fēn jiǔ bì hé, hé jiǔ bì fēn) 분열된 지 오래면 통일되고, 통일된 지 오래면 다시 분열된다.

*** **不谋而合**(bùmóu'érhé) 약속이나 한 듯이 서로의 견해나 행동이 완전히 일치하다.

別

'다름'과 '틀림'은 다르다!

小篆	楷书	简化
籵	別	别

동진(东晋)시대 청렴결백과 지조로 유명한 왕공(王恭, ?~398)이 어느 날 친척이 와서 대나무 돗자리를 달라고 하자 선뜻 내주고, 자신은 풀로 엮은 자리에서 지냈다고 한다. 물욕이 없이 검소한 생활을 이르는 말인 '별무장물(別无长物*)'이 여기서 생겨났다. 그러나 현대 중국어에서 이 말은 삶의 여유가 없는 가난한 상태를 이르는 데 더 많이 쓰이고 있다.

나눌 별(别, bié)은 살점을 발라낸 뼈를 쌓아서 만든 모양인 과(冎)와 칼 도(刀)가 합쳐진 형태이다. 제례에 쓰기 위해 소 다리뼈 등의 살을 발라 낸 다음, 쌓아서 누각 형태로 지탱해 놓은 모양이다. 살과 뼈를 나누는 일에서 '구분하다, 다르다, 헤어지다'는 의미가 생겨난 것으로 보인다. 해 서체의 글자 형태에서 보듯 중국에서는 입 구(口) 아래 힘 력(力)을 쓰는 것이 우리와 다르다. 또 '나누다, 특별하다' 등의 의미 외에 '~하지 마라 (不要)'는 의미가 있는데, 그 연유에 대해 '불요(不要)'와 발음이 비슷한 '불 야(不也)' 혹은 '비(非)'에서 가차되었다는 주장 등이 있다.

이백이 〈산중문답(山中问答)〉에서 노래한 "다른 세상이지 인간의 세계 가 아니구나(别有天地非人间)"에서 나오는 '별유천지(别有天地**)'는 성어 로 굳어져 지금도 '이상향'의 대명사로 쓰인다. 칼로 살과 뼈를 나눠놓은 것 같이 속세를 등지고 자연을 벗하며 산에서 사는 시인에게 두 세계는 극명히 달랐을 것이다.

헤어짐은 두 사람의 시간이 서로 나눠지는 것이다. 중국어에 "헤어지기는 쉬워도, 만나기는 어렵다(別时容易，见时难)"는 말이 있다. 함께 같은 곳을 향해 날아가다가도, 서로 헤어지면 때까치와 제비가 제각기 다른 방향으로 날아가듯(劳燕分飞***) 멀어져 다시 만나기 어렵다.

중국어에 "남은 나에게 여름비처럼 쉽게 요구하고, 나는 남에게 유월 서리처럼 어렵게 요구한다(別人求我夏天雨，我求別人六月霜)"는 말이 있다. 남의 청탁을 들어주기는 쉬워도, 남한테 청탁하기는 어렵다는 의미다. 나와 남 사이에 존재하는 보이지 않는 경계를 넘나들기가 그만큼 쉽지 않은 모양이다.

다름을 인정하는 태도가 소통을 낳는다. 생산적 창의성도 남다른 아이디어에서 출발한다. 남다른 구상과 기발한 생각을 이끌어내는 것을 '별출심재(別出心裁****)'라 하는데, 미래 교육이 추구해야 할 바이다. '다름'은 '틀림'과 다르다고 아무리 강조해도, 늘 같은 것에 길들여져 있는 탓인지 여전히 나와 다른 것을 수용하는 것은 생각처럼 쉽지 않다.

링크에 링크!

*別无长物(biéwú-chángwù) 여분이 없다. 가진 것이 없다.

**別有天地(biéyǒu-tiāndì) 별천지이다. 또 다른 경지가 있다.

***劳燕分飞(láoyàn-fēnfēi) 때까치와 제비가 제각기 다른 방향으로 날아가다. 헤어지다.

****別出心裁(biéchū-xīncái) 독창적이다. 남다르다. 기발하다. 참신하다.

더 궁해지기 전에 뿌리를 돌아보라!

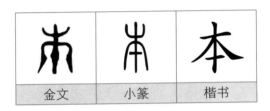

| 金文 | 小篆 | 楷书 |

나무는 인간의 오랜 친구다. 인간보다 크게 자라는 나무는 고층 빌딩이 가득 들어찬 현대보다 고대에 더욱 사람들의 시선을 사로잡았을 것이다. 나무 목(木)을 부수로 하는 한자가 1,000자가 넘는 것만 봐도 나무가 고대인들에게 얼마나 친숙한 사물인지 쉽게 짐작할 수 있다. 학교(校), 다리(桥) 등의 건축물은 물론 창(枪), 기계(机械) 등도 모두 나무로 만들었기 때문이다. 또 주변에서 흔히 접하다 보니 나무에 상징적인 부호를 더해 새로운 의미를 만드는 게 사람이 이해하기도 쉬웠을 것이다.

근본 본(本, běn)은 금문에서 보듯, 나무 밑동 부분에 세 개의 점을 찍어 그곳이 뿌리임을 나타내고 있다. 나뭇가지 윗부분에 점을 찍어 끝을 나타내는 끝 말(末)은 모두 부호를 통해 의미를 나타내는 대표적인 지사자들이다. 빛을 향해 위로 뻗는 나무줄기 아래에는 그 줄기를 움켜잡아 주는 뿌리가 대칭으로 함께 자라고 있다.

흔히 "근본으로 돌아가라!"는 말을 자주 듣지만, 그 실천이 쉽지 않다. 땅 위로 솟아 햇살에 멱 감는 나무의 줄기와 가지에는 쉽게 눈이 가지만, 땅속으로 드리운, 그 어둠과 자갈을 뚫고 깊숙이 뻗은 뿌리까지 생각의 눈으로 봐 내기가 쉽지 않기 때문이다. 나무에 꽃이 피고, 열매가 맺으면 모두 그 화려함에 시선을 빼앗길 뿐, 그 아래 뿌리가 묵묵히 수행했을 노고와 역할에까지 생각이 미치지 못한다. 근본으로 돌아가는 일은 보이지 않는 뿌리를 들추는 일이다.

그래서일까. 고전은 한결같이 뿌리와 근본의 의미를 강조한다. 《논어》〈학이〉에서 "군자는 근본에 힘써야 한다. 근본이 서면 도가 생겨난다(君子務本, 本立而道生, jūnzǐ wù běn, běn lì ér dào shēng)"고 하고, 《맹자》〈양혜왕 상〉에서는 "무릇 그 근본을 돌아봐야 한다(盖亦反其本矣, gài yì fǎn qí běn yǐ)"고 한다. 《용비어천가》도 "불휘 기픈 남간 바라매 아니 뮐쌔, 곶 됴코 여름 하나니" 구절에서 예쁜 꽃과 많은 열매를 가져오는 것은 뿌리 깊은 근본이라고 노래하니 말이다.

"사람이 궁해지면 근본으로 돌아간다. 힘든 고통이 극에 이르면 하늘을 부르지 않는 사람이 없고, 몸이 아프고 참담한 지경에 이르면 부모를 부르지 않는 사람이 없다(人穷则反本, 故劳苦倦极, 未尝不呼天也, 疾痛惨怛, 未尝不呼父母也, Rén qióng zé fǎn běn, gù láokǔ juàn jí, wèicháng bù hū tiān yě, jí tòng cǎn dá, wèicháng bù hū fùmǔ yě)." 사마천의 《사기》〈굴원가생열전(屈原賈生列传)〉에 나오는 얘기다. 하늘과 부모를 인간의 시초이자 뿌리로 보고 있는데, 사람이 궁해지면 근본으로 돌아간다는 말이 참 아프게 들린다.

뿌리가 없는 나무(无本之木*)는 금방 생기를 잃고 말라가기 마련이다. 나무 끝에 맺히는 꽃과 열매를 좇는 데만 정신을 팔지 말고, 고개 숙여 자신의 발 밑둥 뿌리를 한번 돌아볼 일이다.

링크에 링크!

＊无本之木(wú běn zhī mù) 뿌리 없는 나무. 근거가 없는 일이나 사물.

하나의 열쇠로
하나의 자물쇠만 열 수 있다!

小篆	楷书

아프리카에서 원숭이를 잡을 때 쌀을 조롱박에 넣어 나무에 걸어 놓는다고 한다. 그럼 원숭이는 쌀을 먹기 위해 구멍으로 손을 집어넣고 한 움큼 쌀을 잡고는 손이 빠지지 않자 소리를 지른다. 원숭이 우는 소리가 나면 가서 잡으면 된다는 얘기다. 움켜쥔 손을 놓기만 하면 되는데, 원래 '욕심'이 한 번 잡은 것을 놓지 않으려는 속성이 강한 모양이다.

잡을 파(把, bǎ)는 의미부 손 수(扌)와 소리부 파(巴)가 결합된 형성자이다. 《설문해자》에서 파(把)는 곧 악(握)으로 해석하고 있다. '잡는다'는 의미다. 다섯 손가락이 모두 그려진 손 수(手)는 본연의 속성상 뭔가를 잡으려 하고, 파(巴)는 무릎을 꿇은 사람의 모습이니, 제례에서 공손하게 제문이나 제주(祭酒) 등을 받들어 잡는 것에서 그 의미가 생겨났다. 중국어에서는 손으로 잡을 수 있는 손잡이가 있는 물건을 세는 단위로도 쓰이고, 목적어를 잡아서 동사 앞으로 가져올 때도 사용된다.

풍류를 즐기던 고대의 시인들이 손에 주로 잡았던 것이 '술잔'이었던지, 옛 친구를 만난 맹호연도 〈과고인장(过故人庄)〉에서 "술잔을 잡고 뽕나무와 삼나무 얘기를 나눈다(把酒话桑麻)"고 하고, 악양루(岳阳楼)에 오른 범중엄(范仲淹, 989~1052)도 "총애와 욕망을 모두 잊고, 술잔 들고 바람을 마주하니 그 기쁨 다함이 없을 것 같다(宠辱偕忘, 把酒临风, 其喜洋洋者矣)"고 하고 있다. 가재 안주에 술을 곁들여 마시는 '파주지오(把酒持螯*)'가 인생의 가장 즐거움을 상징하는 말로 전해지기도 한다.

도량형이 통일되기 전에는 '파(把)'가 두 팔을 벌린 길이를 나타내는 단위로 쓰였는데, 사람마다 손, 팔의 길이가 달라서 한 움큼의 크기도, 잡는 양도, 두 팔을 벌린 길이도 다 달랐다. 그래서 사람마다 자신의 손의 크기, 능력에 맞는 욕망의 자를 마음에 간직해야(人人心里要装一把尺**) 한다. 자신의 삶 앞에 던지는 목표의 크기도 적당히 조절해야 한다. 중국 속담에 "색(色)의 머리에는 한 자루의 칼이 있다(色字头上一把刀***)"는 말이 있는데, 지나친 욕망이 화(祸)를 부른다는 의미이다.

하나의 열쇠로는 하나의 자물쇠만을 열 수 있다(一把钥匙开一把锁****). 인생에는 만능열쇠도 없고, 한번 흘린 땀으로 논밭을 모두 윤택하게 할 수는 없다. 잡힐 듯 잡히지 않는 미망에 시간을 허비하는 원숭이는 아닌지, 손에 쥔 욕망이 족쇄는 아닌지 스스로 한번쯤 돌아볼 일이다.

링크에 링크!

*把酒持螯(bǎjiǔ-chí'áo) 게의 집게발을 들고 술을 마시다. 인생의 가장 즐거운 일을 말함.

**人人心里要装一把尺(rénrén xīn lǐ yào zhuāng yì bǎ chǐ) 사람은 저마다 자기만의 자(삶의 원칙)가 있어야 한다.

***色字头上一把刀(sè zì tóu shàng yì bǎ dāo) 색자의 머리에 칼이 하나 있다. 욕망의 추구에는 위험이 따르는 법이다.

****一把钥匙开一把锁(yì bǎ yàoshi kāi yì bǎ suǒ) 한 개의 열쇠로 한 개의 자물쇠만 열 수 있다.

국화(国花) 없는 중국,
해묵은 골칫거리!

| 小篆 | 楷书 |

대학 시절 문학동아리 면접을 보러 갔는데, 선배가 던진 질문이 "꽃과 총의 공통점과 차이점을 말해보라"는 것이었다. 차이점은 쉽게 몇 가지를 얘기했는데 공통점을 언뜻 떠오르지 않았다. 고요히 피어나는 아름다운 꽃과 엄청난 굉음과 함께 무섭게 발사되는 총에 어떤 공통점이 있을까? 옆에 있던 한 여학생은 "red"라고 대답했다. 꽃이 붉고, 총은 또 붉은 피를 불러오니 붉다는 것이 꽃과 총의 공통점이겠구나 싶어졌다.

우리의 오감을 통해 보고, 듣고, 맛보고, 냄새 맡고, 만져보면 공통점과 차이점이 확연히 드러난다는 것을, 그리고 사물 자체만 보지 않고, 그 주변과 배후, 전후의 과정을 함께 생각하면 더 폭넓고 깊은 사고의 영역을 갖게 된다는 것을 깨닫는 계기였다. 그래서 지금도 그 질문은 어떤 사물을 생각하고 판단하는 준거이자 사고의 틀로 소중히 남아있다.

꽃 화(花, huā)는 의미부 풀 초(艹)와, 소리부 될 화(化)가 결합된 형태이다. 원래 꽃 화(花)는 꽃잎, 꽃받침, 줄기를 그대로 형상화한 화(華)의 속자로 쓰이다가 하나의 독립된 글자로 굳어진 예이다. 꽃 화(花)는 풀, 사람(人), 거꾸로 선 사람(匕)이 합쳐졌으니, 꽃은 풀 같은 사람이고, 거꾸로 물구나무 선 사람 같은 풀이다. 그래선지 꽃은 곧잘 사람의 인생에 비유

된다. 꽃 피는 시절은 잘 나가는 인생의 화려한 시절을, 꽃이 질 때는 어김없이 인생의 황혼 녘을 의미한다. 중국 영화 〈화양연화(花样年华*)〉는 꽃처럼 화려한 인생의 가장 아름다운 시절을 뜻한다. 불가에서는 한 송이 꽃이 곧 하나의 세계이며, 저마다 색색의 꽃을 피운 세계를 화엄(华严, huáyán)이라 한다.

은근과 끈기를 상징하는 우리나라의 무궁화, 사무라이의 분명한 맺고 끊음을 보여주는 일본의 벚꽃, 그럼 중국의 국화는 뭘까? 중국인은 흔히 목단(牧丹, mǔdān)이라고 답하지만, 사실 중국은 아직 국화를 확정하지 못했다. 중국인이 좋아하는 붉은색의 부귀와 풍요를 상징하는 목단이지만 재배되지 않는 지역도 많아 전국인민대표대회에서 번번이 선정이 무산되었다. 2018년 다시 목단을 국화로 지정하는 안건이 상정되었지만 아직 최종 확정되진 못하고 있다. 여기에 국화가 꼭 하나일 필요가 있냐며 중국은 땅이 넓으니 매란국죽(梅兰菊竹**)으로 하자는 의견, 추운 겨울을 이기고 고고한 자태를 뽐내는 매화가 이미 청(清)말에 국화로 지정된 바 있으니 이를 계승하자는 의견까지 분분해 국화 선정은 중국 정부의 해묵은 골칫거리로 남아 있다. 그야말로 백화제방(百花齐放***)의 한가운데 국화 논쟁이 놓여 있는 형국이다. 다른 것은 척척 잘도 결정하는 중국공산당이 국화 선정에 이리도 오래 어정쩡한 태도를 보이는 것도 참 뜻밖이다. 중국공산당도 아름다운 꽃은 함부로 어찌 못하는 모양이다.

링크에 링크!

*花样年华(huāyàng-niánhuá) 인생의 가장 아름다운 시절.

**梅兰菊竹(méi lán jú zhú) 사군자. 매란국죽.

***百花齐放(bǎihuā-qífàng) 온갖 학문과 예술이 융성하다.

털 하나도 함부로 뽑지 말라! 왜?

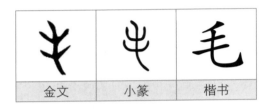

金文	小篆	楷书

옛날 닭 장수와 마늘 장수가 서로 이웃해 살고 있었다. 동쪽 닭 장수는 닭을 잡아 털을 뽑느라 닭털이, 서쪽 마늘 장수는 마늘을 까느라 마늘 껍질이 집안에 가득했다. 바람이 두 이웃에 싸움을 불러왔다. 동풍이 불면 닭털이 마늘가게로 날아들었고, 서풍이 불면 마늘 껍질이 닭 가게를 뒤덮었다. 이 문제로 싸우던 두 가게 주인은 결국 관아에 가 해결하기로 했다. 고을 원님은 얘기를 듣고는 겨우 '닭털과 마늘 껍질(鸡毛蒜皮*) 같은 일'로 바쁜 관아를 찾았다며 두 사람에게 곤장 열 대씩을 판결했다. 이후 사람들은 '작고 하찮은 일'을 이를 때, 이 표현을 쓰게 되었다.

닭털의 예처럼 털은 작고 가벼운 일을 상징한다. 사마천도 이릉을 변호하다 사형에 처해지자, 여기서 죽는다면 구우일모(九牛一毛**)처럼 가벼운 죽음이 될 거라며 태산보다 무거운 죽음을 위해 궁형을 택하고 아버지의 유업인 역사 기술의 길에 나섰다.

그러나 세상의 모든 털이 다 하찮은 것만은 아니다. 지금은 멸종 위기에 놓인 '모피 열풍의 선구자' 해달은 다른 해양 포유류와 달리 지방이 적어 두꺼운 모피로 체온을 유지하기 때문에 그 어떤 동물보다 조밀하게 털이 나 있다. 해달의 두툼한 털의 외곽은 완벽하게 방수가 되고, 안쪽의 잔털은 늘 마른 상태로 탁월한 보온 기능이 있다. 진시황도 이 해달 모피를 입었다는데, 해달 모피는 현재 시가로 수십억 원에 달한다.

털 모(毛, máo)는 짐승의 긴 꼬리에 난 털의 상형자다. 첫 획에서 세 번째 획까지가 털이고, 마지막 획은 털이 나는 피부를 나타낸다. 털의 속성에서 '작다, 거칠다'의 의미가 유추되었다.

전국시대 양주(杨朱, BC395~339)는 일모불발(一毛不拔***)의 극단적 이기주의인 위아론(为我论)으로 당시 제후들의 많은 지지를 얻었다. 천하를 얻기 위해 무분별한 인간의 희생을 강요하는 시대에 "한 가닥의 털로 천하를 구할 수 있다고 해도, 그 털을 뽑지 않겠다"는 논리가 먹힌 것이다. 온갖 명분을 내걸고 털을 요구하고, 팔을 요구하고, 결국엔 목숨까지도 요구하는 전국시대에 양주의 오직 자신을 먼저 생각하라는 '위아론'이야말로 인간의 가치를 존중하는 사상이지 않았을까.

말의 털빛에 결함이 있음을 나타내는 '모병(毛病)'이 모든 결점을 의미하게 된 것처럼, 작고 하찮은 털일지라도 그것은 작음에 머물지 않고, 전체에 중대한 영향을 미친다. 하찮은 닭털과 마늘 껍질 때문에 곤장을 맞아야 했던 닭 장수와 마늘 장수처럼 말이다.

링크에 링크!

*鸡毛蒜皮(jīmáo-suànpí) 닭털과 마늘 껍질. 사소하고 보잘것없는 일. 속어로 뒷거래를 할 때 증정하는 물건('鸡'는 '机'와 동음의 기계, '毛'는 모직, '蒜'은 '算'과 동음의 전자제품, '皮'는 가죽을 말한다).

**九牛一毛(jiǔniú-yìmáo) 많은 가운데 미미한 부분.

***一毛不拔(yìmáo-bùbá) 남을 위해 털 한 가닥도 뽑지 않는다. 지나치게 인색하다.

천 리를 배웅해도
어차피 할 이별이라면

| 金文 | 小篆 | 楷书 |

당나라 때 위구르국에서는 해마다 황제에게 조공을 바쳤는데, 어느해는 백조를 진상품으로 준비하였다. 사신이 백조를 들고 먼 길을 여러날 가다 보니 깃털이 더러워졌다. 호수에 이르러 새장을 열고 씻으려는 순간, 백조가 그만 날아가 버렸다.

사신은 호숫가에서 울어보았지만 소용이 없었다. 하는 수 없이 땅에 떨어진 깃털 하나를 주워 들고 장안으로 향했다. 그리고 비단으로 깃털을 포장하고 그 위에 시 한 수를 적었다. "천 리 밖에서 백조의 깃털을 바칩니다. 선물은 비록 가볍지만 정성만은 가득합니다(千里送鹅毛, 礼轻情意重*)." 당 태종은 이 시를 보고 그 정성에 감동하여 사신을 크게 포상했다고 한다. 선물의 무게보다 마음과 정성의 무게가 더 빛을 발하는 순간이었다. 보내는 것이 '선물'이 아닌 '마음'이어야 함을 깨우쳐 주는 이야기다.

보낼 송(送, sòng)은 금문이나 소전에서 보듯 두 손(廾)으로 불(火)을 든 모습에 쉬엄쉬엄 걸어갈 착(辵)이 더해진 형태로, 밤에 횃불을 밝히며 사람을 배웅해 '보내다'는 의미이다.

낡은 것을 떠나보내고 새로운 것을 맞이하는 걸 송구영신(送旧迎新**)

이라 한다. 헤어지기 아쉬워 횃불을 들고 천 리 먼 곳까지 바래주지만 어차피 갈라져야 할 사람이라면(送君千里, 终须一别***), 그만 발길을 돌리고, 아쉽더라도 작별해야 한다. 더군다나 그 대상이 붙잡아도 이내 사라질 시간이라면 더더욱 말이다. 갈 것은 가고야 말고, 올 것은 오고야 마는 법이니 떠나보내는 일에 좀 더 쿨해져야 한다.

떠나보내지 않으면 새로운 것도 맞이할 수 없는 것이 우주의 거대한 법칙이다. 왕발의 시 〈등왕각〉에 나오는 시구처럼 어차피 우주 만물은 끊임없이 바뀌고, 별이 이동하듯 세태는 또 수없이 변화하기(物换星移****) 마련이다. 그래도 차가워진 세상에 나의 도움을 절실하게 필요로 하는 곳이 있다면 따뜻한 숯을 보내주는 '설중송탄(雪中送炭*****)'의 마음만은 잘 간직하면 좋겠다.

링크에 링크!

*千里送鹅毛, 礼轻情意重(qiān lǐ sòng émáo, lǐ qīng qíng yì zhòng) 천 리 밖에서 거위 털을 보내니 선물은 보잘것없으나 그 정성이 두텁다. 선물은 하찮지만 성의는 가상하다. 선물이 중요한 것이 아니라 마음이 중요하다.

**送旧迎新(sòng jiù yíng xīn) 송구영신. 묵은 해를 보내고 새해를 맞이하다.

***送君千里, 终须一别(sòng jūn qiān lǐ, zhōng xū yì bié) 천 리까지 배웅해도 마침내는 헤어져야 한다. 매우 아쉬운 이별을 이르는 말.

****物换星移(wùhuàn-xīngyí) 경물(景物)이 변하고 별자리가 옮겨가다. 계절이 변화하고, 시간이 흘러가다.

*****雪中送炭(xuězhōng-sòngtàn) 눈 속에 탄을 보내다. 다른 사람이 급할 때 도움을 주다.

음식 주문과 식사

A: Nǐmen yào shénme?

你们要什么？

B: Lái yí fèn shuǐzhǔyú hé gōngbǎojīdīng.

来⑬⑥一份水⑬⑦煮鱼和宫保鸡⑬⑧丁。

C: Wǒ xiǎng chī bāozi, hái xiǎng hē júhuāchá.

我想吃包⑬⑨子，还想喝⑭⓪菊花茶⑭①。

B: Hǎo ba. Zài lái liǎng ge bāozi hé liǎng bēi júhuāchá.

好吧。再来两个包子和两杯菊花茶。

A: Hǎo de, qǐng shāo děng.

好的，请稍等⑭②。

B: (식사 중) Fúwùyuán, qǐng jiā diǎnr kāishuǐ.
　　Duō chī diǎnr ba.

(식사 중) 服务员，请加点儿开⑭③水。

多吃点儿吧。

C: Wǒ yǐjīng chī bǎo le, bù chī le. Zuìjìn gōngzuò máng, méiyǒu
　　shíjiān yùndòng, gǎnjué biàn pàng le.

我已经吃饱了，不吃了。最近工⑭④作忙，没
有时间运动，感觉变⑭⑤胖⑭⑥了。

B: Wǒ yě yào zuò de shì tài duō le, dànshì jiànkāng bǐ shénme dōu
　　zhòngyào. Suǒyǐ yào chī de hǎo, shuì de hǎo, duō yùndòng a.

문화 링크

来	水	鸡	包	喝	茶
等	开	工	变	胖	事
比	得	谁	心	羊	

我也要做的事⑭太多了，但是健康比⑭什么都
重要。所以要吃得⑭好，睡得好，多运动啊。

C: Shéi shuō bú shì ne.

谁⑮说不是呢。

🐼 중국요리 표현

北京烤鸭
Běijīng kǎoyā

麻婆豆腐
mápódòufu

大闸蟹
dàzháxiè

点心⑮
diǎnxīn

糖葫芦
tánghúlu

羊⑮肉串
yángròuchuàn

⑬⑥ 来 lái	⑬⑦ 水 shuǐ	⑬⑧ 鸡 jī	⑬⑨ 包 bāo	⑭⑩ 喝 hē, hè
⑭① 茶 chá	⑭② 等 děng	⑭③ 开 kāi	⑭④ 工 gōng	⑭⑤ 变 biàn
⑭⑥ 胖 pàng	⑭⑦ 事 shì	⑭⑧ 比 bǐ	⑭⑨ 得 de, dé, děi	
⑮⑩ 谁 shéi, shuí	⑮① 心 xīn	⑮② 羊 yáng		

별에서 온 그대는 보리? 밀?

甲骨文	小篆	楷书	简化

드라마 〈별에서 온 그대(来自星星的你)〉가 중국에서도 선풍적인 인기를 끌면서 '치맥(炸鸡配啤酒)'이 중국인들의 입맛도 사로잡았다는 얘기가 들려온다. 국경을 자유롭게 넘나드는 소프트파워의 위세가 새삼 놀랍다.

올 래(來, lái)는 '밀' 이삭이 팬 모양을 그린 상형자였다. 고대에 밀은 '來', 보리는 '맥(麥)'으로 구분했다는 주장도 있지만, 일반적으로 밀을 나타내던 '래(來)'가 모양이 비슷한 '보리'도 점차 뜻하게 된 것으로 보인다. 벼(禾)는 익으면 고개를 숙이는 반면, 밀이나 보리는 익어도 가지런하게 곧은 모양을 유지한다. 여기서 가지런할 제(齊)가 나왔다.

곡신(谷神)이 허락하여 하늘로부터 귀한 식량이 '왔다'는 점과 밀이 외지에서 전래되어 왔다는 것에 착안하여 점차 '오다'의 의미로 더 많이 쓰이게 되었고, 본뜻을 보존하기 위해 아래에 뿌리까지 그려 넣은 보리 '맥(麥)'을 따로 만들었다.

백면서생 장생(张生)과 재상의 딸 최앵앵(崔莺莺)의 사랑을 그린 원(元)대 최고 희곡인 왕실보(王实甫, 1260~1336)의 《서상기(西厢记)》에 나오는 고생 끝에 낙이 온다는 뜻의 '고진감래(苦尽甘来*)'는 지금도 널리 회자된다.

과거 중국 화장실은 앞문이 없고 악취와 지저분한 것으로 악명 높았다.

베이징올림픽과 상하이엑스포 이후 크게 개선되어 대도시는 이제 대부분 쾌적한 편이다. 중국 화장실에는 곳곳에 문명 교육을 위한 표어들이 붉은 글씨로 붙어 있다. 그중에서 중국인들에게 가장 좋은 호응을 얻는 문구가 "앞으로 작은 한 걸음, 문명은 크게 한 걸음(前进一小步，文明一大步**)"과 "올 때 총총, 갈 때도 콸콸(来也匆匆，去也冲冲***)"이다. 화장실 갈 때 마음 다르고, 나올 때 마음 다르다고 하는데 해음을 통해 총총걸음으로 왔듯이 물도 콸콸 내려달라는 의미를 재치 있게 전한다.

'오다'라는 말은 흔히 '가다'와 짝을 이뤄 쓰인다. 불교경전 《법구경(法句經)》에도 진리의 모습을 "모든 것은 오고 간다"고 표현하고 있다. 올 때가 되면 오고, 갈 때가 되면 갈 것이니, 오고 감을 두려워하지 말고 다만 지켜보라는 것이다. 올 때는 순풍, 갈 때는 역풍(来时顺风，去时逆风****)이라는 말은 당연한 이치에 대한 표현이면서 잔잔한 깨달음을 전해준다.

올 것은 오고야 마는 법. 쇠털같이 많은 날(来日方长, láirì-fāngcháng)은 다가올 것이고, 루이 알튀세르(Louis Althusser, 1918~1990)의 저작 제목처럼 '미래는 오래 지속'될 것이다.

***苦尽甘来**(kǔjìn-gānlái) 고진감래. 고생 끝에 낙이 온다.

****前进一小步，文明一大步**(qián jìn yì xiǎo bù, wénmíng yí dà bù) 작은 한 걸음 앞으로 다가서는 것이 문명의 큰 진보.

*****来也匆匆，去也冲冲**(lái yě cōngcōng, qù yě chōngchōng) 올 때 총총걸음, 갈 때도 콸콸. 물 내리라는 의미.

******来时顺风，去时逆风**(lái shí shùnfēng, qù shí nìfēng) 올 때는 순풍, 갈 때는 역풍.

위대한 '물'처럼 순리대로!

甲骨文	金文	小篆	楷书

갑골문에 보이는 물 수(水, shuǐ)는 가운데 물살이 흘러가는 것을 나타내는 긴 곡선과 그 주변의 물방울 혹은 웅덩이 같은 네 점으로 구성되어 있다. 물이 위에서 아래로 흐르는 것처럼 보이지만, 사실은 평평하게 흐르는 물을 나타내는 갑골 뼈의 결 때문에 조각하기 쉬운 세로 형태가 된 것이다.

오행(五行)의 하나인 물은 모든 생명의 근원이자 누구와도 다투지 않고, 늘 낮은 자리를 찾아 '영과이후진(盈科而后进)'하는 겸손한 이미지로 많은 철학, 문학작품에 상징적으로 형상화되었다. 그 대표적인 작품이 바로 《노자》일 것이다.

"최고의 선은 물과 같다. 물은 만물을 이롭게 하면서도 서로 다투지 않고, 모든 사람들이 싫어하는 낮은 곳에 머문다. 그러므로 거의 도의 모습이라고 할 수 있다(上善若水*。水善利万物而不争, 处众人之所恶, 故几于道, shuǐ shàn lì wànwù ér bù zhēng, chǔ zhòngrén zhī suǒ wù, gù jī yú dào)."

물에 대한 노자의 통찰은 "물에는 일곱 가지 덕이 있다(水有七德)"에 잘 나타난다. 물은 겸손하고, 지혜롭고, 포용력과 융통성이 있으며, 인내와 용기를 갖추고 작은 물방울로 부서져도 바다를 향한 대의를 잃지 않는다는 것이다.

이백은 최고의 음주시 〈장진주〉에서 "그대 못 보았는가 / 황허의 물이 천상에서 내려와 / 겁 없이 흐르다 바다에 들어가서 다시는 돌아가지 못함을(君不見 / 黃河之水天上來 / 奔流到海不復回, jūn bújiàn / Huáng Hé zhī shuǐ tiānshàng lái / bēnliú dào hǎi bú fù huí)"이라고 노래하며 한번 흐르면 다시 되돌아올 수 없는 시간을 아래에서 위로 되돌아갈 수 없는 황허의 물에 비유하고 있다.

물은 동그랗고 네모나기도 하며 담기는 형태에 따라 자신의 모습을 달리한다. 뜨거워지면 기체로 증발하고, 추우면 고체로 얼어붙는다. 가로막으면 돌아가고 그래도 안 되면 기다림으로 벽을 채워 넘는다. 환경, 처지에 따라 자신의 모습을 바꾸면서도 자신의 본성은 잃지 않으며 다시 본래의 모습을 회복하는 변과 불변의 메타포를 한 몸으로 보여준다.

약해 보이지만 한 방울, 한 방울 모여 거대한 바다를 이루기도 하고, 댓돌처럼 단단한 것도 뚫는 수적석천(水滴石穿**)의 힘을 지녔다. 위대한 '물'처럼 순리대로 세상을 살아가는 것, 그것이 최고의 선임을 인정하지 않을 수 없다.

링크에 링크!

* **上善若水**(shàngshàn-ruòshuǐ) 상선약수. 최상의 선은 물과 같다.
** **水滴石穿**(shuǐdī-shíchuān) 낙숫물이 댓돌을 뚫는다. 작은 힘이라도 꾸준히 계속하면 성공할 수 있다.

닭 때문에 나라가 망했다?

甲骨文	小篆	楷书	简化

《주역》에는 주나라 성왕(成王) 때 촉나라 사람들이 닭을 진상했다는 기록이 있다. 3,000년 전부터 닭을 먹어왔다는 얘기다. 전국시대 수천 명의 식객을 거느렸던 맹상군은 개처럼 빠르게 도둑질을 잘하는 식객이 '호백구(狐白裘, hú bái qiú, 여우 겨드랑이털로 만든 옷)'를 훔치고, 닭 울음소리를 잘 내는 식객의 도움으로 위기를 탈출한 '계명구도(鸡鸣狗盗)'로 유명하고, 삼국시대 조조는 한중을 '계륵(鸡肋*)'에 비유했다. 당 현종은 투계를 좋아해 장안에 널리 유행했으며, 아직도 소수민족의 풍습으로 남아 있다.

닭 한 마리 때문에 명나라가 망했다는 얘기도 흥미롭다. 1631년 청 태종 홍타이지(皇太极, 1592~1643)의 공격을 받던 명 장수 손원화(孙元化, 1581~1632)는 공유덕(孔有德, 1602~1652)에게 지원을 요청했다. 공유덕 부대는 당시 포르투갈 침몰선에서 건져 올린 가장 크고 막강한 '홍이대포(红夷大砲)'로 무장한 부대였다. 그러나 원정 도중 보급이 끊기자 한 병사가 닭 한 마리를 잡아먹는데, 그것이 분란이 되어 오교병변(吴桥兵变, 1632~1633)이 일어난다. 분열된 부대는 이어진 전투에서 패하고, 명나라의 화포 무기와 기술은 모두 청나라의 손으로 넘어가고 말았으니, 그 닭 한 마리가 청으로서는 참 고마운 존재였던 셈이다.

청의 광서제(光绪帝, 1871~1908)는 어렸을 때 계란을 좋아해 하루에 4개씩 먹었는데, 신하들이 그 값을 부풀려 은 1만 2,410냥 어치를 먹은 것으로 장부에 기록하고, 자신들의 잇속을 차렸다고 한다. 닭이 인간과 가까운 가축으로 늘 함께 했기에 많은 이야기에 등장하는 것으로 보인다.

닭 계(鷄, jī)는 소리부 어찌 해(奚)와 의미부 새 조(鳥)가 결합된 형성자이다. 갑골문에서 보듯, 닭 볏(鷄冠)과 닭 발(鷄爪)이 강조되어 벼슬을 움켜쥐는 의미가 강하다. 소리부인 해(奚)는 움켜쥔 손(爪), 끈(幺), 사람(大)이 합쳐진 전쟁 포로를 뜻하는데, 왠지 닭이 사람에게 붙잡히는 장면을 연상시킨다. 《설문해자》에는 닭을 시간을 아는 짐승으로 설명하고 있다.

중화요리 메뉴 중에 '깐풍기, 라조기, 기스면'이 있는데 공통적으로 '기'가 들어 있다. 화교 중에 산둥(山东) 출신이 많은데, 닭 계(鸡, jī)의 산둥 방언이 바로 '기'이기 때문이고, '기'가 들어 있는 요리는 모두 닭을 재료로 했다는 의미다.

중국에서 백숙 같은 닭 요리를 주문하면, 닭 머리와 닭발이 그대로 요리로 나와 놀란 경험이 있다. '닭이 모자를 쓰다(鸡戴帽子)'는 말이 '관직이 더 높이 올라감(冠上加冠**)'을 비유하니, 닭 볏이 없으면 관직이 없는 것이요, 닭발이 없으면 관직이 있어도 잡을 수 없는 것이니, 중국인들에게 어찌 닭 머리와 닭발 없는 닭이 가능하겠는가. 문화적 차이로 이해하는 수밖에.

링크에 링크!

*鸡肋(jīlèi) 계륵. 닭의 갈비라는 뜻으로, 큰 소용은 없으나 버리기는 아까운 것.

**鸡戴帽子, 冠上加冠(jī dài màozi, guān shàng jiā guān) 닭이 모자를 쓰니 갓 위에 갓을 덧쓰다. 불필요한 행동을 이르는 말.

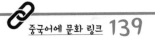

가장 따뜻하고 위대한 '감쌈'은?

小篆	楷书

중국은 만두 종류가 다양한데, 찐빵처럼 크고 안에 속이 든 만두를 바오쯔(包子, bāozi)라 한다. 얇게 민 밀가루 피로 야채, 고기, 해물 등을 감싼 것에서 유래한 이름이다. 밖을 둘러싼 밀가루의 담백한 맛과 속의 양념이 어우러지며 그 맛이 배가된다. 무언가를 '감싼다'는 것은 요리뿐 아니라 사람이 살아가는 데에서도 큰 힘을 발휘한다. 누군가의 허물이나 실수를 너그럽게 감싸주는 것으로 관계는 더욱 긴밀하고 굳건해진다.

아이를 가진 엄마가 뱃속의 태아를 감싸는 것보다 더 따뜻하고 위대한 '감쌈'은 없을 것이다. 감쌀 포(包, bāo)는 쌀 포(勹)와 웅크린 태아의 형상인 사(巳)가 결합된 형태로, 아이가 엄마의 자궁에 둘러싸여 있는 데서 '싸다, 감싸다'의 의미가 생겼다.

엄마가 태아를 감싸듯, 늘 새로운 풀을 찾아 유랑하는 초원의 유목민들을 포근히 감싸 휴식하게 하는 것이 멍구바오(蒙古包, měnggǔbāo)다. 드넓은 초원에 언제든 떠날 준비가 된 자들의 이동식 간이 안식처인 멍구바오는 비록 허술하지만, 초원의 새벽 한기와 이슬로부터 유목민들을 따뜻하게 감싸주는 포근한 솜이불 역할을 한다. 유목민의 고단한 발걸음을 감싼 멍구바오에는 아마 초원의 풀꽃 향이 진하게 배어 있을 것이다. 향을 싼 종이에서는 향내가 나기 마련이니 말이다. 무엇을 쌌느냐에 따라 그 향이 그 종이에 베이듯, 우리가 두 팔로 감싸는 것이 무엇이냐에 따라 저마다 다른 존재의 향이 스며든다.

베이징대학 총장을 지낸 차이위안페이(蔡元培, 1868~1940)는 '겸용병포(兼容并包*)'의 기치 아래 널리 인재를 등용한 것으로 유명하다. 넓게 받아들이고 모든 방면을 아울러 포용한다는 겸용병포의 의미처럼 차이위안페이는 나이, 사상, 학위 유무를 떠나 능력 있는 인사들을 대거 초빙해 베이징대학의 융성을 이끌었다. 또한 서구의 민주, 과학사상과 중국의 전통사상을 아우르고, 문사철의 모든 인재들을 대학에 초빙했다. 그야말로 포용하지 않은 사상이 없다는 '무소불포(无所不包**)'를 실천한 차이위안페이의 노력으로 베이징대학은 당시 5.4 신문화운동을 이끌며 명실상부한 중국 최고 인재의 산실로 자리매김할 수 있었다.

편을 가르지 않고, 배척하지 않으며 모든 것을 감싸 안는 유연한 포용의 정신은 물론 말처럼 쉽지 않다. 종이로는 불을 쌀 수 없다(纸包不住火***)는 말처럼 모든 것을 감싸 안기 위해서는 더 넓은 품과 뜨거운 불을 이겨내는 단단한 내구성에 기반을 둔 크고 너그러운 그릇이 필요할 것이다. 뜨거운 불마저 너그럽게 다스려 감싸 안는 아궁이 같은 우직함과 모든 것을 받아들이는 바다 같은 너그러움이면 어떨까.

링크에 링크!

*兼容并包(jiānróng-bìngbāo) 폭 넓게 아우르며 수용하다.

**无所不包(wúsuǒ-bùbāo) 포함하지 않는 것이 없다.

***纸包不住火(zhǐ bāo bú zhù huǒ) 종이는 불을 감싸지 못한다. 사실은 숨길 수 없고 드러나기 마련이다.

한 주전자 마셨다? 호되게 당했다?

小篆	楷书

지금은 제사상에 보통 '술'을 올리지만 전통적으로 우리 조상들은 '차'를 올렸다. 그래서 설날, 추석에 지내는 제사를 '차례(茶礼)'라고 한다. 조선시대 억불숭유 정책으로 불교 풍습을 없애는 차원에서 차 대신 술을 사용하도록 했다는 주장도 있고, 일제 강점기에 정종 등의 술이 차례상에 오르게 되었다고도 한다.

제례에서 축문과 주술의 말이 신의 강림을 유도하는 것이라면, 음복(飮福)은 신이 흠향(歆饗)한 제수(祭需)나 제주(祭酒)를 자손이 나눠 먹는 것을 말한다. 고대 사회 제례에서 마시는 행위가 단순히 차나 술에 국한되지 않고, 신이 남기고 간 '복을 마신다'고 하니, 그 의미가 좀 더 신성하고 특별하게 다가온다.

꾸짖을 갈(喝, hē, hè)은 입 구(口)와 어찌 갈(曷)이 결합된 형성자다. 갈(曷)은 축문을 읽는다는 의미의 왈(曰)과 시신이 포개져 있는 모양인 빌개(匃)가 합해져서 시신을 통해 신에게 엄중하게 호소하는 말이며, 꾸짖을 갈(喝)도 죽음의 상황에 대해 신에게 엄중하게 원인을 따지고, 간절하게 영혼의 안식을 갈망하며 '소리치다'는 의미를 담고 있다. 소리를 치다 보면 목이 말라서인지, 제례에서 음복의 행위를 중시하는 과정에서 파생된 의미인지는 알 수 없지만, 우리말에서 공갈(恐喝), 갈파(喝破) 등 주로 '꾸짖다, 소리치다'의 의미로 쓰이는 반면, 중국어에서는 주로 1성으로 발음하는 '마시다'의 뜻으로 쓰인다.

먹을 것이 충족된 상태에서 마시는 것은 부차적인 것이 되고, 여유를 즐기는 사치나 고상한 취미의 하나로 간주되기 십상이지만, '음식(饮食)'이라는 말에서 알 수 있듯이, 마시는 것은 어쩌면 먹는 것보다 더 먼저이고, 더 중요한 행위이다. 사람은 밥을 먹지 않고도 한 달까지 살 수 있지만, 물을 마시지 않고는 일주일도 넘기기 어렵다.

우리말에서도 가방끈이 길다든지 '먹물이다'는 말이 배움이 많거나 학식이 풍부하다는 의미로 쓰이듯이, 중국어에서는 '먹물을 마시다(喝墨水*)'는 말이 교육을 받거나 학교에 다닌다는 의미로 통용된다. 뱃속에 먹물이 가득하다(肚子里墨水多**)는 말도 비슷한 의미이다.

또 아무것도 먹을 것이 없어서 굶주린다는 말을 중국어에서는 '서북풍을 마신다(喝西北风***)'고 표현한다. 따뜻한 남동풍이 아닌 서북풍은 왠지 차갑고 힘든 상황을 떠올리기 때문이 아닐까. 바람 방향을 말할 때 우리나라는 남북을 먼저, 중국은 동서를 먼저 말하는 차이가 있다.

우리말에서도 "물 먹었다"는 말이 일이 뜻대로 되지 않고 실패했다는 의미인 것처럼 중국어 속어에서도 "한 주전자 마셨다(喝一壺, hē yì hú)"는 말이 "호되게 당했다"는 의미로 쓰이는 것이 흥미롭다.

링크에 링크!

* **喝墨水**(hē mòshuǐ) 먹물을 먹다. 교육을 받다. 학교에 다니다.

** **肚子里墨水多**(dùzi lǐ mòshuǐ duō) 배움이 많고 지식이 풍부하다.

*** **喝西北风**(hē xīběifēng) 굶주리다. 먹을 것이 아무것도 없다.

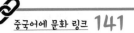

차(茶)에 들어 있는
숫자 '108' 보이세요?

茶	茶
小篆	楷书

중국인들이 즐겨 마시는 음료는 차(茶)다. 더운 여름날에도 뜨거운 차를 우려 후후 불며 마신다. 중국에서 나뭇잎을 하나하나 맛보며 처음 차를 구분해 마신 사람은 신농씨(神农氏)이고, 당대 육우(陆羽, 733~804)는 780년 《다경(茶经)》을 지어 차의 이론적 기초를 마련하여 '다성(茶圣)'으로 불린다.

차 차 또는 다(茶, chá)는 풀 초(草), 사람 인(人), 나무 목(木)이 결합된 형태로 나무처럼 자라는 풀잎을 사람이 달여 먹는 의미를 품고 있다. 형태가 비슷한 씀바귀 도(荼)에서 발전했다고도 본다. 차는 고대부터 비단, 도자기와 함께 중국의 3대 수출품으로 전 세계에 전해졌다. 육로로 전해진 지역에서는 주로 광둥(广东) 발음인 'cha'이고, 바닷길로 전해진 지역은 푸젠(福建) 발음인 영어의 'tea'처럼 읽힌다. 우리나라는 '차'와 '다'를 모두 사용한다. '찻집과 다방'이 모두 가능한 셈인데 지역적으로 중국과 가까워 두 지역의 말이 모두 유입되어 생긴 현상이다.

'차(茶)' 자를 하나하나 풀어보면 위에 있는 풀 초(艹)를 더하면 20이고, 아래 팔(八)과 나무 목(木)에 있는 열 십(十)을 합친 80을 더하면 100이 되며, 마지막 두 획인 팔(八)을 더하면 108이 된다. 차에는 백팔번뇌와 같은 인생의 희로애락이 모두 녹아 있고 또 땅, 해, 바람, 이슬 등의 대자연을 머금고 있는 차를 많이 마시면 108세까지 건강하게 산다는 의미가 된다. 중국어에서 차수(茶寿, cháshòu)라고 하면 108세의 생신을 이르는 말이다.

달마대사가 9년 동안 면벽 수행을 하는데 가장 큰 어려움이 졸음이었다. 눈꺼풀이 무거워져 졸음이 오자 달마는 눈꺼풀을 잘라버렸다. 그래서 달마상을 보면 눈꺼풀이 없는 동그란 눈이다. 그런데 눈꺼풀을 버린 곳에서 차나무가 자라나 달마는 그 차를 마시며 졸음을 이겨낼 수 있었다. 현실성이 떨어지는 이야기이긴 하지만 차의 비타민이 졸음을 쫓는데 효과가 있고, 또 다선일미(茶禅一味*)라는 말처럼 차는 선(禅)의 분위기와 잘 어울린다.

송대의 대문호 소식이 관복을 벗고 허름한 옷차림으로 절에 갔더니 주지가 처음에는 "앉아. 차 드려(坐, 茶)!"라고 했다가 소식이 많은 돈을 공양하자 "앉으시지요. 차 대접해라(请坐, 上茶)!"라고 했으며 그가 바로 천하의 대문호 소식임을 알아보고는 "윗자리로 앉으시지요. 좋은 차 내와라(请上坐, 上好茶)!"라고 했다. 주지가 소식에게 절에 붙일 좋은 글을 좀 써 달라고 요구하자 소식은 바로 "坐, 请坐, 请上坐; 茶, 上茶, 上好茶。"라는 주지의 말을 그대로 대련으로 써 주었다고 한다.

차는 단순한 음료가 아니라 대자연의 풍파 속에서 삶을 관조하고 자연의 멋과 여유를 즐기려는 중국인의 정신이 스며 있다는 점에서 중국을 읽는 매우 중요한 코드로 여겨진다.

링크에 링크!

***茶禅一味**(cháchán-yíwèi) 차와 선(禅)은 같은 맛이다. 다도와 참선의 원리가 서로 비슷하다는 의미.

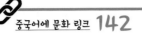

"빛을 숨기고 어둠 속에서 기다리다"

小篆	楷书

맑은 연못을 미꾸라지가 흐려놓았을 때 그 연못을 다시 맑게 하는 방법은 연못에 들어가 무언가 하는 것이 아니라 아무것도 하지 않고 그저 기다리는 일이다. 때로 '기다림'은 그 자체만으로 좋은 해법이 된다.

중국인들의 기다림은 체념이나 포기가 아닌, 때를 준비하며 묵묵히 실력을 다진다는 의미가 포함된다. 상류에 비가 많이 와 물살이 거센데 굳이 위험을 무릅쓰고 강을 건널 필요가 없다. 《손자병법》의 가르침대로 시간이 지나면 강물이 줄어들 것이니 기다렸다가 건너면 된다. 세상을 살아가는 이치도 이와 다르지 않다. 때를 기다리며 실력을 키우는 편이 조급하게 달려들었다가 일을 그르치는 것보다 백번 낫다.

가지런할 등(等, děng)은 대 죽(竹)과 절 사(寺)가 합쳐진 형태인데, 관청(寺)에서 쓰는 서류를 대쪽(竹)처럼 '가지런히 정리하다'는 것에서 의미가 파생되었다. 가지런히 정리하다 보면 순서가 정해질 테니 '등급'의 의미도 생겼다. 중국어에서는 황허의 물이 맑아지길 기다리는 것(等到黃河淸*)처럼 '기다리다'는 뜻이다.

널리 알려진 '와신상담(臥薪嘗胆**)'의 고사는 복수를 꿈꾸는 절치부심의 기다림을 잘 보여준다. 월(越)나라와의 전쟁에 져서 죽은 아버지 합려의 원수를 갚기 위해 오(吳)나라의 부차(夫差, BC528~473)는 매일 장작더미 위에서 잠을 잔다. 결국 오나라 부차는 월나라를 쳐들어가 항복을 받아냈고, 부차에게 치욕적인 조건으로 항복한 월나라 구천은 부차의 몸종으로 일하며 또 때를 기다린다. 월나라로 돌아온 구천은 치욕을 기억하며 복수의 결심을 잊지 않기 위하여 쓴 쓸개를 핥으며 복수의 기회를 준비한다. 때를 기다렸다가 서시를 이용한 미인계로 오왕 부차에게 마침내 복수한다. "군자가 원수를 갚는 데에는 10년이 걸려도 늦지 않다(君子报仇十年不晚***)"는 속담이 떠오르는 장면이다.

G2로 자신감을 얻은 중국의 외교 전략이 할 수 있는 역할을 적극 수행하겠다는 '유소작위(有所作为****)'로 전환되었지만, 중국은 오랜 기간 '도광양회(韬光养晦*****)'를 표방했다. 칼날의 빛을 칼집 속에 숨기고 어둠 속에서 묵묵히 실력을 키운다는 뜻으로 저력을 드러내지 않고, 묵묵히 인내하면서 때가 성숙되기를 기다리겠다는 의지가 담긴 말이다.

링크에 링크!

*等到黄河清(děngdào Huáng Hé qīng) 황허가 맑아지길 기다리다. 아무리 기다려도 답이 없음을 이르는 말.

**卧薪尝胆(wòxīn-chángdǎn) 와신상담. 섶에 눕고 쓸개를 맛본다.

***君子报仇十年不晚(jūnzǐ bàochóu shí nián bù wǎn) 군자의 복수는 10년도 늦지 않다.

****有所作为(yǒusuǒ-zuòwéi) 적극적으로 참여해서 하고 싶은 대로 하다. 2002년 이후 중국이 취하고 있는 대외정책.

*****韬光养晦(tāoguāng-yǎnghuì) 재능을 감추고 드러내지 않다. 때를 기다리다.

중국어에 문화 링크 143

한 사람이 닫은 문,
만 명이 열지 못한다?

朙	開	开
小篆	楷书	简化

1949년 신중국 건국에 성공한 마오쩌둥은 거기서 비롯된 자신감으로 사회주의 개조를 줄기차게 추진한다. 자급자족이 가능한 풍부한 자원을 바탕으로 외부 세계와의 교류보다는 내부 역량 결집에 더욱 집중한다. 초기에 성공하는 듯 보였던 사회주의 경제가 헤어나기 힘든 침체의 늪에 빠져들 즈음, 마오쩌둥은 문화대혁명이라는 또 한 번의 결정적 과오를 범하며 중국을 그야말로 '고립무원의 죽의 장막' 속으로 깊숙이 밀어 넣었다.

흔히 "한 사람이 닫아 놓은 문을 만 명이 열지 못한다(一夫当关, 万夫莫开*)"는 말이 있듯 마오쩌둥이 굳게 닫은 사회주의의 문을 누구도 열지 못할 것 같았다. '작은 거인'이 나타나기 전까지는 말이다. 만 명도 열지 못할 것 같던 문을 덩샤오핑은 '개혁개방'이라는 지렛대로 열어젖히기 시작했다. 조금씩 먹구름이 걷히고 맑은 하늘이 보이기(云开见天**) 시작했고, 외국의 자본과 기술을 이용한 경제특구의 씨앗은 점, 선, 면으로 확대되며 꽃을 피우고 결실을 맺으며(开花结实***) 경제발전을 선도했다.

입을 열어 논의도 못 하고, 인장을 열어 일 처리도 못 하고, 전문가를 초청해 자문을 구하는 연회도 열지 못하는, 이른바 '삼불개(三不开, sān bù kāi)'라 불리던 경직된 사회주의 관료 조직도 경제방면보다는 더뎠지만 그래도 조금씩 인민에게 마음의 문을 열고 유연하게 작동되기 시작했다. 미국과 함께 세계 경제를 이끄는 G2로 급부상한 중국의 발전의 이면을 들여다보면 1978년 개혁개방도, 2001년 WTO 가입도 모두 과감하게 외부 세계를 향해 닫힌 문을 열어 이뤄낸 성과라고 할 수 있다.

열 개(開, kāi)는 대문의 상형인 문(門)과 빗장을 나타내는 표시(一) 아래 문을 여는 두 손 모양(卄)을 합친 회의자이다. 닫힌 빗장을 열고 손으로 뭔가 조작하거나, 시작하거나, 피어나거나, 켜는 것 등으로 점차 그 의미가 확대되었다.

최근 중국 네티즌 사이에 '마오덩시(毛邓习)'라는 말이 퍼지고 있다. 시진핑이 마오쩌둥처럼 강력한 카리스마로 당의 정풍운동을 이끌고, 경제적으로는 덩샤오핑의 개혁개방 모델을 계승하고 있다는 의미다. 또한 동시에 마오쩌둥은 건국, 덩샤오핑은 사회주의 시장경제로 경제 부흥이라는 시대적 임무를 완성했으니 시진핑은 반부패와 법치로 정의로운 사회주의를 열어 달라는 염원이 담겨 있다.

시진핑은 공산당의 정풍을 강조하며 "문을 열고 산을 보라(开门见山****)"고 강조한다. 형식적인 허례나 구체적이지 못한 탁상공론을 없애고 허심탄회하게 문제 해결을 위한 단도직입적이고 실제적인 논의를 하라는 의미이다.

링크에 링크!

*一夫当关, 万夫莫开(yì fū dāng guān, wàn fū mò kāi) 한 사람이 관문을 지키면 만 명이라도 공략할 수 없다.

**云开见天(yúnkāi-jiàntiān) 힘든 날이 가고 좋은 날이 오다.

***开花结实(kāihuā-jiéshí) 꽃이 피고 열매를 맺다.

****开门见山(kāimén-jiànshān) 단도직입적으로 말하다.

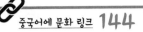

공부는 '도끼'를 가는 일?

甲骨文	金文	小篆	楷书
工	工	工	工

약 330만 년 전, 인류의 조상은 도구의 필요성을 뇌로 인지하고, 손의 운동신경을 조작해 최초의 돌도끼를 만들어냈다. 호모 하빌리스(Homohabilis, 能人), 도구의 제작은 인간을 동물과 구분 짓는 획기적인 사건이었다. 인간의 돌도끼는 컴퓨터, 비행기로 발전했고, 과학의 비약적 발전은 인간을 한순간도 도구 밖에 존재할 수 없게 만들어 놓았다.

장인 공(工, gōng)은 어떤 '도구'의 모양이다. 돌에 구멍을 뚫는 연장, 신에게 제사를 지낼 때 쓰던 도구, 둥근 원을 그릴 때 사용하던 곱자로 추정되지만, 아직 무엇에 쓰는 물건이었는지는 밝혀지지 않았다. 뜻은 도구에서 그것을 사용해 일하는 '장인, 노동자, 공업' 등으로 확대되었다.

어떤 일을 할 때 도구의 중요성은 동서양이 공통적이었는지 공자는 《논어》〈위령공(卫灵公)〉에서 제자 자로에게 "일을 잘하려면, 먼저 도구를 잘 다듬어야 한다(工欲善其事，必先利其器*)"고 일러주었고, 에이브러햄 링컨(Abraham Lincoln, 1809~1865)도 "나무를 벨 8시간이 있다면 6시간을 도끼를 가는 데 쓰겠다"고 말했다. 또 중국 속담에 "도끼를 가는 것이 땔나무 하는 일을 지체시키지 않는다(磨刀不误砍柴工**)"고 하니, 좋은 '도구(tool)'를 미리 준비하고 연마하는 것이 효율적인 일 처리에 얼마나 중요한지를 일깨워준다.

'공부(工夫, gōngfu)'라는 말에도 장인 공(工)이 있는데, 공부란 결국 나무꾼이 가다듬어야 하는 도끼날 같은 것 아닐까. 세상이라는 숲에 나서기 전 좋은 도구를 연마하는 과정이 공부다. 잘 연마된 도끼가 없다면 거친 세상의 숲을 헤쳐 나가기 쉽지 않을 것이다.

공부(工夫)와 공부(功夫, gōngfu)는 고대, 근대 중국어에서 거의 같은 의미로 혼용되어 쓰였다. 진(晉)대에 처음 용례가 발견되는 두 말의 의미는 모두 일하는 사람, 혹은 일에 투자한 시간이나 정력이었다. 현대 중국어에서 공부(工夫)는 시간, 틈의 의미로, 공부(功夫)는 우리가 쿵푸로 부르는 무예를 지칭하는 의미로 구분되었다. 학문이나 기술을 배우고 익히는 공부(工夫)가 바로 오랜 시간과 정력을 투자하는 일이니, 고대의 의미가 여전히 우리말에도 남아 있는 셈이다.

도구적 인간, 호모 하빌리스가 뭉툭한 돌을 갈아 만든 돌도끼가 인류 문명의 새로운 단계를 열었던 것처럼, 새로운 도구가 등장하며 인류의 삶은 새로운 패러다임으로 변화해왔다. 그럴 때마다 그 새로운 도구를 배워 익히기 위해 또 시간과 정력을 투자해야 하니, 도구적 인간은 공부하는 인간, 즉 호모 쿵푸스(Homo Kungfus)가 돼야만 한다. 변화의 주기가 빨라져 갈아야 할 도끼도 점점 많아지고 있다.

링크에 링크!

* **工欲善其事，必先利其器**(gōng yù shàn qí shì, bì xiān lì qí qì) 장인이 일을 잘하려면 먼저 도구를 잘 다듬어야 한다.

** **磨刀不误砍柴工**(mó dāo bú wù kǎn chái gōng) 칼을 가는 일이 땔나무 하는 일을 지체시키지는 않는다.

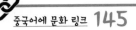

변하지 않는 것은 '변한다'는 사실뿐!

| 小篆 | 楷书 | 简化 |

마치 죽은 것 같던 마른 가지에서 싹이 돋고, 마냥 푸를 줄 알았던 나뭇잎이 어느새 물들어 떨어진다. "우주에 변하지 않는 유일한 것은 '변한다'는 사실뿐이다"라고 한 그리스 철학자 헤라클레이토스(Heraclitos)의 말은 불변의 진리다. 그래서 같은 강물에 두 번 발을 담글 수 없고, 올해 보지 못한 꽃과 단풍은 영원히 다시 볼 수 없다. 강물도, 꽃도, 단풍도, 그것을 바라보는 주체도 모두 변한 시점에서 이미 변한 그것을 보게 되기 때문이다.

변할 변(變, biàn)은 실 사(絲), 말씀 언(言), 칠 복(攵, 攴)이 합쳐진 형태로, 《설문해자》에도 '바꾸다(更)'의 의미로 해석되어 있다. 말씀 언(言)은 원래 관악기와 입 구(口)의 상형이고, 그 악기(言) 양옆으로 명주실(絲)로 장식을 달고 손으로 막대기를 잡고 치는(攵) 것이니, 손놀림에 따라 악기 소리의 다양한 '변화'를 나타내던 것에서 그 의미가 파생된 것으로 보인다.

모든 가치가 무너지고 새로운 가치는 수립되기 전의 변화무쌍한 550년 춘추전국시대의 산물이 《주역》이다. 그 《주역》의 핵심은 "궁하면 변하고, 변하면 통하고, 통하면 오래 지속된다(穷则变, 变则通, 通则久*)"로 표현되는 '변화'이다. 춘추전국시대 못지않게 모든 것이 빠르게 변하는 오늘날에도 변화를 거부해서는 그 무엇도 이뤄낼 수 없을 것이다.

변화를 두려워하지 말고, 변화가 없는 것을 두려워하라고 한다. 2014 광주비엔날레 주제 "터전을 불태우라(Burning down the house)"처럼 모든 것을 파괴하고, 모든 것을 새롭게 시작하는 혁신은 쉽지 않다. 변화는 발꿈치와 겨드랑이에서부터 생겨난다(变生肘腋**)는 말처럼 가까운 곳에서부터 작은 변화를 시도하고, 조금씩 변화를 이끌어내는 것도 좋은 방법이다.

빛의 속도에 비유될 만큼 빠른 중국의 변화를 지켜보노라면 마치 변검(变脸, biànliǎn) 공연을 감상하고 있는 듯하다. 순식간에 얼굴을 바꾸는 변검술사처럼 자고 일어나면 새로운 건물 하나가 우뚝 솟아 얼굴을 내민다. 예전에 살던 곳인데도 알아보기 힘들 정도니 상전벽해(桑田碧海***)라는 말도 실감 난다. 그래서 중국 담론에선 지역과 함께 반드시 버전(version)을 밝혀야 한다. 철 지난 중국 담론으로는 중국을 논하는 것은 각주구검(刻舟求劍****)일 뿐, 이미 변화한 중국을 읽어낼 수 없다.

링크에 링크!

* **穷则变, 变则通, 通则久**(qióng zé biàn, biàn zé tōng, tōng zé jiǔ) 궁하면 변하고, 변하면 통하고, 통하면 오래 지속된다.

** **变生肘腋**(biànshēng-zhǒuyè) 일이 아주 가까운 곳에서 변화가 생기다.

*** **桑田碧海**(sāngtián-bìhǎi) 상전벽해. 뽕나무밭이 푸른 바다가 되었다는 뜻으로 변화가 매우 크다.

**** **刻舟求劍**(kèzhōu-qiújiàn) 각주구검. 융통성 없이 현실에 맞지 않는 낡은 생각을 고집하는 어리석음을 의미.

🔗 중국어에 문화 링크 **146**

다이어트, 그 오래된 전통!

小篆	楷书

"로마는 하루아침에 이뤄지지 않는다"는 말을 중국어로 "뚱뚱이 한 입 먹어 된 것 아니다(胖子不是一口吃的*)"라고 표현한다. 한 분야의 '뚱뚱이'가 되는 건 한 입 한 입 오랜 노력을 요한다.

자기 수양의 과정을 일목요연하게 보여주는 《대학》에 마음이 너그럽고 몸이 풍성하다는 의미의 '심광체반(心广体胖**)'이라는 말이 등장하는 것으로 보아 '반(胖)'은 풍채가 우람하고 크다는 긍정적인 의미로 쓰였던 걸로 보인다. 중국에서 뚱뚱한 것이 한때는 부의 상징(十个胖子九个富***)으로, 때론 미의 기준이 되기도 하였으나, 오늘날 뚱뚱함은 그저 질병의 원인이나 다이어트의 대상쯤으로 여겨지는 것이 전 지구적 현상이 되었다.

뚱뚱할 반(胖, pàng, pán)은 의미부 고기 육(肉)과 소리부 반 반(半)이 합쳐진 형태로 주로 제사에 희생으로 바쳐진 소(牛)를 반쪽으로 나누어 놓은 고기가 '크다, 살지다'는 의미를 나타낸다.

중국에서 두 부류의 미인을 말할 때 흔히 소동파가 쓴 '연수환비(燕瘦环肥****)'가 인용된다. 한 성황제의 총애를 받은 마른 미인 조비연(赵飞燕)과 당 현종의 사랑을 받은 풍만한 미인 양옥환(杨玉环), 즉 양귀비를 가리킨다. 조비연은 바람에 버드나뭇가지가 흔들리는 듯한 날씬한 미인의 대명사로, 양귀비는 모란처럼 풍만한 미인의 대명사로 불린다.

그래도 역사적으로 날씬한 미인이 사랑받아 왔다. 《홍루몽》에 나오는 임대옥(林黛玉)도 마르고 가는 허리, 눈처럼 흰 피부를 가진 버드나무형 미인이다. 백거이도 "말은 살이 쪄야 빨리 달리고, 기녀는 키가 커야 춤과 노래에 능하다"는 말로 늘씬하고 키 큰 것을 높게 평가했다.

마르고 야윈 것을 아름다움으로 간주하는 오늘날과 크게 다르지 않다. 춘추전국시대 초나라 영왕(靈王)은 유난히 허리가 가늘고 마른 미인을 좋아해 굶어 죽는 여인들도 속출할 정도로 궁녀들이 목숨 걸고 살을 뺐다고 한다. 외모를 경쟁력으로 여기며, 광풍처럼 번지는 오늘날의 다이어트가 이미 2,500년 전에도 유행한 아주 '오래된 전통'인 셈이다.

건강하게 몸을 관리하는 것은 나무랄 수 없는 일이다. 그러나 지나치게 타인의 시선만을 의식하여 건강을 해치면서까지 무리하게 살을 빼는 것은 스스로 몸의 노예가 되는 일이 아닐까. 몸은 욕망을 과시하는 장소이기 이전에 정신이 깃드는 소중한 집으로 더 존중받아야 한다.

*胖子不是一口吃的(pàngzi bú shì yì kǒu chī de) 뚱뚱이 한 입 먹어 된 것 아니다. 로마는 하루아침에 이뤄지지 않는다.

**心广体胖(xīnguǎng-tǐpán) 마음이 너그러우면 몸도 편안하다. 마음이 편하여 몸이 나다.

***十个胖子九个富(shí ge pàngzi jiǔ ge fù) 열 명의 뚱보 중에서 아홉 명이 부자이다. 뚱보는 부자가 많다는 의미.

****燕瘦环肥(yànshòu-huánféi) 조비연처럼 날씬하고 양귀비처럼 풍만한 두 부류의 미인을 이르는 말.

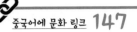

어수룩하게 일하면서도
재상에 오른 사나이

甲骨文	金文	小篆	楷书

"제갈공명은 평생 언행이 신중하고, 여단은 큰일에는 어수룩하지 않다(诸葛一生唯谨慎，吕端大事不糊涂, Zhūgě yìshēng wéi jǐnshèn, Lǚ Duān dàshì bù hútu)."

타이완의 석학 난화이진(南怀瑾, 1918~2012)이 쓴 《논어별재(论语别裁)》에 실린 말이다. 1976년 마오쩌둥이 병상을 찾아온 중국 10대 원수 예젠잉(叶剑英, 1897~1986)을 평가하면서도 이 말을 했다고 한다.

제갈공명은 유명하지만, 여단(吕端, 935~1000)은 좀 생소하다. 송대 태종이 여단을 재상으로 삼으려 하자, 신하들이 과거시험도 통과하지 못한 여단은 흐리멍덩하다고 반대했다. 그러자 태종은 여단이 좋고 나쁨을 얼굴에 표현하지 않기 때문에 어수룩해 보이는데, 이는 큰 지혜를 가진 자(大智若愚*)이기 때문이며, 작은 일에 멍청하지만 큰일에는 멍청하지 않다(小事糊涂，大事不糊涂**)며 그를 재상으로 임명한다. 재상이 된 여단은 작은 일에 얽매이지 않고, 권력이나 직책에 연연하지 않으며 하는 일마다 합리적으로 처리해 명재상으로 이름을 남겼다.

현대인들은 거의 대부분 산더미 같은 일 속에 파묻혀 산다. 테트리스 게임의 조각처럼 일을 해도 해도 끊임없이 새로운 일이 쏟아져 내려온다. 그 일을 대하는 태도로 여단과 같은 선택과 집중이 필요하다. 자잘한 일은 흘려보내고 정작 결정적인 순간, 중요한 일에 힘을 모아야 한다.

일 사(事, shì)는 갑골문에서 보듯 붓을 손에 든 모양의 상형자이다. 첫 획이 붓에 달린 장신구이고, 그 아래는 손으로 붓을 잡은 모양이다. 원래 붓으로 기록하는 일을 하는 사관(史官)을 뜻하다가 '일'이란 의미로 확대되어 쓰이게 되었다. 역사 사(史), 벼슬아치 리(吏)도 붓을 손에 잡고 있는 같은 형태에서 기원한 글자들이다. 하는 일이 없다는 의미의 '무소사사(无所事事***)'에서 보듯, 일 사(事)에는 '일, 일하다'는 뜻이 모두 있다.

"일은 반드시 이르는 끝이 있고, 이치에는 그렇게 된 이유가 있다(事有 必至, 理有固然****)"고 한다. 의욕적으로 시작한 일도 시간이 지나면서 상황이 바뀌고(事过境迁*****), 마음이 멀어지기도 한다. 사람이 하는 일이라 실수도 있고, 열심히 했지만 때를 잘못 만나 빛을 보지 못하는 경우도 허다하다. 제갈공명처럼 언행을 좀 더 신중하게 하고, 여단처럼 작은 일은 흘려보내고 큰일에 역량을 집중하는 지혜가 필요하다.

링크에 링크!

* **大智若愚**(dà zhì ruò yú) 큰 지혜를 지닌 사람은 뛰어난 재능과 지혜를 드러내지 않아, 언뜻 보기에 어리석어 보인다.

** **小事糊涂, 大事不糊涂**(xiǎo shì hútu, dà shì bù hú tu) 작은 일에 멍청하지만 큰일에는 멍청하지 않다.

*** **无所事事**(wú suǒ shì shì) 하는 일이 없다.

**** **事有必至, 理有固然**(shì yǒu bì zhì, lǐ yǒu gùrán) 일은 끝에 이르고, 이치는 그렇게 된 이유가 있는 법이다.

***** **事过境迁**(shìguò-jìngqiān) 일은 지나가고 상황도 변화하다.

중국어에 문화 링크 148

비교는 천사도 불행하게 한다!

甲骨文	金文	小篆	楷书

중국 속담에 "사람과 사람을 비교하면 사람이 화가 나 죽는다(人比人，气死人*)"고 한다. 사람을 일순간에 불행하게 만드는 일 중 하나가 바로 '비교'다. 인간은 누구나 자신보다 위와 비교하면 부족하고, 아래와 비교하면 남음이 있을 터(比上不足，比下有余**)이니, 굳이 위와 비교하며 스스로 초라해질 필요는 없다.

물건 값은 세 집을 비교하라(货比三家***)고 하지만, 사람을 누군가와 비교하는 것은 그 사람에게 도움이나 격려가 되기보다 해악이 되기 쉽다. 굳이 비교를 하려거든 다른 사람이 아닌 그 사람의 과거와 현재를 비교하는 것이 그나마 도움을 줄 수 있다.

견줄 비(比, bǐ)는 두 사람이 어깨를 나란히 오른쪽을 향해 서 있는 모양이다. 원래 한 사람이 다른 사람의 발자취를 좇아서 따라가는 종(从)과 같은 형태였으나, 의미의 분화가 생기며 왼쪽으로 향한 것은 따를 종, 오른쪽은 견줄 비(比)가 되었다. 《논어》〈위정〉에서 "군자는 두루 어울리되 파벌을 만들지 않고, 소인은 파벌을 만들어도 두루 어울리지 못한다(君子周而不比****，小人比而不周)"라고 했는데, 비(比)가 '나눠 결탁하다'라는 뜻이다. 중국어에서는 주로 '~보다'라는 의미로 쓰인다.

중국인들이 어른의 생일날 주로 사용하는 "복이 동해처럼 크고, 목숨이 남산보다 오래 사시길(福如东海, 寿比南山*****)!"이라는 말에는 이런 유래가 있다. 가뭄이 심한 동해 바닷가에 아푸(阿富)라는 어부가 살았다. 어느 날 바다에서 물고기를 잡았는데, 물고기는 자기가 용왕의 셋째 딸이라며 동해물을 세 번 마시면 가뭄을 해결할 수 있다고 알려주었다. 물고기가 알려 준대로 동해물을 마셨더니 비가 내려 가뭄을 극복할 수 있었다. 그래서 사람들은 동해 바다가 늘 자신들에게 복을 가져다줄 것이라고 믿게 되었다. 남산에 관한 얘기는 《시경》에 나오는, "보름달이 되어 가듯 번창하고, 해처럼 지위가 올라가며, 남산만큼 오래 살길(如月之恒, 如日之升, 如南山之寿)!"이라는 구절에서 취한 것으로 남산은 원래 시안의 남쪽에 있던 종남산(终南山)을 이르는 말이었다.

인간은 저마다 잘 하는 것이 다르고, 고유한 색깔로 살아간다. 계량할 수 없는 고유한 인격체로서의 존엄과 가치를 어떻게 비교하겠는가. 행복해지기 위해 비교하지 말아야 한다. 비교는 천사도 불행하게 한다.

링크에 링크!

*人比人, 气死人(rén bǐ rén, qì sǐ rén) 사람을 비교하면 화가 나서 죽는다. 비교는 사람을 화나게 한다.

**比上不足, 比下有余(bǐ shàng bù zú, bǐ xià yǒu yú) 위에 비하면 조금 부족하고, 아래에 비하면 조금 낫다.

***货比三家(huò bǐ sān jiā) 세 가게의 가격을 비교하다.

****周而不比(zhōu ér bù bǐ) 두루 어울리면서도 파벌을 만들지 않는다.

*****福如东海, 寿比南山(fú rú dōnghǎi, shòu bǐ nánshān) 동해처럼 복을 누리고, 남산처럼 장수하다.

구구단은 왜 '구구단'이 되었을까?

甲骨文	金文	小篆	楷书
徱	得	得	得

중국어로 구구단을 '乘法口决(chéngfǎ-kǒujué)'라 한다. 어린아이에게 구구단 한 번 외워달라고 부탁했더니 귀여운 목소리로 "이이더이(一一得一), 얼이더얼(二一得二), 얼얼더쓰(二二得四)" 하고 읊어 준다. 우리와 다른 점은 2단이면 2×2=4까지로 끝나고 2×3=6부터는 3단으로 넘어간다는 것, 그래서 구구단이 총 45구로 되어 있다는 점과 10 미만의 숫자 앞에는 '얻다'는 의미의 '득(得)'을 붙인다는 것이다.

5세기경 문헌인《손자산경(孙子算经)》에 이미 완벽한 형태로 나타난 구구단은 13세기 송대까지 '구구 팔십일'에서 시작하여 '일일은 일'로 끝났다. 그래서 '구구단'이라는 명칭이 유래되어 지금까지 쓰이고 있다. 구구단이 '구구 팔십일'에서부터 시작된 이유에 대해서는 음의 높낮이를 정하는 표준 율관(律管)의 길이와 직경이 각각 9촌과 9분인 것에서 기인한 것으로 알려져 있다.

얻을 득(得, de, dé, děi)은 네거리를 나타내는 행(行)의 생략형인 자축거릴 척(彳)과 돈을 나타내는 조개 패(贝)와 손을 뜻하는 팔꿈치 주(肘)의 변형 형태가 모여서 된 글자이다. 그래서 네거리에서 돈을 손으로 '줍다'는 의미가 생겼으며 이후 다양한 의미로 확대되었다. 중국어에서는 구조조사로 정도나 가능을 나타내고, 조동사로 '~해야 하다'는 의미로도 쓰인다.

동한(东汉) 광무제 유수(刘秀)가 부하 장수에게 농(陇)을 얻으면 촉(蜀)을 넘보라고 지시한 것에서 유래한 '득롱망촉(得陇望蜀*)' 고사처럼 인간의 욕심은 한이 없다. 또 원하는 바를 얻고 나면 자신을 도와준 것을 쉽게 잊는 득어망전(得鱼忘筌**)의 우를 범하기도 한다.

중국 국청사(国清寺)의 풍간선사(丰干禅师)가 버려진 한 아이를 데려 와 키웠는데, '주웠다'는 뜻으로 이름을 '습득(拾得)'이라 했다. 불가에서 보현보살의 화신으로 여겨지는 습득은 절에서 허드렛일을 하며 자라다가 훗날 흰 코끼리를 타고 다니며 자비를 실천하는 큰 행자가 되었다.

'미련이 없다, 기꺼이 버리다'는 말을 '舍得(shědé)'라고 한다. 버리기 위해서는 얻음이 있어야 하기에 반대되는 말이 나란히 붙어 있다. 아무것도 없는 '무(无)'에서 생명을 얻은 인간이 버리지 못할 게 무엇이겠는가. 그렇게 아낌없이 자신을 버리고 비우다 보면 얻는 바도 생길 것이다. 구구단이나 "콩 심은 데 콩 나고 팥 심은 데 팥 나는(种瓜得瓜，种豆得豆***)" 이치처럼 앞에 놓인 숫자와 정직한 과정이 있어야 그에 걸맞은 얻음의 결과도 생길 것이다.

링크에 링크!

- *得陇望蜀(délǒng-wàngshǔ) 득롱망촉. 농(陇)을 평정하면 촉(蜀)까지 점령하고 싶다. 말 타면 경마 잡히고 싶다.

- **得鱼忘筌(déyú-wàngquán) 고기를 잡은 뒤에 고기 잡던 통발을 잊어버리다.

- ***种瓜得瓜，种豆得豆(zhòngguā-déguā, zhòngdòu-dédòu) 콩 심은 데 콩 나고 팥 심은 데 팥 난다.

새가 쏟아놓은 울음이 새가 된다

小篆	楷书	简化

新의 특징은 깃털에 있다. 박쥐나 날다람쥐는 날 수 있지만 깃털이 없으므로 새가 아니며, 비록 날지는 못하지만 닭이나 타조는 깃털이 있어 새로 분류된다. 하늘과 땅 '사이'에 있어 '새'가 되었다고도 하는데 그 정확한 어원은 불분명하다. 새를 연구하는 사람들은 새 소리를 들으면 어떤 새인지 안다고 한다. 미세한 차이를 구분해 알아듣는 조류 학자들의 수많은 노력으로 얻었을 청력이 경이로울 따름이다.

새를 나타내는 한자는 새 조(鸟)와 이를 보다 간략하게 표현한 새 추(隹)가 있다. 허신은 《설문해자》에서 꼬리가 긴 새를 '鸟', 꼬리가 짧은 새를 '隹'라고 구분하였지만, 고문자가 발견되면서 사실이 아님이 밝혀졌다. 비교적 목이 긴 새의 모양을 상세하게 그린 것이 '鸟'이고 목이 짧은 새의 머리 부분을 간략하게 그린 것이 '隹'라고 보는 것이 타당하다.

누구 수(谁, shéi, shuí)는 말씀 언(言)의 의미부와 새 추(隹)의 소리부가 합쳐진 글자로 새가 우는 소리를 통해 어떤 새인지, '누구'인지를 알 수 있어서 의미가 유추된 것으로 보인다. 소리는 의식에 따라 다르게 들리기도 하지만 새들은 대체로 제 이름을 부르며 운다. '뻐꾹 뻐꾹' 울면 뻐꾸기이고 '까악 까악' 하면 까마귀인 이치다. 새의 언어에는 그 새의 정체성이 들어 있다는 걸 고대인들은 명확히 짚고 있었는지도 모르겠다.

누구 옳고 누가 그른가 하는(谁是谁非*) 표현처럼 중국어에서 수(谁)는 의문사로 자주 활용된다. 천하는 누구의 수중에 들어갈 것이냐는 말을 "사슴은 누구의 손에서 죽을 것인가(鹿死谁手**)"라고 표현한다. 《심청전》에서 심청이 중국 상인들에게 공양미 삼백 석에 팔려가기 전에 자신의 신세를 한탄하며 "수구수원(谁咎谁怨) 하리오" 하고 자책하는 장면도 '누구'라는 의문사 쓰임이다.

사람은 새처럼 자신의 언어로 자신의 존재를 확인하며 살아간다. 자신의 정체성을 가장 잘 표현하는 것은 어쩌면 자신이 내놓는 언어일 것이다. 인간은 어떤 면에서 자신이 쏟아놓은 언어의 합이다. 새가 쏟아 놓은 울음이 새가 되는 것처럼 말이다. 자신이 누구인지를 나타내는 한 마디 한 마디에 신중해야 하는 이유이다.

링크에 링크!

*谁是谁非(shuíshì-shuífēi) 누가 옳고 누가 그른지 머뭇거리다.

**鹿死谁手(lùsǐshéishǒu) 천하는 누구의 수중에 들어가겠는가? 누가 과연 최후의 승자가 될 것인가?

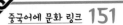

마음 심(心)의 네 점,
뭐로 보이시나요?

甲骨文	金文	小篆	楷书

성선설(性善说)을 주장한 맹자는 인간의 본성은 착하므로 어릴 적 마음, 적자지심(赤子之心, chìzǐ zhī xīn)을 잃지 않아야 한다고 역설한다. 그러나 적자지심을 잃어버린 극악무도한 폭군의 대명사이자 주지육림의 주인공인 상나라 주왕(纣王)은 숙부 비간(比干, BC1,092~1,029)이 끈질기게 간언하자 "성인의 심장에는 일곱 개의 구멍이 있다고 들었다"며 비간의 심장을 꺼내 살해한다. 전설에 따르면 비간의 무덤에는 심장이 없는 것처럼 속이 빈 풀이 자라났는데, 이를 몰심채(没心菜), 혹은 공심채(空心菜)로 불렀다.

공자는 《논어》〈미자(微子)〉에서 미자, 기자(箕子), 비간을 은나라의 '삼인(三仁)'으로 칭송했으며, 비간은 삼천 년이 지난 지금도 중국인들에게 충신의 전형으로 존경받는다.

고대인들은 지혜로운 사람일수록 심장에 구멍이 많고, 털이 나 있다고 믿었다. 또한 생각과 영혼의 거처로 심장을 주목했는데, 이는 17세기 토머스 윌리스(Thomas Willis, 1576~1656)의 뇌 해부 이전까지 동서양이 서로 비슷했던 셈이다. 그래서 생각과 관련된 거의 모든 한자에는 마음 심(心)이 함께 한다.

마음 심(心, xīn)은 동물의 심장을 나타내는 상형자이다. 네 획으로 심장을 형상화한 것인데, 심장이 좌우, 심방과 심실로 나눠진 것을 어떻게 알았는지 신기할 따름이다. 마음에 방이 여러 개여서 두리번거림이 생겨난다고 믿었는지, 항저우 시후의 한 정자에는 삼 획으로 된 마음 심(心)이 쓰여 있다. 두 번째 획을 경계로 첫 획은 내 마음, 마지막 획은 네 마음인데, 세 번째 획이 다른 사람에 한눈을 파는 마음이라 여겨 생략한 것이다. 루쉰은 한 획을 뺀 삼 획의 마음 심(心)을 속이 다 타도록 온갖 궁리를 다해 애쓰는 모양(挖空心思*)이라고 하였다. 사오싱(绍兴)의 한 식당은 간판에 간식(点心)의 마음 심(心)에서 한 획을 뺐는데, 배가 고파서 빠진 점 한 획을 이곳에서 채워 넣으라는 의미이다. 간단한 네 개의 점으로 구성된 마음 심(心)에 대한 해석이 다양한 언어유희를 만들어낸 셈이다.

현대 의학의 발전으로 영혼과 생각은 뇌에 의해 조정된다는 것이 밝혀졌지만, 심장은 곧 영혼의 집이라는 인식은 여전히 우리 의식과 언어 속에 유전되어 흐른다. 세상사 모든 일이 '마음' 먹기에 달렸다(一切唯心造**)고 하지, '뇌' 하기에 달렸다고 말하진 않지 않는가.

* **挖空心思**(wā kōng xīn sī) 온갖 지혜를 모두 짜내다. 온갖 궁리를 다 하다.
** **一切唯心造**(yíqiè wéi xīn zào) 일체유심조. 모든 일은 마음이 지어내는 것이니 마음 먹기 달렸다는 의미.

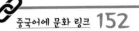

양은 좋아하면서
양띠는 싫어하는 이유

甲骨文	金文	小篆	楷书

　'갑을병정무기경신임계' 10간은 10개의 숫자와 맞물려 쓰이므로 순서대로 '4567890123'과 각각 호응한다. 갑자사화(1504년), 갑신정변(1884년), 갑오개혁(1894년)처럼 '갑'으로 시작되는 역사 사건은 연도의 끝자리가 모두 '4'이다. 10간을 다시 우리가 요일로 사용하는 '목화토금수' 5행과 색에 연관 지어 2개씩 묶어 갑을은 목(木)-청(靑), 병정은 화(火)-홍(紅), 무기는 토(土)-황(黃), 경신은 금(金)-백(白), 임계는 수(水)-흑(黑)으로 나눈다. 2018년 '무술년'을 예로 들면 끝자리가 '8'이기 때문에 '무'이며 오행으로는 토(土)에 해당되고, 색깔로는 황(黃)에 해당되어 황금 개띠 해가 된다. 동양의 역사는 간지로 표현하기 때문에 연도와 연계해 알아두면 역사 사건을 이해할 때 유용하다.

　양 양(羊, yáng)은 뿔이 있는 양의 머리 부분을 정면에서 보고 그린 모양이다. 원래는 산양인 염소에서 출발한 글자지만 면양 등 모든 양을 포함한다. 양의 이미지가 온순하고 선하기 때문인지 아름다울 미(美), 착할 선(善), 옳을 의(義), 상서로울 상(祥) 등 긍정적인 의미에 양이 포함되어 있다. 동중서(董仲舒, BC179~104)의 《춘추번로(春秋繁露)》에는 양은 "뿔이 있어도 사용하지 않는 인자(仁者)의 모습이며, 잡아 죽여도 소리치지 않는 의(義)로움이 있고, 무릎 꿇고 젖을 먹이는 예(禮)를 아는" 동물로 묘사되어 있다. 그래서일까. 동서양을 막론하고 제사의 희생(犠牲)으로 희생 양, 양(羊)이 늘 등장한다.

한 고조 유방이 정장(亭長)이란 작은 벼슬을 할 때 양을 쫓아가 뿔을 뽑고 네 다리를 자르는 꿈을 꾸었는데, 이는 양(羊)에 뿔과 다리를 없애니 곧 왕(王)이 되는 의미였다고 한다. 베이징올림픽과 광저우아시안게임 마스코트에도 양이 있는데, 양은 십이지 중의 하나로 고대, 현대 구분 없이 중국인들에게 길함과 즐거움을 가져다주는 동물로 사랑을 받아왔다.

그런데 양띠가 되기 전 말띠 해에 아이를 낳기 위해 병원이 붐빌 정도로, 중국인들이 양띠를 싫어하게 된 이유는 뭘까. "양띠는 불길하다(属羊不吉, shǔ yáng bù jí)"는 말이 처음 생겨난 것은 명대의 소설 《금병매(金瓶梅)》에서 비롯된다. 서문경의 첩 이병아가 "양띠여서 병으로 일찍 죽는다"는 역술가의 소설에서 한 말이 현실로 여겨진 탓이다. 지금도 양띠는 기운이 없어 인생에 활력이 부족하다고 믿는 중국인이 많고, 특히 양띠 여자는 말년에 독수공방할 팔자라고 기피한다.

또 하나는 청말 서태후(西太后, 1835~1908), 이홍장(李鴻章, 1823~1901), 증국번(曾国藩, 1811~1872), 이연영(李蓮英, 1848~1911) 등 국가 대신들이 모두 양띠인데, 누구도 나라를 위해 충직한 모습을 보이지 않은 데서, 열 마리의 양 중 아홉 마리가 온전치 못하다(十羊九不全, shí yáng jiǔ bù quán)는 말이 생겨나 양띠 기피를 더 심화했다. 또 1859년 8월생인 위안스카이(袁世凱, 1859~1916)가 신해혁명 후 황제로 등극하자, 십이지의 여덟 번째인 양에 빗대 위안스카이를 '8월 양'이라 한 것도 양띠에 대한 이미지를 구겼다. 중국인이 보이는 '양에 대한 호감, 양띠에 대한 기피'라는 이 묘한 부조화가 언제까지 이어질지 흥미롭다.

제12장 인터넷과 날씨

A: Nǐ yòng shǒujī zài zuò shénme?

你用手⑮机在⑭做什么?

B: Shàngwǎng chá zīliào ne. Wàimian hái xiàzhe yǔ ma?

上网⑮查资料呢。外⑯面还下着雨吗?

A: Hái zài xiàyǔ. Zhè jǐ tiān kōngqì zhēn bù hǎo, fēngshā hěn dà.

还在下雨。这几天空气真不好,风⑰沙很大。

B: Duì de. Chūnjié kuài dào le, nǐ yào huíguó ma?

对的。春⑱节快到了,你要回国吗?

A: Chūnjié zhī qián yào wánchéng lùnwén, xūyào xiūgǎi de nèiróng tài duō le, kǒngpà bù néng huíguó.

春节之前⑲要完成论文,需要修改⑳的内⑪容太多了,恐怕不能⑫回国。

B: Wǒ lái bāng nǐ, chúle xiě lùnwén yǐwài, hái yǒu bié de shì ma?

我来帮你,除了写论文以外,还有别的事吗?

A: Méiyǒu, zhǐ yǒu xiě lùnwén zhè jiàn shì.

没有,只⑬有写论文这件事。

중국어 속담·명구

■ **盲人摸象**⑯。 Mángrén-mōxiàng.　장님 코끼리 만지기.

■ **衣不如新**⑯， **人不如旧**。 Yī bùrú xīn, rén bùrú jiù.
옷은 새 옷이 좋고, 친구는 옛 친구가 좋다.

■ **不如意事常**⑯**八九**。 Bù rúyì shì cháng bā jiǔ.
세상의 일이란 십중팔구가 뜻대로 되지 않는 법이다.

■ **实**⑯**践是检验真理的唯一标准**。
Shíjiàn shì jiǎnyàn zhēnlǐ de wéiyī biāozhǔn.
실천은 진리를 검증하는 유일한 표준이다.

■ **我听到的，我会忘记。我看到的，我会记住**⑯**。我做过的，我会理解**。
Wǒ tīng dào de, wǒ huì wàngjì. Wǒ kàn dào de, wǒ huì jìzhù. Wǒ zuòguo de, wǒ huì lǐjiě.　내가 들은 것은 잊어버리고, 본 것은 기억하고, 직접 해 본 것은 완전히 이해할 수 있다.

⑮ 手 shǒu	⑮ 在 zài	⑮ 网 wǎng	⑮ 外 wài	⑮ 风 fēng
⑮ 春 chūn	⑮ 前 qián	⑯ 改 gǎi	⑯ 内 nèi	⑯ 能 néng
⑯ 只 zhī, zhǐ	⑯ 象 xiàng	⑯ 新 xīn	⑯ 常 cháng	⑯ 实 shí
⑯ 住 zhù				

인사에서 왼손은 공경,
오른손은 공격?

| 金文 | 小篆 | 楷书 |

중국을 여행하다 보면 손재주가 뛰어난 중국인들을 자주 만난다. 손에 검은 기름이 묻는 것을 개의치 않고 맨손으로 자전거를 뚝딱 고쳐내는 사람에서부터 밀가루 반죽 덩어리를 어느새 가느다란 면발로 만들어내는 사람, 긴 막대 끝 스펀지 붓에 물을 묻혀 보도블록에 글씨를 쓰는 사람까지 참 다양하다.

역사적으로는 눈을 의심하게 하는 빼어난 수공예품이 수두룩하다. 청대의 장인이 3대에 걸쳐서 만들었다는 '상아투화운룡문투구(象牙透花云龙纹套球, xiàng yá tòu huā yún lóng wén tào qiú)'는 지름 11.7cm 상아를 외부에서 조각해 총 17개의 얇은 공을 내부에서 회전 가능하게 만들었다.

높이 1.6cm, 길이 3.4cm 작은 올리브 씨앗에 소동파와 뱃사공 등 여덟 명이 탄 배를 만들고 그 아래 300자가 넘는 〈후적벽부〉를 새긴 진조장(陈祖章)의 '조감람해주(雕橄榄核舟, diāo gǎn lǎn hé zhōu)'는 인간의 손이 얼마나 무궁한 재능을 지녔는지 새삼 감탄하게 된다.

그 빼어난 역사적 손기술을 보유한 중국이지만, 'made in China' 제품의 국가브랜드 가치는 아직 높지 않은 상태다. 2017년 국제기능올림픽에서 19번이나 종합우승했던 우리나라를 종합 2위로 밀어낸 것이 바로 중국이다. 탄탄한 기초과학 분야의 연구 성과를 바탕으로 슬슬 손이 풀리기 시작한 중국의 기술력이 언제쯤 과거의 영광을 재현할 수 있을지 지켜볼 일이다.

손 수(手, shǒu)는 다섯 손가락을 펼친 모양을 정면에서 보고 그린 상형자다. 변에 쓰일 때는 한 획을 줄인 재방변(扌)의 형태다. 손은 쓰임이 많다 보니 중국어에서 활용도 다양한데, 초보는 신수(新手, xīnshǒu), 중고품은 이수(二手, èrshǒu), 손에 뽑을 만큼 뛰어난 것은 나수(拿手, náshǒu) 등으로 표현한다. '한 수 보여주다(露一手, lòu yì shǒu)'나 '손이 근질근질하다(手痒, shǒuyǎng)', '손이 크다(手大, shǒudà)', '손에서 책을 놓지 않는다(手不释卷*)' 등과 같은 표현은 우리말과 같은 의미로 쓰인다.

중국에서는 손을 이용한 인사법이나 숫자 표현법 등이 다양하게 사용된다. 대표적인 것이 공수(拱手, gǒngshǒu)인데, 남자는 오른 주먹을 왼손 바닥으로 감싸고 가슴 높이에 올려서 상대방에 대한 공경을 표한다. 상대방에게 왼손을 보이는 것은 공경을, 오른손을 보이는 것은 공격을 의미하기 때문이다. 여자는 오른쪽을 공손의 의미로 여기기 때문에 공수를 할 때 왼쪽 주먹을 오른 손바닥으로 감싸야 한다.

또 상대방이 차를 따라 줄 때 테이블을 두 번 정도 가볍게 손가락으로 두드리는 동작으로 '감사'를 표시하며, 1에서 10까지 숫자를 한 손으로 나타내는 손동작을 통해 시끄러운 환경 속에서도 물건값을 멀리까지 홍보하기도 한다.

링크에 링크!

*手不释卷(shǒu bú shì juàn) 수불석권. 손에서 책을 놓지 않고 늘 글을 읽는다. 책벌레처럼 공부하다.

땅 위로 고개 내민 새싹의 모양

甲骨文	金文	小篆	楷书
中	圡	𡉈	在

있을 '재(在, zài)'는 만물을 성장하게 하는 흙 토(土)와 새싹이 땅을 뚫고 돋아나는 모양인 재주 재(才)가 합쳐진 글자로, '흙 위에 고개를 내밀어 존재함'을 나타낸다. 한자(汉字)의 나이가 3,500년쯤 되고, 새로운 의미가 생길 때마다 기하급수적으로 한자를 늘릴 수는 없다 보니까 한 글자가 여러 의미를 담당해야 하는 경우가 많다. 중국어에서 '在'는 '있다'는 뜻 이외도 '~에서, ~에 달려 있다, 진행'의 의미 등 다양하게 활용된다.

유비의 부인을 보호하기 위해 조조에게 투항한 관우가 자신의 절개와 충성심이 변함없음을 "몸은 비록 조조 진영에 있지만, 마음은 한나라에 있다(身在曹营心在汉*)"는 말로 표현했다. 이 말은 "마음이 콩밭에 가 있다"는 의미로도 쓰인다. 중국인들은 살아가는데 근본이 되는 것이 남아 있으면 언제든 다시 회복하여 발전할 수 있다는 의미로 "청산이 남아 있는데, 땔감 없는 게 뭐 걱정이냐(留得青山在，不怕没柴烧**)"고 말한다. 두 경우 모두 '在'는 '있다'의 뜻이다.

중국 사람들은 흔히 "태어나는 것은 쑤저우에서, 사는 것은 항저우에서, 먹는 것은 광저우에서, 죽는 것은 류저우에서(生在苏州, 活在杭州, 食

在广州，死在柳州，shēng zài Sūzhōu, huó zài Hángzhōu, shí zài Guǎngzhōu, sǐ zài Liǔzhōu)"라고 하는데 각 지역마다 중국의 대표성을 띠는 특징이 내포되어 있다. 여기서 '在'는 장소 앞에 쓰여 '~에서'의 뜻이다.

유우석(刘禹锡, 772~842)의 〈누실명(陋室铭)〉첫 구절은 "산은 높은 데 달려 있는 것이 아니라 신선이 있으면 유명하고, 물은 깊은 데 달려 있는 것이 아니라 용이 있어야 신령스럽다(山不在高，有仙则名; 水不在深，有龙则灵, shān bú zài gāo, yǒu xiān zé míng; shuǐ bú zài shēn, yǒu lóng zé líng)"인데 '在'는 '~에 달려 있다'는 의미이다. 드러난 겉모습이 중요한 것이 아니라 실속 있게 내실을 다지는 것이 더 중요함을 일깨워준다.

봄날 대지를 뚫고 고개를 밀어 올린 새싹 같은 존재는 어느 가을 열매를 맺고, 잎을 다 떨구고는 사라진다. 중국어에서 '죽는다'는 말에 대한 표현은 다양한데, 그중의 하나가 '不在了(bú zài le)'이다. 직역하면 '존재하지 않게 되었다'이다. 흙을 밀고 올라와 존재했다가, 다시 그 흙의 일부로 돌아가고 나면 존재하지 않게 되는 것이다.

* **身在曹营心在汉**(shēn zài Cáo yíng xīn zài Hàn) 몸은 조조 진영에 있어도 마음은 한나라에 있다. 마음이 콩밭에 가 있다.

** **留得青山在，不怕没柴烧**(liú dé qīngshān zài, bú pà méi chái shāo) 푸른 산을 남겨 두면 땔나무 걱정은 없다. 가장 근본적이고 중요한 것을 남겨 두면 이후 회복과 발전의 가능성이 있다.

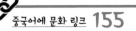

저항시인 베이다오,
"생활은 그물이다!"

甲骨文	金文	小篆	楷书	简化

1989년 6.4 톈안먼사건 때 저항시인 베이다오(北岛, 1949~)의 작품 중에 〈생활(生活)〉이라는 제목의 시가 있다. 시 전문은 단 한 글자, '그물(网)'이다. 사방에서 옥죄어 오는 스트레스의 그물이고, 또 씨줄과 날줄로 복잡하게 뒤얽힌 관계망, 인드라망 속에 놓인 사회적 존재로서의 그물이다. 대부분의 생활을 온라인 정보에 의지해 살아가야 하는 현대인에게 그 그물이 바로 네트워크의 그물망일 것이다.

그물 망(網, wǎng)은 가는 실 사(糸)에 물고기나 짐승을 잡을 때 쓰던 그물 망(网)으로 구성되어 있다. 원래 그물의 재료인 실 사(糸) 없이 쓰이다가 의미를 명확히 하기 위해 넣었다가 지금 간화자에서는 원래 형태로 돌아갔다. 부수로 쓰일 때는 쓰기 편하도록 망(罒)으로 쓴다. 널리 받아들여 모두 포함한다는 의미의 '망라(網羅, wǎngluó)'는 원래 물고기 그물 망(網)과 새그물 라(羅)가 합쳐진 말이다. 그물 망(网)은 비록 원시 수렵 시절에 나온 한자지만, 중국어에서 인터넷(上网, shàngwǎng)과 관련된 홈페이지(网站, wǎngzhàn), PC방(网吧, wǎngbā), 네티즌(网民, wǎngmín) 등 새로 생긴 외래어들을 폭넓게 커버하는 저력을 발휘하고 있다.

노자는 《도덕경》에서 "하늘의 도는 겨루지 않고도 이기고, 말하지 않고도 응답하고, 부르지 않아도 저절로 오고, 느슨하면서도 훌륭히 꾸미는 것이다. 하늘을 망라하는 그물은 성글기 그지없지만, 하나도 놓치는 것이 없다(天之道, 不爭而善胜, 不言而善应, 不召而自来, 繟然而善谋。天网恢恢, 疏而不漏*)"라고 말하고 있다. 우주와 대자연의 운행이 이를 위반하는 사람이든 사물에게 그에 상응하는 벌을 내린다는 의미인데, 현대복지국가가 추구해야 할 촘촘한 복지의 그물망을 떠올리게 된다. 느슨해서 보이지 않지만, 하나도 놓치는 것이 없는 '하늘 그물'처럼 보이지 않게 도움이 필요한 사람들을 감싸 안을 수 있는 장치가 절실하다.

'일망타진(一网打尽**)'이란 말이 주로 사법 사건에 쓰이는 것처럼 그물에는 법의 의미가 포함되어 있다. 고기가 걸리는 것은 작은 그물코 하나지만, 그렇다고 그 그물코 하나만 가지고는 고기를 잡을 수 없다. 전반적인 '법 그물'이 체계적으로 정비되고 운영시스템에 빈틈이 없어야 효과를 발휘할 수 있을 것이다.

베이다오의 말대로 우리의 생활이 그물이라면, 때론 그 그물을 깁고 손보는 시간도 필요하다. 엉킨 곳은 없는지, 구멍 난 곳은 없는지 차분히 살펴볼 일이다. 어부가 만선의 기쁨을 위해서 때로는 항구에 배를 정박하고, 그물을 깁는 시간을 갖는 것처럼.

링크에 링크!

* **天网恢恢, 疏而不漏**(tiān wǎng huī huī, shū ér bú lòu) 천도(天道)는 큰 그물 같아서 그물눈이 성긴 것 같지만 악인은 결코 놓치지 않는다.

** **一网打尽**(yì wǎng dǎ jìn) 일망타진. 한번 그물을 쳐서 고기를 다 잡다. 어떤 무리를 한꺼번에 모조리 다 잡다.

혹시 점 보러 가려거든,
"아침 일찍 가세요!"

𤼖	𤼖	外
金文	小篆	楷书

중국 역사는 농경문화를 중심으로 하는 중원의 내부와 유목문화 중심의 외곽 세력이 끊임없이 교류하고 충돌하는 과정이다. 자의든, 타의든 끊임없는 아웃소싱이 이뤄졌고, 이는 중원을 더욱 풍부하게 했다. 덕분에 중국은 세계에서 가장 많은, 14개 나라와 국경을 맞댄 제국이 될 수 있었다.

역사적으로 외부의 적은 늘 북쪽에서 나타났고, 주로 그들에게 패했기 때문에 '패북(敗北)'이라고 적고 '패배'라고 읽는다. 늘 북쪽 세력에게 패했다는 의미다. 그래서 북쪽에 만리장성도 쌓고 수도도 베이징으로 옮겼던 것이다. 그런데 19세기 외세는 한 번도 생각하지 못했던, 느닷없는 남쪽 바다에서 몰려왔다.

더욱 치명적인 것은 중국이 그 외부 충격의 실체를 전혀 파악하지 못했다는 점이다. 중국은 영토가 과분(瓜分, guā fēn)되는 아픔을 겪어야 했다. 선택받은 민족이라는 선민의식이 "뛰는 놈 위에 나는 놈 있다(人外有人*)"는 경계심을 마비시켰고, 중국이 문명화된 세계의 중심이라는 중화사상이 "최고의 경계 위에 한층 더 높은 경계가 있다(天外有天**)"는 겸손함을 잊게 했던 것이다.

바깥 외(外, wài)는 저녁 석(夕)과 점 복(卜)이 결합된 형태로, 저녁에 보는 점이라는 의미로 점이 잘 맞지 않아 사실과 거리가 '멀다, 벗어나다'는 의미가 생겼고, 여기에서 중심에서 멀리 떨어진 '바깥, 밖'의 의미가 파생되었다. 허신은 《설문해자》에서 "점은 원래 아침에 치는데, 지금 저녁에 점을 치니, 이는 예외적인 일이다"라고 적고 있다. 글자 모양처럼 해가 막 떠오르는 때인 '단(旦)'에 점을 쳐야 영험한데, 무당도 지친 저녁에 치는 점은 약발이 떨어져 잘 안 맞고 빗나가기 일쑤라는 의미다. 혹시 점보러 가려거든 아침 일찍 가는 것이 좋겠다.

그런데 점을 치는 사람도 그것을 모를 리 없을 텐데, 왜 아침이 아닌 저녁에 점을 쳤을까? 아마 변방에서 전쟁, 반란 등의 위급한 상황이 생겨 부득불 저녁 점을 쳤던 것으로 보인다. 먼 국경 밖의 위급한 일에 예외적으로 행해진 저녁 점이라고 해석하더라도 '멀다, 밖'의 의미는 여전히 외(外)와 연관성이 있다.

"세상은 문밖에 있다"고 한다. 두 발로 넓은 세계를 경험하되, 그 성과물들을 자신의 것으로 체화해 내실화하는 과정 또한 잊지 말아야 한다. "마음을 밖에서만 구하지 말고, 뜻을 너무 밖으로 내달리게 하지 말라(心不外求, 意不外馳***)"는 경구 또한 소중하게 간직할 만하다.

링크에 링크!

* **人外有人**(rénwài-yǒurén) 뛰는 놈 위에 나는 놈이 있다.

** **天外有天**(tiānwài-yǒutiān) 하늘 밖에 또 하늘이 있다. 최고의 경지 너머에 더 높은 경지가 있다.

*** **心不外求, 意不外馳**(xīn bú wài qiú, yì bú wài chí) 마음을 밖에서만 구하지 말고, 뜻을 너무 밖으로 내달리게 하지 말라. 내실을 다지기에 힘써라.

흔들린 것은
깃발일까, 바람일까, 마음일까?

甲骨文	小篆	楷书	简化

중국 선종 불교의 새로운 기풍을 마련한 혜능(惠能, 638~713) 스님이 설법을 하는데 갑자기 바람이 불어 불상 앞 깃발이 흔들렸다. 한 스님이 그걸 보고 깃발이 흔들렸다고 하자, 옆에 있던 스님은 깃발이 흔들린 것이 아니라 바람이 분 것이라고 했다. 이것을 지켜보던 혜능은 깃발이 흔들린 것도, 바람이 분 것도 아니고, 두 스님의 마음이 흔들린 것이라고 말했다. 흔들린 것은 깃발일까, 바람일까, 아니면 마음일까.

바람 풍(風, fēng)은 무릇 범(凡)과 벌레 충(虫)이 결합된 형태이다. 보이지 않는 바람을 형상화하여 문자로 만들기 어렵듯 바람 풍(風)에 대한 해석도 다양하다. 대체로 뱀(虫)처럼 휘어져 불어오는 바람이 돛(帆)을 움직이거나 겨우내 움츠렸던 벌레들을 움직이게 하는 것에 착안하여 바람도 벌레처럼 꿈틀거리는 생명력을 지닌 존재로 보았다. 고대인들은 모든 자연현상에 정령이 있다고 생각하고, 자연현상을 의미의 실체로 상징화하였다. 경치를 나타내는 풍경(风景)이나 풍광(风光)에는 모두 바람 풍(风)이 있는데, 고대인들은 19세기 후기 인상주의 화가처럼 빛과 바람에 따라 세계의 모습이 달라지는 것을 이미 알고 있었던 모양이다.

절의 입구에는 사천왕상(四天王像)이 서 있는데 칼, 비파, 우산, 뱀을 각각 들고 있다. 흔히 칼은 바람처럼 복잡한 문제를 단칼에 자르는 결단력을, 비파는 음악의 화음과 같은 조화를, 우산은 때맞춰 내리는 비와 같은 자연의 도움을, 뱀은 모든 일이 순조롭게 흘러감을 기원하는 의미다. 이를 "바람이 순조롭게 불고 때맞추어 비가 내린다"는 의미로 '풍조우순(风调雨顺*)'이라고 한다.

명나라를 세운 주원장이 절에서 기식하던 시절에 사천왕상 사이에 낙엽과 먼지를 청소하기 힘들어 황제가 된 후에 모든 절의 사천왕상의 한 발을 들도록 명했다. 그래서 명 건국(1368년) 이후에 세워진 절의 사천왕상은 한중일 모두 한 발을 들고 있다고 하니 풍조우순의 의미와 함께 주의 깊게 살펴보면 흥미롭다.

중국이나 우리나라나 지구 자전으로 겨울에 북서풍이 주로 분다. 제갈공명은 208년 겨울 적벽대전에서 북서풍이 남동풍으로 바뀌는 것을 감지하고 화공을 통해 80만 조조군을 물리친다. 그래서 지금도 모든 준비를 마쳤으나 마지막으로 결정적인 조건이 갖춰지지 않았을 때 중국어로 '万事俱备，只欠东风**'이라고 말한다.

"무슨 바람이 불어서(吹了什么风, chuī le shénme fēng)"라는 말은 중국에서도 쓰이는데 바람이 뭔가 새로운 기운을 불러오는 힘이 있다고 생각한 것 같다. 혜능스님의 가르침과 달리 어쩌면 벌레처럼 꿈틀거리는 바람이 깃발을 움직이게 하고, 마음을 흔들어 새로운 것을 느끼게 하는지도 모르겠다.

링크에 링크!

*风调雨顺(fēngtiáo-yǔshùn) 바람이 적당하고 비가 알맞게 내리다.

**万事俱备，只欠东风(wànshì-jùbèi, zhǐqiàn-dōngfēng) 모든 것이 다 준비되었으나 하나가 모자라다.

봄 '춘(春)'에
'색정'의 뜻이 있는 이유

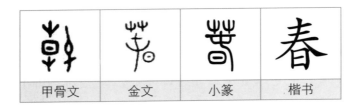

甲骨文	金文	小篆	楷书

중국 최대 명절 춘절(春节) 기간 도시는 《손자병법》 36계 중 하나인 공성계(空城计)를 펼치는 성처럼 텅 빈다. 《삼국연의》에서 제갈공명이 사마의(司马懿, 179~251)의 대군을 맞아 공성계를 펼치며 성 위에 올라 태연히 거문고를 연주해 적을 물리쳤는데, 춘절 기간 내내 주야를 불문하고 거문고 대신 폭죽 소리가 빈 성 가득 울려 퍼진다. 입춘(立春)에 붙여둔 대문의 붉은 대련들만 주인이 돌아오길 우두커니 기다린다.

고향에서 돌아온 주인은 또 한 번 요란한 폭죽 소리로 악귀를 쫓고 오래 닫아둔 대문을 열어젖힐 것이다. 대자연의 봄과 상관없이 춘절이 지나면 본격적인 삶의 봄날은 시작된다. 저마다의 일터에서 씨를 뿌리고, 또 일 년 농사를 쉼 없이 일구어 나갈 것이다. 오직 단 한 번 쉬는 다음 춘절이 다가올 때까지 말이다.

봄 춘(春, chūn)은 갑골문에서 소전으로 변화하는 과정에서 보듯 수풀 림(林), 날 일(日), 풀 초(艹), 어려울 준(屯, 진칠 둔)의 조합으로 발전해왔다. 따뜻해진 햇살(日)에 땅거죽(一)을 뚫고 어렵게(屯) 고개를 내민 어린 싹(艹)이 점점 숲(林)을 이뤄가는 때를 봄으로 본 것이다. 그런데 봄 춘(春)에 《주역》의 제1괘인 하늘(乾)과 제2괘인 땅(坤)이 있고, 이는 또 제3

괘 준(屯, ䷂)으로 이어진다는 점에 주목할 필요가 있다. 준(屯)은 곧 하늘과 땅의 채움인 만물이 생명으로 비롯해 나옴이니 곧 '봄'이요, '청춘'이다. 춘(春)이라는 글자 안에서 하늘과 땅이 만나니, 남녀 간의 '정욕, 색정'의 의미도 갖게 된 걸로 보인다.

"흉노의 땅에 풀과 꽃이 없으니, 봄이 와도 봄 같지가 않구나(胡地无花草, 春来不似春*)." 당나라 시인 동방규(东方虬)의 시 〈소군원삼수(昭君怨三首)〉에 나오는 유명한 '춘래불사춘' 구절이다. 주인공 왕소군은 기러기가 그 미모에 반해 날갯짓을 멈춰 떨어졌다고 '낙안(落雁)'이라 불리는 중국 4대 미인 중 한 명이다. 전한(前汉) 원제(元帝, BC74~33)의 후궁이었으나 가난해서 화공 모연수(毛延寿, ?~BC33)에게 뇌물을 주지 못해 초상화가 안 예뻐 황제의 간택을 못 받다가, 흉노와의 화친을 위해 호한사단우(呼韩邪单于)에게 시집보내져 평생을 흉노의 땅에서 살다 죽는다. 봄이 왔는데 흉노의 땅이라고 어찌 풀과 꽃이 없겠는가. 늘 보던 고향의 봄이 아니니, 봄이 와도 봄 같지 않았으리라.

《천자문》에 봄 춘(春)이 없는데, 그건 "하늘 천, 땅 지" 하고 시작하는 순간 이미 봄 춘(春)이 만들어지기 때문이며, 굳이 쓰지 않아도 늘 우리 마음에 존재하기 때문일 것이다. 삼국시대 오나라 육개(陆凯, 198~269)가 춥고 황량한 북방 간쑤(甘肃)성으로 떠난 친구 범엽(范晔, 398~445)에게 강남에 피어난 한 가지의 봄을 보내는 것처럼 따뜻한 봄 한 가지를 주변에 있는 힘든 사람에게 건네는 것은 어떨까.

링크에 링크!

*春来不似春(chūn lái bú sì chūn) 봄은 왔지만 봄 같지가 않다.

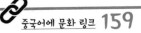

앞서간 수레가 넘어졌다면 피해야 하지 않겠는가?

金文	小篆	楷书

"눈 덮인 들판 걸어갈 때 / 함부로 어지러이 가지 마소 / 오늘 내가 지나간 자취 / 뒷사람의 이정표가 될 수 있으니(踏雪野中去, tà xuě yě zhōng qù / 不须胡乱行, bù xū hú luàn xíng / 今日我行迹, jīnrì wǒ xíng jì / 遂作后人程, suì zuò hòu rén chéng)"

서산대사(1520~1604)의 선시로 알려진 〈답설야중거(踏雪野中去)〉이다. 백범 김구 선생도 앞서가는 사람으로서의 책임감과 도덕성을 떠올리며 이 시를 애송했다고 한다. '앞'이라는 자리는 많은 고난을 헤쳐가야 하는 막중한 무게가 걸리는 자리이다. 또 불어에서 전위(前卫)부대, 즉 아방가르드(Avant-garde)가 실험적인 전위예술을 뜻하는 것처럼 뭔가 신선한 새로움을 추구해야 하는 자리이기도 하다.

지혜의 신인 미네르바의 부엉이가 황혼이 깃들 무렵 날갯짓을 시작하듯, 모든 철학적 사유와 그 결과물인 지혜는 처음부터 성취되는 것이 아니라, 앞선 경험을 통해 인식되고 이해되는 것이다. 앞서간 수레바퀴 자국인 전철(前辙)은 뒤따르는 사람에게 좋은 참고와 교훈이 된다. 후생(后生)이라면 그 전철을 되풀이하는 우는 범하진 말아야 한다.

앞 전(前, qián)은 금문에서 보듯 원래 발을 뜻하는 그칠 지(止)와 대야를 나타내는 그릇 명(皿)이 결합된 형태이다. 제사를 지내는 종묘에 들어서기에 앞서, 먼저 발을 물에 담가 씻어야 한다는 데에서 '앞'의 의미가 생겨난 걸로 보인다. 이후 칼 도(刂)를 더해 '자르다'는 의미를 나타내고자 하였으나, '앞'이란 의미로 더 많이 쓰이자 칼(刀)을 아래에 또 더해 '자르다'는 뜻의 전(剪)을 만들었다. 발을 씻는 것이 곧 그 걸음을 단정하고 신중하게 하라는 의미일 테니 서산대사의 가르침과도 맥을 같이 한다.

30만 명의 희생자를 기리는 난징대학살 기념관 앞에는 《전국책》에서 인용한 "지난날을 잊지 않는 것으로 훗날의 스승을 삼고, 역사를 거울삼아 미래를 개척해 가자(前事不忘，后事之师，以史为鉴、开创未来, qián shì bú wàng, hòu shì zhī shī, yǐ shǐ wéi jiàn、kāichuàng wèilái)"는 글귀가 새겨져 있다. 아픈 역사를 통해 아무런 교훈도 얻지 못한다면 그야말로 어리석고 통탄할 일이다. 《순자》〈성상(成相)〉에 나오는 표현대로 "앞 수레가 이미 뒤집혀 넘어졌는데도, 뒤에 오는 자가 길을 바꿀 줄 모른다(前车已覆，后未知更*)"면 이 얼마나 무지하고 부끄러운 일이겠는가. 신라의 삼국통일 때 당나라의 도움을, 임진왜란 때 명나라의 도움을 받고도 또 한국전쟁에서 전철을 되풀이하여 결국 분단으로 이어진 아픈 역사를 생각하면 수레가 몇 번을 더 넘어져야 하는 것인지 가슴이 답답해진다.

링크에 링크!

*前车已覆，后未知更(qián chē yǐ fù, hòu wèi zhī gēng) 앞 수레가 이미 뒤집혀 넘어졌는데도, 뒤에 오는 자가 길을 바꿀 줄 모른다. 실패를 교훈으로 삼지 못하다.

과즉물탄개(过则勿惮改)

小篆	楷书

모든 존재는 완벽하게 불완전하다. 잘못이나 허물없이 살아가는 사람은 없다. 관건은 잘못을 인정하고 스스로 그 잘못을 고치려고 노력하느냐일 것이다. 일찍이 공자가 말한 '과즉물탄개(过则勿惮改*)'는 그런 의미에서 시사하는 바가 크다. 허물이 있으면 고치기를 꺼려하지 말라는 뜻인데, 말은 쉬운데 자신의 허물을 성찰하여 발견하고, 잘못을 스스로 인정하는 것 자체가 쉽지 않고, 의지를 갖고 고쳐가기란 더 어려운 일이다.

고칠 개(改, gǎi)는 뱀 사(巳)와 칠 복(攵)이 합쳐진 형태로 뱀과 같은 파충류를 막대기로 때려죽이며 사악한 기운을 없애고 주위 환경을 바꿔 가는 데에서 '고치다, 개선하다'는 의미가 생겨났다.

우리 주변에는 뱀의 유혹이 넘쳐난다. 과오의 낭떠러지로 떨어지거나 허물의 굴레를 뒤집어쓰기 너무나 쉬운 환경이다. 뱀과 같은 허물을 고치기 위해서는 굳은 의지와 자기 성찰의 막대기가 필요하다.

루쉰은 일찍이 "책상을 하나 옮기려 해도 피를 흘려야 한다(搬动一张桌子也要流血, bān dòng yì zhāng zhuōzi yě yào liúxuè)"고 했다. 피를 흘린다 해도 옮기고 바꾸는 일이 꼭 이루어지는 것은 아니라고 했다. 봉건 사회에 젖은 중국만 그런 것이 아니라 관습과 습관에 붙들린 인간의 정신과 몸이 어쩌면 아주 커다란 채찍이 등을 후려치지 않는 한 스스로 움직이는 것을 거부하고 있는지도 모른다. 그래서 "강산은 쉽게 바뀌어도 사람의 본성은 고치기 어렵다(江山易改，本性难移**)"는 말이 생겨났을 것이다.

자존심의 꽃이 떨어져야 인격의 열매가 맺힌다. 자신의 허물을 고치기 위해서는 때로 자존심이나 그보다 더한 것도 내려놓아야 한다. 채찍으로 자신을 때리는 듯한 아픔도 감내해야 한다.

걸음걸이가 바뀌면 몸에 차는 구슬도 바뀐다(改步改玉***). 변화는 또 다른 변화와 새로운 방식을 가져다줄 것이다. 거문고의 줄을 바꾸고 소리를 다시 조율하듯(改弦更张****) 우리 몸에 달라붙은 습관을 바꾸고 새롭게 자신을 조율해보는 것은 어떨까.

*过则勿惮改(guò zé wù dàn gǎi) 과즉물탄개. 잘못을 하면 즉시 고치는 것을 주저하지 말아야 한다.

**江山易改，本性难移(jiāngshān yì gǎi, běnxìng nán yí) 강산은 쉽게 바뀌어도 사람의 본성은 고치기 어렵다.

***改步改玉(gǎibù-gǎiyù) 형태가 달라지면 방법이나 형식도 변해야 한다.

****改弦更张(gǎixián-gēngzhāng) 거문고의 줄을 새로 갈고 조율하다. 제도를 개혁하다. 방법을 바꾸다.

만리장성은 밖에서 열린 적이 없다

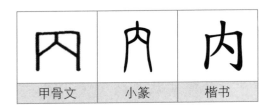

甲骨文	小篆	楷书

만리장성은 그 문이 한 번도 밖에서 열린 적이 없었다. 내부의 분열과 모반으로 늘 안에서 적에게 문을 열어주는 역사의 반복이었다. 명나라 마지막 황제 숭정제(崇禎帝, 1611~1644)는 누르하치(努尔哈赤, 1559~1626)를 영원성(宁远城) 전투에서 물리친 명장 원숭환(袁崇焕, 1584~1630)이 반역을 꾀하려 한다는 청의 반간계에 속아 그를 능지처참하고, 결국 자신은 이자성(李自成, 1368~1644)의 반란군에 쫓겨 자금성 뒤 경산에서 자결하고 만다.

이자성이 베이징을 점령할 때 부하였던 유종민(刘宗敏, 1607~1645)은 명나라 장수 오삼계(吴三桂, 1612~1678)의 첩 진원원(陈圆圆, 1623~1695)의 미모에 반해 바로 그녀를 첩으로 맞이하는데, 이 소식은 만리장성의 최동단 요새 산해관을 지키던 오삼계에게 전해지고, 오삼계는 격분하여 진원원을 되찾기 위해 청에 투항하고, 베이징으로 향하는 모든 만리장성의 성문을 청 태종에게 자동문처럼 열어준다. 명, 청의 교체기는 내부의 분열이 얼마나 허망하게 만리장성을 무너뜨리는가를 적나라하게 보여준다.

안 내(內, nèi)는 집을 나타내는 멀 경(冂)에 들 입(入)이 결합된 형태로,

집에 들어와 있는 상태에서 '안, 속'의 의미가 생겨났다. 작게는 중국 전통 가옥 형태인 사합원(四合院)과 자금성에서, 크게는 만리장성에서 보듯, 중국인은 안과 밖을 구분하려는 성향이 강하다. 높고 단단한 담장으로 벽을 쌓아 내부를 보호하고, 외부로부터 자유로운 접근을 철저히 차단하고, 그 안에서 자신들만의 문화를 지키겠다는 강한 내부 집단의식이다.

《시경》〈소민(召旻)〉에 "하늘이 재앙을 내리니(天降罪罟, tiān jiàng zuì gǔ), 해충 같은 도적들이 안에서 온갖 말들로 싸우네(蟊賊*内讧**)"라는 구절에서 '내홍(内讧)'이라는 말이 생겨났다. 외부로부터 격리된 내부는 더 쉽게 경직되고, 더 쉽게 내홍에 휩쓸리는 법이다.

중국은 시리아, 이란, 북한과 함께 페이스북, 유튜브, 트위터가 되지 않는 'SICK 국가'로 불린다. 게다가 인터넷 만리장성(The Great Firewall)을 통한 온라인의 자유로운 정보 유통을 사전 검열하고 제한한다. 중국이라는 테두리, 그 안에 있다는 이유로 자유로운 소통이 제한되고, 일상적으로 검열을 염두에 둔다면 어찌 창의적인 상상력이 제대로 힘을 발휘할 수 있겠는가. 아무리 밖을 공고히 했다고 해도 속이 좀먹어 비어가면, 와해는 시간문제일 것이다.

링크에 링크!

*蟊賊(máozéi) 국민이나 국가에 해가 되는 사람.

**内讧(nèihòng) 내분을 일으키다.

'곰' 같은 사람이 능력자?

| 金文 | 小篆 | 楷书 |

중국을 상징하는 동물 하면 판다가 떠오른다. 중국어로 '熊猫(xióngmāo)'라고 하는데 곰과 고양이가 합쳐진 모습에서 만들어진 말이다. 곰은 지상 최강의 육식 동물로 발바닥으로 내려치는 힘이 1톤 정도라고 하니 호랑이, 사자도 두려워할 만하다. 후각이 매우 발달하여 곰의 코는 독수리의 눈, 사슴의 귀와 함께 숲속 최고의 감각기관으로 꼽힌다. 개의 후각은 인간의 100배, 곰은 인간의 400배나 된다. 곰이 다소 미련한 이미지와 달리, 의외로 민첩하고 예민하며 지능을 갖춘 능력자임을 알 수 있다.

능력을 나타내는 '능(能, néng)'은 장구벌레 연(肙)의 소리부와 견줄 비(比)의 의미부가 결합된 형성자라는 주장도 있지만, 보통 '기고 있는 곰'을 나타내는 상형자로 본다. 과거 수렵과 농경 위주의 사회에서는 곰 같은 무시무시한 힘이 곧 '능력'으로 여겨졌을 법도 하다. 곰은 유독 불을 두려워하여 '能' 아래에 불(灬)을 더해 곰 웅(熊)을 따로 만들었다고 한다. 중국어에서 '能'은 '할 수 있다'는 조동사로 주로 사용된다.

사람은 저마다 타고난 능력이 다르다. 8명의 신선이 바다를 건너는데, 보검, 부채, 피리, 나귀, 지팡이, 연꽃, 꽃바구니, 옥판 등을 이용해 저마다의 방법으로 신통한 도술을 부리듯, 사람마다 자기 나름대로의 방법과 능력을 가지고 험한 세상을 헤쳐 간다(八仙过海，各显其能*).

능력을 키우기 위해 자신만의 규율을 만들고 꾸준히 자신을 관리해가는 것이 필요하다. 동그라미를 그리기 위해서는 그림쇠 컴퍼스(规, guī)가, 네모를 그리기 위해서는 기역자 모양의 곱자(矩, jǔ)가 있어야 한다. 곰 같은 무던함으로 자기만의 규율을 만들고 그것을 지켜가는 것이 곧 능력이다. 그렇게 익숙해지고 숙련되다 보면 창의적인 묘안이 생길(熟能生巧**) 것이다. 다만 '능자다로(能者多劳***)'라는 말에서 보듯 유능한 사람일수록 많은 일이 기다리는 법이니, 그 능력을 너무 드러낼 필요는 없을 것 같다.

링크에 링크!

*八仙过海，各显其能(bāxiān-guòhǎi, gèxiǎn-qínéng) 사람마다 자기 나름대로의 방법과 수단을 발휘하다. 제각기 나름대로의 방법을 가지고 있다. (=八仙过海，各显神通, bāxiān-guòhǎi, gèxiǎn-shéntōng)

**熟能生巧(shúnéng-shēngqiǎo) 익숙해지면 요령이 생긴다. 숙련되면 묘안이 생긴다.

***能者多劳(néngzhě-duōláo) 유능한 사람일수록 많은 일을 한다. 능력 있는 사람이 수고를 더 한다.

중국어에 문화 링크 163

백성은 등불도 안 된다고?

甲骨文	小篆	简化

북송시대, 전등(田登)이라는 태수가 있었다. 그는 자신의 이름에 '등(登)' 자가 있다는 이유로 다스리는 지역의 모든 사람들에게 등(登)과 발음이 같은 말을 사용하지 못하게 했다.

그러던 중 정월 대보름이 되어 관아에서는 풍습에 따라 사흘간 전등 행사를 위해 공고문을 써 붙이려는데 '등' 자를 쓸 수 없어 난감했다. 하는 수 없이 등(灯)을 화(火)로 바꿔 "관아에서 관례대로 사흘간 방화(放火)를 한다"고 써 붙였다. 공고문을 본 외지인은 성에 정말 불을 지르는 줄 알고 놀라고, 현지 백성들도 뜻을 쉽게 이해하지 못하며 태수의 전횡에 분노했다. 이때 어떤 사람이 "관리는 방화도 할 수 있는데, 백성은 등불조차 켜지 못하게 하느냐(只许州官放火，不许百姓点灯*)"라고 소리쳤다. 이 말은 중국어에서 권력자는 제멋대로 전횡을 일삼으며, 백성들에게는 조금의 자유나 권리도 주지 않는 것을 풍자하는 말로 아직도 전해지고 있다.

다만 지(只, zhī, zhǐ)는 갑골문에서 보듯 외짝 척(隻)에서 비롯한 글자로, 손(又)으로 새(隹) 한 마리를 잡는 형상이다. 새 두 마리는 쌍(雙)이 되는데, 한 마리이기 때문에 '오직, 다만' 등의 의미까지도 흡수하게 된 것으로 보인다. 중국에서는 '隻'의 간화자로 '只'를 쓰는데 동물을 세는 단위로 '마리'라는 의미이다.

《장자》〈천도(天道)〉에 한 늙은 목수와 제 환공의 대화에서 "심오한 이치는 오직 스스로 체득하고 느끼는 것이지, 결코 언어로 설명해 전할 수 있는 것이 아니다(只可意会, 不可言传**)"라는 말이 유래한다. 목수가 수레바퀴를 만들 때 굴대를 많이 깎으면 헐겁고, 덜 깎으면 빡빡해지는데, 그 적당한 굴대를 만드는 법을 아들에게 말로 다 전할 수가 없어 일흔이 넘은 나이에도 직접 수레바퀴를 만들고 있다는 얘기다. 늙은 목수가 그랬던 것처럼 그 아들 또한 오직 스스로 경험을 통한 감으로, 다만 마음으로 그 이치를 터득하는 수밖에 없을 것이다.

'다만'이란 말이 비추는 불빛은 한정적이고 폭이 좁다. 다만 하나만 알고 둘은 모른다(只知其一, 不知其二)든지, 다만 나무만 보고, 숲을 보지 못한다(只见树木, 不见森林)는 말처럼 말이다. 문명의 진화는 어쩌면 '다만' 몇 사람이 누리던 불빛을 모든 사람에게 골고루 나누는 과정인지도 모르겠다. 태수의 이름에 '등'이 있다고 '등불'조차 켜지 못하던 시대에서 모든 사람이 전등을 자유롭게 켜는 시대로 말이다.

링크에 링크!

* **只许州官放火, 不许百姓点灯**(zhǐ xǔ zhōuguān fàng huǒ, bù xǔ bǎixìng diǎn dēng) 관리는 방화도 할 수 있지만, 백성에겐 등불을 켜는 것조차 허락되지 않다. 권력자는 제멋대로 전횡을 부리지만, 백성에게는 작은 자유도 허락하지 않다.

** **只可意会, 不可言传**(zhǐ kě yì huì, bù kě yán chuán) 스스로 체득해서 느껴지는 것이지 말로 전할 수가 없다. 마음으로 터득하는 것이지 말로 설명할 수가 없다.

코끼리가 없었으면 '상상'도 존재하지 않았다

甲骨文	金文	小篆	楷书

세계제국을 건설했던 몽골이 유럽을 정벌하던 13세기 초는 다습한 기후로 말이 먹을 수 있는 풀이 잘 자라는 환경이었고, 겨울이 지금보다 추워 4월까지도 강이 얼어붙어 기동력을 발휘하기에 유리했다고 한다. 기후 변화가 인류 역사에 끼친 영향이 지대했음을 알 수 있다.

마크 엘빈(Mark Elvin, 1938~)은 《코끼리의 후퇴》라는 책에서 중국의 기후와 자연환경이 중국 문명에 끼친 영향을 심층적으로 분석하고 있다. 갑골문이나 각지의 유적에서 발굴된 뼈를 분석하면 약 4,000년 전 중국 전역에 코끼리가 널리 서식했던 것으로 추정된다.

갑골문에 남아 있는 코끼리 상(象, xiàng)은 멧돼지(豕)처럼 큰 덩치에 긴 코를 특징적으로 형상화한 모습 그대로다. 그 코를 손(又)으로 잡고 인간이 '코끼리를 부려 일하다'에서 할 '위(爲)'가 파생되었다.

한비자가 활약한 2,500년 전인, 전국시대에 코끼리는 이미 기후 변화와 남획으로 사라지고 황허 변에는 코끼리뼈만 나뒹굴고 있었던 모양이다. 괴상한 어금니와 커다란 뼈를 보며 이렇게 큰 뼈다귀를 남긴 동물은 도대체 어떻게 생겼을까를 생각했는데(见骨想象*) 그것이 바로 코끼리를 생각하다는 '상상(想象)'이고, 지금 우리가 알고 있는 정보를 조합해서 새로운 것을 창조해내는 '상상(想像)'이란 말이 되었다.

5톤의 몸무게를 유지하기 위해 엄청난 양의 물과 먹이를 먹어야 했던 코끼리는 벼농사를 짓는 황허 유역의 중국인들에게 많은 해악을 끼칠 수밖에 없었으며, 기후 변화와 맞물리면서 결국 중국 대륙 밖으로 퇴출될 수밖에 없었다.

그러나 중국인들은 길상의 '상(祥, xiáng)'과 발음이 비슷한 코끼리를 매우 좋아했다. 기후 변화와 문명의 팽창으로 중국에서 야생 코끼리는 사라지고 없지만, 중국어에 남아 있는 코끼리의 흔적은 매우 많다. 조조의 여덟째 아들 조충이 배와 돌을 이용해 코끼리의 무게를 잰 이야기(曹冲称象, Cáo Chōng chēng xiàng)는 중국 초등학교 교과서에 실려 있으며, 코끼리가 많이 살았던 허난(河南)성의 약칭 '예(豫, Yù)'에도 코끼리가 들어 있다.

***见骨想象**(jiàn gǔ xiǎng xiàng) 코끼리의 뼈를 보고 코끼리의 윤곽을 생각하다.

'새로움'은 새롭지 않다?

甲骨文	金文	小篆	楷书

새로움은 휘발성이 강하다. 산업자본이 지배하는 시대, 새로움의 증발속도는 더 빨라지는 듯하다. 새로움으로 포장되어 소비되고, 어느새 낡은 것이 되어 흔적도 없이 사라지는 리듬은 갈수록 빨라진다.

새로움은 모던한 현대인만이 누리는 특권도, 빠른 템포의 변화를 추구하는 산업사회의 전유물도 아니다. 기원전 1,600년경 상나라를 세운 탕(汤)왕은 자신의 세숫대야에 "구일신, 일일신, 우일신(苟日新, 日日新, 又日新*)"이라는 아홉 글자를 새기고, 자신의 몸에 묻은 때를 씻듯 매일 정신을 씻어 가다듬고 제도를 새롭게 혁신해가겠다는 의지를 다졌다.

우리가 그토록 갈망하는 새로움이나 혁신의 가치가 이미 3,600년 전에 이리도 간절하게 추구되었다고 생각하니 '새로움'이라는 것이 이미 참 낡고 오래된 화두처럼 다가와 조금은 맥이 빠지는 느낌이다. "하늘 아래 새로운 것이 없다"는 말이 있듯이 아무리 발버둥 쳐도 이미 누군가가 생각하고 고민했던 문제 앞에서 우리는 새로울 것도 없는 고뇌를 하고 있는 셈이다.

고대인들은 새롭다는 것을 무엇을 통해, 또 어떻게 느꼈을까. 새로울 신(新, xīn)은 갑골문에서 보듯 왼쪽의 나무(木)와 오른쪽의 도끼(斤)가 결합된 형태로 원래는 '땔감'을 나타내는 글자였으나, 점차 '새롭다'는 의미로 널리 쓰이자 그 뜻을 보존하기 위해 땔감 신(薪)을 새로 만들었다. 어쨌든 새로움의 느낌을 나무, 도끼와 결부시켜 인식한 것만은 분명해 보인다.

겨우내 죽은 듯 서 있다가도 봄이 되면 새로운 잎을 틔우고, 또 새 꽃을 피워내는 나무야말로 고대인들에게 거대한 아우라가 느껴지는 새로움의 화신이 아니었을까. 그리고 그 변덕 심하고 휘발성 강한 새로움은 어쩌면 도끼질이나 고문의 도구인 신(辛)으로 살을 도려내는 아픔을 통해서만 거듭나고 유지될 수 있다는 함의를 담고 있는 것은 아닐까.

새로움은 그것을 고집하는 순간 어느새 증발하고, 낡은 껍질로 남기 마련이다. 때문에 예술이든 철학이든 새로움은 부단히 새로워야 겨우 그 이름을 유지할 수 있는 지난한 명제이다. 그래서 탕왕도 '날마다 새롭게 하는 것'에 머물지 않고, '나날이 새롭게'에도 그치지 않고 '그리고 또 날로 새롭게 한다는 것'까지 이야기하고 있는가 보다.

링크에 링크!

***苟日新，日日新，又日新**(gǒu rì xīn, rì rì xīn, yòu rì xīn) 만일 날마다 새로워지려거든 나날이 새롭게 하고, 또 날로 새롭게 하라.

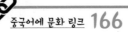
'허리에 찬 두건'에서 탄생한 한자는?

小篆	楷书

베이징 이허위안의 덕화원(德和园)에는 서태후의 일흔한 살 되던 해인 1905년에 그려진 초상화가 있는데, 초상화 속 서태후는 중년의 모습으로 그려져 있다. 끊임없이 흘러가는 세월 앞에서 '청춘이 늘 거기에(青春常在, qīngchūn cháng zài)' 머무르기를 바랐던 한 인간의 어리석음이 늘 그곳에 머물러 있는 셈이다.

상록수처럼 늘 푸름을 유지하는 것이 칭송의 대상이 되기도 하지만, 변함없음이 때로는 고지식한 교조주의로 흐를 수 있음을 노자는 경계한다. 유명한 《도덕경》의 첫 구절에서 "도라고 할 수 있는 도는 늘 그 도가 아니고, 가히 이름이라고 할 수 있는 이름은 늘 변함없는 그 이름이 아니다(道可道非常道，名可名非常名, dào kě dào fēi cháng dào, míng kě míng fēi cháng míng)"라고 했으니 말이다. 한유는 〈사설〉에서 "성인은 일정한 스승이 없다(圣人无常师*)"는 말로 고정된 가르침보다는 모든 것에서 스승을 찾아야 한다고 말했다.

언제나 준비를 게을리하지 않는 '상비불해(常备不懈**)'는 지속적이고 변함없음이 긍정적인 의미를 갖지만, "늘 욕을 하면 겁내지 않고, 늘 때리면 무서워하지 않는다(常骂不惊，常打不怕, cháng mà bù jīng, cháng dǎ bú pà)"는 말은 변함없음이 오히려 식상한 방식으로 부작용을 불러오는 것을 보여준다. 상황에 따라 변함없이 지속하며 지켜야 할 가치가 있고, 적절한 변용과 변화를 추구해야 할 때가 있는 셈이다.

항상 상(常, cháng)은 숭상할 상(尚)과 수건 건(巾)으로 이뤄진 형성자인데 고대인들이 늘 허리춤에 두건을 차고 다닌 것에서 '늘, 언제나'의 의미가 생겨난 것으로 추정된다. 《설문해자》에서는 상(常)을 치마 '상(裳)'으로 풀이하는 것으로 보아 늘 치마처럼 두르고 다닌 마포(麻布)에서 그 의미가 생겨난 걸로 본다.

늘 우리 곁에 있는 것을 소중한 가치로 간직하기란 쉽지 않다. 늘 곁에 있지만 소중함을 모르기도 하고, 곁에 없는 것에 무작정 목말라하기도 한다. 그래서 "있을 때는 없을 때를 생각하고, 없을 때는 생길 때를 기다리지 말아야 한다(常将有日思无日, 莫到无时盼有时***)"는 말도 생겨났을 것이다. 하도 쉽게 변하는 사람들이 많아 늘 변함없는 항상심(恒常心)을 지닌 이들이 그리워지는 시절이긴 하지만, 그 항상심 또한 먼지가 쌓이지 않도록 늘 살펴볼 일이다.

* **圣人无常师**(shèngrén wú cháng shī) 성인은 일정한 스승을 두지 않고, 누구에게나 아무 때나 배움을 구한다.

** **常备不懈**(chángbèi-búxiè) 언제나 게으르지 않게 준비하다.

*** **常将有日思无日, 莫待无时盼有时**(cháng jiāng yǒu rì sī wú rì, mò dài wú shí pàn yǒu shí) 있을 때는 없을 때를 생각하고, 없을 때는 생길 때를 기다리지 말아야 한다.

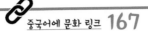

"명분과 실리의 황금률을 찾아라!"

實	實	实
小篆	楷书	简化

1809년 10월, 스물넷 추사(秋史) 김정희(金正喜, 1786~1856)는 연경(燕京)에 갔다가 최고 석학인 옹방강(翁方纲, 1733~1818)을 만난다. 옹방강은 영특한 추사에게 '실사구시(实事求是, shíshì-qiúshì)' 글귀를 적어 선물하고, 이후 서신으로 연락하며 깊은 학문적 교감과 우정을 나눈다. 스승 박제가(朴齐家, 1750~1815)로부터 실학(实学)사상을 전수하였던 추사는 이를 계기로 실제에 근거한 학문 수양의 길에 더욱 깊숙이 들어서게 된다.

추사의 〈세한도(岁寒图)〉에서 "추위가 닥친 뒤에야 소나무와 잣나무가 늦게 시듦을 안다(岁寒然后知松柏之后凋)"는 《논어》〈자한〉의 글을 통해 자신의 변함없는 지조를 대변한다. 〈세한도〉에는 궁벽한 집과 삐쩍 마른 소나무 외에도 일부러 종이를 오려 붙여 자신의 곤궁한 상황을 중국 친구들에게 알려 도움을 구하려는 메시지도 담겨 있다. 역관 우선(藕船) 이상적(李尚迪, 1804~1865)에게 보라고 한 것도 같은 이유다.

열매 실(實, shí)은 원래 집 면(宀), 밭 전(田), 조개 패(貝)가 합쳐진 형태로 집안 가득 밭에서 난 곡식이나 재물이 쌓여 있다는 의미였다가 속이 꽉 찬 열매나 실재적인 '사실, 진실'의 뜻으로 확대되었다. 확실하게 존재하는 것이 힘이 되는 법인데(实与有力*) 부동산(田)과 동산(貝)이 집에 가득하니 이 얼마나 든든함이 느껴지는 글자인가.

춘추시대 송나라 양공(襄公, ?~BC637)은 초나라와 전쟁에서 '인의(仁義)'가 적힌 깃발을 들고, 상대가 강을 건너고 진을 칠 때 기습하는 것은 인의를 저버리는 일이라 여겼다. 상대가 전투 준비를 마치길 기다렸다가 싸웠으나 무참히 패했다. '송양지인(宋襄之仁**)' 고사는 실리를 무시한 후과가 어떤지를 잘 보여준다.

반대로 전국시대 위나라의 오기(吳起, BC440~381)는 노나라 증자 문하에서 공부하면서 어머니가 죽었는데도 출세를 위해 귀국하지 않고, 제나라 아내를 맞이했다가 제나라와 전쟁이 벌어지자 아내를 죽이고 총사령관이 되려는(殺妻救將***) 야욕을 드러낸다. 민심이 나빠지자 위나라로 돌아와 장군을 맡지만 곧 신임을 잃어 초나라로 망명했다가 그곳에서 대신들의 불신과 미움을 받아 비극적으로 생을 마감한다. 조국도, 가족도 안중에 없고 오로지 자신의 출세욕과 눈앞의 실리만을 쫓은 후과였다.

현실을 외면한 어떤 명분도 공허하며, 올바른 철학이 없는 실리 추구는 금방 위험과 불신에 직면한다. 〈세한도〉가 이상적인 예술 가치 추구와 함께 현실적인 구원의 메시지를 담고 있는 것처럼 명분과 실리의 황금률을 찾는 노력이 필요하다.

***实与有力**(shí yù yǒu lì) 확실하게 힘이 되다. 도움을 주다.

****宋襄之仁**(Sòng Xiāng zhī rén) 송양지인. 송나라 양공의 어짊. 쓸데없이 베푸는 인정.

*****杀妻求将**(shāqī-qiújiàng) 아내를 죽여 장군을 구하다. 공리(功利)를 위해 못할 짓이 없음을 비유하는 말.

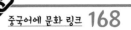

천 년 넘게 실현되지 못한 두보의 소원은?

| 小篆 | 楷书 |

세찬 바람에 초가지붕이 날아가자, 동네 아이들이 힘없는 노인네를 얕잡아 보고, 지붕을 주워간다. 입이 말라 소리도 못 지르고 있는데 장대비가 내린다. 비가 새어 방 안에 마른자리는 없고, 비에 흠뻑 젖어 무슨 수로 밤을 지새울지 걱정한다.

1,200년 전쯤, 나이 쉰이 되어서야 힘들게 마련한 초당(草堂)을 이렇게 허무하게 날려버리고 시인은 깊은 시름에 잠긴다. 〈초가집이 가을바람에 부서진 것을 노래하다(茅屋为秋风所破歌)〉라는 시를 남긴 이 사람은 바로 시성(诗圣) 두보다.

"당신이 사는 곳이 당신을 말해준다"는 문구가 거리낌 없이 회자되는 물질 만능의 시대에도 초당을 짓고 아름다운 시를 남긴 두보는 여전히 위대한 시인으로 추앙받는다. 왜냐하면 그가 살았던 집이 그를 말해주는 것이 아니라, 그가 어떤 사람이었느냐가 그를 말하고, 우리에게 기억되기 때문이다.

어느 날, 공자가 동쪽 오랑캐 땅에 가서 살고 싶다고 하자, 제자들이 누추한 곳이라고 걱정한다. 공자는 이에 "군자가 거하는 곳에 어찌 누추함이 있으리오(君子居之, 何陋之有, jūnzǐ jū zhī, hé lòu zhī yǒu)"라고 답한다.

《논어》〈자한〉에 나오는 이 대목을 유우석은 〈누실명〉에서 "이곳은 비록 누추한 집이나 나의 덕으로 향기가 나리라(斯是陋室惟吾德馨, sī shì lòu shì wéi wú dé xīn)"고 노래하고 있다.

살 주(住, zhù)는 의미부인 사람 인(人)과 소리부인 주인 주(主)가 결합된 형태로 사람이 주인으로 '살다'는 의미를 나타낸다. 주(主)가 원래 나무(木) 위에 불꽃(丶)이 타는 모양을 나타낸 상형자이므로 밤이면 한 지붕 아래 저마다 밝히는 수많은 불빛 하나하나가 바로 우리가 사는 모습을 보여주는 셈이다.

대다수의 중국 민공(民工, míngōng)들은 그야말로 열악한 숙소에서 지낸다. 아무리 군자라 해도 향기롭기 어려울 지경이다. 새는 반년이면 둥지를 짓고, 벌도 수개월 만에 집을 완성하며, 교활한 토끼는 집을 세 개씩이나 장만한다(狡兔三窟*)는데 만물의 영장인 인간은 하늘 높은 줄 모르고 치솟은 집값에 평생을 집의 노예로 살아가기 일쑤라는 푸념은 비단 중국의 문제만은 아닐 것이다.

중국의 젊은 세대는 집을 구하지 못하고 부모님 집에 그냥 얹혀사는데 이를 '캥거루족(啃老族, kěnlǎozú)'이라고 한다. 두보가 시 〈초가집이 가을바람에 부서진 것을 노래하다〉의 말미에서 자신은 얼어 죽더라도 어떻게든 천만 칸 집을 구해 천하의 가난한 사람들에게 산처럼 끄떡없는 우람한 집을 나눠주고 싶다고 했던 그 소원이 천년 넘도록 아직 실현되지 못하고 있는 셈이다.

링크에 링크!

*狡兔三窟(jiǎotù-sānkū) 교토삼굴. 교활한 토끼는 굴 세 개를 파 놓는다. 몸을 숨겨 재난을 피할 방법이 많다.

Index

무늬가 있는 중국어

-중국어에 문화 링크 걸기-

초판 1쇄 인쇄 2018년 8월 10일
초판 1쇄 발행 2018년 8월 15일

펴낸이 박해성
펴낸곳 정진출판사
지은이 김대오
감수 이상호
편집 김양섭, 조윤수
기획마케팅 이훈, 박상훈, 이민희
출판등록 1989년 12월 20일 제 6-95호
주소 02752 서울특별시 성북구 화랑로 119-8
전화 02-917-9900
팩스 02-917-9907
홈페이지 www.jeongjinpub.co.kr

ISBN 978-89-5700-156-1 *13720